Kurt Theodor Oehler

Das Loch im Ich

Kurt Theodor Oehler

Das Loch im Ich

Warum so viele Menschen unglücklich sind, obwohl sie wie in einem Paradies leben

Frank & Timme
Verlag für wissenschaftliche Literatur

Umschlagabbildung: © Kurt Theodor Oehler

ISBN 978-3-7329-0275-0

Herstellung durch Frank & Timme GmbH,
Wittelsbacherstraße 27a, 10707 Berlin.
Printed in Germany.
Gedruckt auf säurefreiem, alterungsbeständigem Papier.

www.frank-timme.de

Inhaltsverzeichnis

Vorwort

Liebe Leserinnen und Leser

es passieren schreckliche Dinge. Viele Menschen sind verunsichert. Der „Islamische Staat“ (IS) setzt neue Maßstäbe. In vielen Ländern werden Menschen vertrieben oder umgebracht. Und nicht zuletzt gab es einen Co-Piloten, der einen vollbesetzten Airbus gegen eine Felswand flog.

Wie kann das sein? Erstaunlicherweise gibt es im alltäglichen Volksempfinden und auf Seiten der Wissenschaftler über die Entstehung des sozialen Fehlverhaltens keine klaren Vorstellungen.

Das Buch geht deshalb alle an. Es gibt kaum einen Menschen, der nicht betroffen wäre. Es macht sichtbar, was man nicht sehen kann: die Entwicklung und Korrektur des menschlichen Sozialverhaltens; mit anderen Worten: die Entwicklung und Veränderung von „Ich-Strukturen“.

Dieses Buch ist deshalb kein einfaches Buch. Es handelt von zentralen Fragen des menschlichen Sozialverhaltens. Es zeigt, wie normales und speziell abweichendes Sozialverhalten, zum Beispiel die Aggressivität, die Kriminalität und der Terrorismus entstehen können. Es erklärt gleichzeitig, wie sich die psychischen Krankheiten, zum Beispiel das Zwangs- beziehungsweise Suchtverhalten, das Borderline-Syndrom beziehungsweise der Narzissmus und die Depressionen entwickeln.

Drei Faktoren sind für das Fehlverhalten verantwortlich. Einer ist das „Loch im Ich“. Unter der Ebene des auffälligen Verhaltens beziehungsweise der Symptome findet sich regelmäßig ein Defizit in den „Ich-Strukturen“, ein sogenanntes „Loch im Ich“, das innere Spannungen erzeugt und die Menschen aggressiv beziehungsweise unglücklich macht.

In Wirklichkeit gibt es kein „Loch im Ich“. Der Begriff steht für ein „psychologisches Konstrukt“, für Lücken und Blockierungen im Aufbau der „Ich-Strukturen“.

Wie diese „Ich-Strukturen“ aufgebaut werden und wann und warum Lücken – und Löcher – entstehen können, zeigen zahlreiche Illustrationen, die im Buch sehr anschaulich dargestellt werden. Dadurch lassen sich Verflechtungen und dynamische Wechselwirkungen der menschlichen Entwicklungsschritte wie unter einem Mikroskop betrachten. Soziales Fehlverhalten kann so in seinem ganzheitlichen und dynamisch sich entfaltenden Entwicklungsprozess nachvollzogen werden. Damit wächst auch das Verständnis für die Wirkung verschiedener Einflüsse auf die Entwicklung des menschlichen Charakters.

Es wird aber auch erklärt, wie das Fehlverhalten wieder korrigiert werden könnte.

An wen richtet sich dieses Buch? An „normale Leser“ oder nur an Fachwissenschaftler? Wegen der besonderen gesellschaftlichen Bedeutung des dargestellten Themas wurde auf exakte Wissenschaftlichkeit geachtet. Die Kernaussagen des Buches bleiben gesellschaftlich bedeutungsvoll und sind auch für die „normalen Leser“, die ein vertieftes Verständnis für das menschliche Verhalten gewinnen wollen, interessant.

Im Sinne einer guten Lesbarkeit und Verständlichkeit des Buches wurden vertiefende Texte in den Anhang gestellt. Erklärungsbedürftige Begriffe, zum Beispiel die „Human-Strukturen“, die „Ich-Strukturen“, das „Ich“, die „Seele“, die „Ich- Funktionen“, der „Narzissmus“ und das „Borderline-Syndrom“, werden im Anhang näher ausgeführt.

Kurt Theodor Oehler

1 Einleitung

Warum kommt man im Beruf nicht weiter? Warum hat man Misserfolge in der Liebe? Warum hat man seine Finanzen nicht im Griff und warum läuft die Gesundheit aus dem Ruder? Das sind ganz gewöhnliche Fragen von ganz gewöhnlichen Menschen. Es gibt aber auch Fragen, die weniger alltäglich sind, zum Beispiel:

Wie entwickelt sich „kriminelles Verhalten" beziehungsweise wie entstehen „Depressionen", warum gibt es „Terroristen", was bedeutet eigentlich „Narzissmus" und warum gibt es verschiedene Arten von „Suchtkrankheiten"?

Der Neurowissenschaftler Marc LEWIS (2015) schrieb in seinem Buch:

> *„Die Sucht ist eine schlechte Angewohnheit, die … außer Kontrolle geraten ist".*

Ist die Sucht wirklich eine „schlechte Angewohnheit", die außer Kontrolle geraten ist, oder ist es nicht doch der Süchtige selber, der die Kontrolle verloren hat? Ist das nicht eine unzulässige, sich selbst entschuldigende Vereinfachung?

Laut einer Untersuchung des schulärztlichen Dienstes der Stadt Basel bringen in den Jahren 2013/2014 jedes siebte Kindergartenkind, jeder fünfte Primarschüler und jeder vierte Oberstufenschüler zu viele Kilo auf die Waage. Als Gründe für diese Essstörungen werden unter anderem „falsches Essverhalten, zu tiefe Preise für die Süßigkeiten, der akute Bewegungsmangel, die Überwärmung der Wohnungen und die Bildungsferne der Eltern" angegeben.

Sind das die richtigen Gründe? Ist das nicht zu einfach gesehen? Liegen die eigentlichen Ursachen nicht doch tiefer, zum Beispiel in der mangelnden „Ich-Kontrolle" oder in der Überkompensation von inneren Defiziten?

Welche Gründe werden für die Entwicklung einer „Depression" angegeben? Nach Ansicht vieler Mediziner beziehungsweise Biochemiker ist eine „Depression" „eine schwerwiegende medizinische Erkrankung, die höchstwahrscheinlich durch biochemische Veränderungen im Gehirn hervorgerufen wird". Der Berner Wissenschaftler Philipp HOMAN (2015) konnte sogar nachweisen, „dass der Mangel an verschiedenen Botenstoffen im Gehirn jeweils unterschiedliche Arten von Depressionen hervorbringt". Forschern des

Universitätsklinikums Freiburg i. Br. ist es gelungen, zwischen „depressiven Episoden“ und der „synaptischen Plastizität des Gehirns“ eine direkte Beziehung herzustellen (HEYN, 2009). Das Team um Professor Niessen konnte anhand einer Stichprobe von siebenundzwanzig Patienten nachweisen, dass depressive Patienten eine kleinere „synaptische Plastizität“ aufweisen als gesunde Patienten. Und bulgarische Wissenschaftler haben herausgefunden, dass Bevölkerungsgruppen, die sich selber als glücklich einschätzen, eine bestimmte Ausprägung des Gens „rs 324420 der FAAH“ aufweisen (MINKOV u.a., 2015).

Hirnforscher und Mediziner haben ein besonderes Krankheitsverständnis, das in erster Linie auf genetischen und biochemischen Einflüssen beruht. Bei psychischen Störungen suchen sie deshalb die Fehlfunktionen im Gehirn, an den Synapsen, in den Genen, bei einzelnen Botenstoffen oder bei den Neurorezeptoren.

Dazu schreibt der Psychologe und Psychoanalytiker Arno GRUEN (2012):

„Das sei aber wie eine Flucht. Man sei froh, wenn man überhaupt einen Fehler in den organischen Strukturen findet. Dann müsse man sich nicht ... mit dem Wesen der Persönlichkeit und inneren Konflikten auseinandersetzen“.

Der Naturforscher, Arzt und Schriftsteller Georg BÜCHNER fragte in seinem Buch „Danton“:

„Was ist das, was in uns lügt, hurt, mordet und stielt?“

Der renommierte deutsche Hirnforscher Wolf SINGER (2015) antwortete:

„Ich hätte gerne eine Antwort. Ich habe aber keine.“

In diesem Zusammenhang sind noch weitere Fragen zu stellen:

Ist der 27-jährige Co-Pilot Andreas L., der am 24. März den Airbus A320 4U9525 in den südfranzösischen Alpen in eine Felswand flog und 149 Menschen mit sich in den Tod riss, ein gewissenloser, selbstverantwortlicher Massenmörder oder ein Opfer fehlerhafter chemischer Vorgänge in seinem Gehirn, wie es der renommierte Neurologe Robert M. Sapolsky in der „LA Times“ behauptet?

Solche Fragestellungen betreffen nicht nur das aggressive Verhalten, sondern auch „Depressionen“ beziehungsweise anderes „Fehlverhalten“. Tatsächlich herrschen über die Ursachen des abweichenden Sozialverhaltens ganz unterschiedliche Vorstellungen, – und ein noch größeres Unbehagen.

Der 33-jährige Medizinstudent Thomas N. brachte am 21. Dezember 2016 im schweizerischen Rupperswil, 500 Meter von seiner Wohnung entfernt, eine ganze Familie, bestehend aus der 47-jährigen Carla S., ihren 19- und 13-jährigen Söhnen und der 21-jährigen Freundin des älteren Sohnes, auf bestialische Weise um, indem er sie fesselte, knebelte und ihnen schließlich mit einem Messer nacheinander die Kehle durchschnitt. Warum hat er das getan? Auch hier gibt es keine schlüssigen Antworten.

Der Psychiater Johann STEURER (2014) schrieb zu solchen Ereignissen:

> *„Das Problem in der Psychiatrie ist, dass es keine biologisch messbaren Zeichen gibt“. „Beim Herzinfarkt finden Sie abgestorbene Herzzellen. Aber bei psychischen Erkrankungen haben Sie nichts Vergleichbares“.*

Vielleicht sind viele Wissenschaftler auf der falschen Spur. Vielleicht muss man die entscheidenden Ursachen für das soziale Fehlverhaltens nicht in den Genen, in den biochemischen Reaktionen oder am synaptischen Spalt suchen, sondern an anderen Orten. Vielleicht muss man die wirklichen Ursachen für das abweichende Sozialverhaltens doch im menschlichen Charakter suchen.

Im Hinblick auf das menschliche Verhalten gilt es nicht nur allgemeine Fragen zu beantworten, sondern auch ganz private:

> *Warum ist die Arbeit unbefriedigend? Warum gingen die Ferien in die Hosen und warum verhält sich der Ehepartner nicht so, wie man es sich eigentlich wünschen würde?*

Man darf auch Fragen über Dinge stellen, die einem selbstverständlich erscheinen. Viele Dinge sind aber nicht selbstverständlich. Ein Terrorist, wenn er wirklich Terrorist und kein Freiheitskämpfer ist, muss nicht Terrorist sein, ein Drogenkonsument nicht Drogenkonsument, und ein Krimineller hat es noch lange nicht nötig, seinen Lebensunterhalt auf kriminelle Weise zu verschaffen. Aber, warum werden Terroristen zu Terroristen, Drogenkonsumenten zu Drogenkonsumenten und Kriminelle zu Kriminellen? Oder anders ausgedrückt: Warum gibt es Menschen, die unzufrieden beziehungsweise unglücklich sind, obwohl sie wie in einem Paradies leben?

2 Warum sind so viele Menschen unglücklich?

Warum sind so viele Menschen unglücklich, unzufrieden beziehungsweise aggressiv? Warum sind sie so brutal, verzweifelt, interesselos und ohne Ziel? Welche Beweggründe sind für ihre Zwänge verantwortlich? Warum gibt es gestresste Hausfrauen und frustrierte Ehemänner, die sich in die Arbeit flüchten? Und warum gibt es Hooligans, die sich mit Fußballfans schlagen, Jugendliche, die ihre Mitschüler in einem Amoklauf ohnegleichen über den Haufen schießen, Drogensüchtige, die der Welt entfliehen und unbelehrbare, religiöse Fanatiker? Warum gibt es Terroristen, die Unschuldige enthaupten und Menschen in die Luft sprengen? Warum gibt es Vandalen, die Eisenbahnwagen zerstören und Wände verschmieren? Warum gibt es Pneustecher, Randalierer und Schießwütige? Warum gibt es Steuerhinterzieher, skrupellose Banker und unzuverlässige Staatsangestellte? Warum werden Banken überfallen und Menschen getötet? Warum gibt es Menschen, die Kinder missbrauchen oder Frauen vergewaltigen? Und warum gibt es narzisstische Menschen, „Borderline"-Persönlichkeiten, depressiv Erkrankte und Menschen mit Schizophrenien?

Muss man die Ursachen dieser Phänomene tatsächlich in den Genen suchen? Oder sind die Menschen nicht einfach unglücklich beziehungsweise unzufrieden, weil ihnen etwas Entscheidendes fehlt?

2.1 Viele Menschen sind unzufrieden

Nach einer groß angelegten Untersuchung sind mehr als siebzig Prozent der gutverdienenden älteren Deutschschweizer mit einem eigenen Haus in dünn besiedelten Gebieten zufriedene Menschen (FREY u. FREY, 2010).

Trotzdem ist überraschend, dass laut Bundesamt für Statistik in der Schweiz (2015) etwa 40% der Ehen wieder geschieden werden. BODENMANN (2011) schätzt den entsprechenden Anteil auf 47 bis 53%.

Man kann laut „Pro Mente Sana" davon ausgehen, dass jeder zweite Erwachsene mindestens einmal in seinem Leben psychisch erkranken wird (vgl. WITTEN u. JAKOBI, 2005) und dass pro Jahr 38,3% der erweiterten EU-Bevölkerung an einer psychischen Störung leiden werden (WITTEN u. JA-

COBI u. a., 2011). Über 40% der Bevölkerung klagen über psychosomatische Beschwerden, und bei über drei Vierteln der Patienten, die einen Hausarzt aufsuchen, lassen sich keine körperlichen Ursachen finden.

Das beginnt schon bei der Jugend. Fast 50% der jungen Menschen leiden an mehr oder weniger deutlichen Verhaltensstörungen oder zwischenmenschlichen Problemen. Fast 70% der Jugendlichen aus dieser Gruppe kommen irgendeinmal mit den Gesetzen in Konflikt.

Diese Zahlen sind keine festen Größen. Sie verändern sich dauernd – und nicht zuletzt zum Schlechteren. Christina BERNDT (2013) schreibt, dass die Verminderung der psychischen Widerstandsfähigkeit („Resilienz") gegenüber Herzkreislauf- und Skeletterkrankungen landesweit auf dem „Vormarsch" sei. Sie würden sich zu einer eigentlichen „Volkskrankheit" erweitern.

Solche Feststellungen können kaum mehr irritieren. Man hat sich daran gewöhnt. Anscheinend haben die Menschen akzeptiert, dass es eine erstaunliche Menge an ungeklärten Fragen gibt, die unser Leben in erschreckender Weise tangieren.

Vielleicht wollen es viele Menschen auch gar nicht so genau wissen, vor allem nicht so konkret und so unerträglich offensichtlich. Denn es könnte unangenehme Folgen zeitigen, diese Krankheiten besser zu verstehen, Konsequenzen, die möglicherweise schwerer zu ertragen wären als körperliche Gebrechen. Es könnte nämlich bedeuten, dass man sich selber in Frage stellen müsste …

2.2 Erstes Fallbeispiel: Was soll ich tun?

Es gibt Menschen, die können sich in der Welt nicht richtig orientieren. Sie wissen nicht, was sie mit ihrem Leben anfangen sollen. Warum ist das so? Warum fehlen ihnen die Ziele, nach denen sie sich ausrichten könnten?

Benedikt D. fühlt sich mit seinen 40 Jahren noch unsicher wie ein Siebzehnjähriger. Er kann sich weder für einen bestimmten Beruf, noch für eine eindeutige Beziehung entscheiden. Immer wenn er vor einer schicksalhaften Entscheidung steht, geht er „aus dem Felde" und verreist für mehrere Wochen auf die Philippinen. Dort betreibt er mit einem Kollegen eine professionell organisierte Tauchschule.

Einmal war es seine Gattin, die zu hohe Erwartungen an ihn stellte, und das andere Mal sein Tauchkollege, der ihn fester in sein florierendes

Geschäft einbinden wollte. Immer lief Benedikt davon, wenn Entscheidungen anstanden oder die Übernahme größerer Verantwortung von ihm gefordert wurde.

Durch seinen wechselhaften Lebensstil stieß er seine Mitmenschen, vor allem seine Frau, immer wieder vor den Kopf. Er hatte sie geheiratet, obwohl er noch gar nicht bereit dazu war. Er hatte, wie er sich eingestehen musste, unsägliche Angst vor Verantwortung.

Letztes Frühjahr wollte er nach konfliktreichen Auseinandersetzungen mit seiner Frau ein weiteres Mal auf die Philippinen verreisen. Sie war dagegen. Sie wollte immer schon ein sicheres Zuhause haben – und endlich Kinder gebären. Schließlich verreiste Benedikt trotzdem auf die Philippinen, freute sich aber auf die Rückkehr. Als er zu Hause anrief, um die Wiederkehr anzumelden, stellte er fest, dass sich seine Frau von ihm getrennt hatte …

Nicht viel anders erging es Judith, die einen guten Beruf, eine gute Stelle und ein noch besseres „Polster" hat:

2.3 Zweites Fallbeispiel: Leider bin ich immer unglücklich

Judith ist immer wütend, obwohl es ihr als Chefsekretärin eigentlich allemal gut gehen könnte. Sie hat Macht, kennt „Hinz und Kunz" und beschäftigt so ganz nebenher ein großes Netzwerk an Informanten, die überall herumsitzen, wo Informationen über den Tisch laufen. Was ist da und was ist dort? Wer hat hier und wer kennt das?

Sie ist trotzdem unglücklich, nicht weil sie etwa ein unglückliches Leben führen würde. Im Gegenteil. Sie hat sich so ganz nebenher, durch zahlreiche Vorteile, die sie sich zu verschaffen wusste, zwei Wohnungen angeschafft. Trotzdem ist sie wütend und geniert sich nicht, ihre von ihr verabscheuten Kolleginnen jederzeit spüren zu lassen, dass sie unzufrieden ist.

Vor allem pflegt sie, weil sie nicht gerade gern arbeitet, den ganzen Tag zu lästern. Das ist nicht gut, diese Mitarbeiterinnen machen Fehler und warum hat denn diese demjenigen oder jene diesem „schöne Augen" gemacht?

Sie ist wie ein Schmeichelkätzchen, naiv und liebenswürdig, so vorne herum, um kurz danach, ganz hintenherum, teuflisch und hexengleich alles durch den Dreck zu ziehen.

Sie sprüht vor Charme, wenn sie sich, im Mittelpunkt wähnend, als großzügige Gastgeberin ausgeben kann: Nehmen Sie doch, greifen Sie zu! Hier ein Schnäppchen und dort ein Häppchen, um im nächsten Augenblick ohne große Skrupel ihre Gäste als überaus gierig und verfressen hinzustellen.

Sie weiß, wie sie sich so ganz nebenher recht abfällig über andere Menschen äußern kann, wie sie diese gegen jene und denjenigen gegen diesen ausspielen kann. Und selbstverständlich beherrscht sie auch die Kunst, bei ihrem Chef zur richtigen Zeit die richtigen „Knöpfchen" zu drücken. Es ist wie ein Spiel. Hier die richtige Bemerkung fallen lassen und gleich die Hände in Unschuld waschen. Und wer wird sich wundern, dass allseits Feindseligkeiten entstehen, für die sie natürlich niemals verantwortlich gemacht werden will.

Eigentlich handelt es sich bei dieser Frau ganz einfach um eine „narzisstische Persönlichkeit". Was bedeutet aber „Narzissmus"? Was steckt hinter diesem Begriff?

Oftmals ist ein repräsentatives Etikett schnell bei der Hand. Es scheint die eigentlichen Zusammenhänge aber eher zu verschleiern. Wenn man einer Krankheit einen griechischen Namen oder ein passendes Etikett verpasst, hört das Fragen sofort auf. Zu Unrecht! Denn hinter jedem Etikett verbergen sich die alten Fragen.

Was bedeutet also der etwas schillernde Begriff „Narzissmus"? Wie entsteht er? Was hat er für die Betroffenen zur Folge? Fragen über Fragen und keine klaren Antworten.

Auch das dritte Fallbeispiel ruft nach Antworten. Gibt es wirklich keine Antworten?

2.4 Drittes Fallbeispiel: Wir sehen uns im Paradies wieder

Zwei österreichische Gymnasiastinnen, Samra K., siebzehn Jahre alt, und Sabina S., fünfzehn Jahre alt, reisten über Jugoslawien und die Türkei in den „Heiligen Krieg", um als sogenannte „Dschihadistenbräute" dem „Is-

lamischen Staat" zu dienen. Im Kinderzimmer ließen sie zwei Zettel zurück:

„Wir sind auf dem richtigen Weg. Wir gehen nach Syrien, kämpfen für den Islam. Wir sehen uns im Paradies wieder."

Und: „Sucht nicht nach uns. Wir werden Allah dienen – und für ihn sterben."

Nach wenigen Monaten heißt es, Samra sei wegen Fluchtabsichten „von einem IS-Kämpfer erschlagen worden", und Sabina sei, wiederum nach unbestätigten Berichten, in einem Scharmützel erschossen worden.

Das Schicksal der beiden Mädchen ist erschütternd. Sie sind aber nicht die einzigen, die diesen Weg gegangen sind. Warum gerade Samra und Sabina?

2.5 Fragen über Fragen und keine klaren Antworten

Bei komplexen Vorgängen wie der menschlichen Sozialisation gibt es keine klaren Antworten. Aber: Was sind die wirklichen Gründe, weshalb Menschen auffällig werden – und andere nicht? Ist die Seele wirklich eine „Black Box", in die man nicht hineinschauen kann? Gibt es wirklich keine klaren Antworten?

Es gibt viele Gründe, warum Menschen unglücklich werden. Leider sind diese Gründe meistens unbekannt. Deshalb liegt es oft näher, nach einfachen Antworten zu suchen. Die Antworten lauten dann:

Das Unglück liegt an den anderen oder an äußeren Umständen! Das bedeutet weiter, dass sich das Unglück aus diesen Umständen, den materiellen Verhältnissen, den fehlenden Arbeitsmöglichkeiten, den fehlenden Entwicklungsmöglichkeiten, dem eigenen Körper, den äußeren Wohnbedingungen, dem eingeschränkten Einkommen, dem fehlenden Glauben, dem falschen Partner oder der Gesellschaft als Ganzem erklären lässt.

Die Lösung des Problems besteht dann darin, dass eine neue Wohnung, eine neue Stelle, ein fester Glaube, ein neuer Partner gesucht oder um andere gesellschaftliche Verhältnisse gerungen wird.

Tatsächlich können solche Maßnahmen Veränderungen mit sich bringen. Nicht selten haben die Bedingungen am Arbeitsplatz oder die Verhältnisse in der Familie auf das Wohlbefinden eines Menschen einen entscheidenden Einfluss. Und auch die Wohnlage, die Verkehrsverhältnisse, die Lärmbelästigung oder die Wohnraumaufteilung können Ursachen besonderen Missbehagens sein.

Vielleicht fehlt es auch an Kraftorten. Vielleicht sind es geheimnisvolle Erdstrahlen, schlechte Energien oder grotesker Spuk, denen eine Wohnung ausgesetzt ist. Es gibt noch andere Möglichkeiten, bisweilen auch bizarrer Art, um die innere Unzufriedenheit vor sich und anderen Menschen zu rechtfertigen.

Vermutlich ist es meistens falsch, die Fehler bei anderen oder in äußeren Umständen zu suchen. Wahrscheinlich ist das zu oberflächlich gesehen. Vielleicht gibt es schwierigere Antworten, die weniger gefallen und weniger gut zu ertragen sind. Vielleicht gibt es Antworten, die mitten ins Herz treffen, nämlich die Annahme, dass die eigentlichen Ursachen im eigenen Inneren liegen.

Irgendwie scheint den unzufriedenen Menschen etwas „Wichtiges" zu fehlen. Aber was?

Anscheinend ist dieses „Wichtige" etwas ganz Außerordentliches. Warum weiß Benedikt „weder ein noch aus"? Warum macht Judith diesen Wirbel? Warum will sie immer im Zentrum stehen, und warum missgönnt sie ihren Kolleginnen die gebührende Anerkennung? Wahrscheinlich, weil sie selber um diese Anerkennung kämpft.

Vielleicht ist das der Grund, warum sie um sich herum nur Feinde sieht und Feindschaften säht, damit sie bei anderen Menschen um einen winzigen Deut besser dastehen und die Liebe der Vorgesetzten mit etwas größerer Wahrscheinlichkeit für sich beanspruchen kann. Vielleicht ist das der Grund für ihr „narzisstisches" Gehabe: Weil sie innerlich unzufrieden ist.

2.6 Welches sind die wirklichen Gründe für die innere Unzufriedenheit?

Warum ist die Liebe so unerreichbar fern? Warum müssen die Menschen um dieses Gefühl so unverdrossen kämpfen, als ob sie kein genuines Recht darauf hätten? Warum ist es so schwierig, so aufwändig und geradezu gefährlich, wenigstens einen Zipfel dieser „Großen Liebe" zu erhaschen? Was ist das für eine „Große Liebe", die so beharrlich herbeigezwungen werden muss?

Vielleicht geht es gar nicht um die „Große Liebe“, um Zuwendung, Wärme, Geborgenheit und Zärtlichkeit als Ausdruck dieser Liebe, sondern um etwas ganz anderes.

Hinter der „inneren Unzufriedenheit“ lässt sich meistens die gleiche innere Ursache erkennen. Meistens sind diese Menschen krank, unglücklich beziehungsweise aggressiv, weil sie seit ihrer Kindheit eine innere schmerzende Wunde, ein ungestilltes inneres Verlangen in sich tragen. Dieses Verlangen ist aber nicht das Ergebnis eines äußeren Mangels, sondern kommt in der Regel aus einem inneren Defizit, das diese Menschen dazu veranlasst, alles Mögliche zu unternehmen, um diese schmerzende Wunde in der eigenen Persönlichkeit so schnell wie möglich zu beseitigen.

Alle Bemühungen, diese Gefühle zu entfernen, müssen aber fehlschlagen, weil es sich bei diesem Defizit um ein tief im Innern der Seele liegendes „Loch im Ich“ handelt.

3 Was ist ein „Loch im Ich“?

Ist das „Loch im Ich“ möglicherweise eine inhaltsleere psychologische Floskel ohne wissenschaftliche Relevanz? Oder ist das vom Berliner Psychiater und Psychoanalytiker Günter AMMON (1979) so bezeichnete „Loch im Ich“ etwas Wirkliches?

Eigentlich gibt es kein materielles „Loch im Ich“. Es hat nichts mit gestorbenen Nervenzellen zu tun. Es kann weder beobachtet noch technisch gemessen werden.

Der Begriff ist trotzdem verständlich. Er ist selbsterklärend. Er bringt es auf den Punkt. Jedermann spürt augenblicklich, was damit gemeint sein könnte.

Meistens wollen die Menschen nicht nur wissen, warum sie unglücklich sind, sondern auch, wie sie wieder glücklich werden können. Um das zu begreifen, muss man aber verstehen, wie das „Unglücklichwerden“ grundsätzlich entsteht.

Eigentlich wissen die Menschen ganz genau, was seelisches Leiden bedeutet. Jeder Mensch kennt dieses Gefühl, entweder von der eigenen Persönlichkeit her oder aus den Schilderungen anderer Menschen, wie es sich anfühlt, innerlich leidend und seelisch verletzt zu sein. Jeder Mensch hat schon erlebt, dass ihm die Decke auf den Kopf fällt, dass er deprimiert, handlungsunfähig und ohne Worte ist. Viele Menschen werden sich deshalb fragen, ob sie über die richtigen Instrumente verfügen, um ein glückliches Leben zu führen.

Obwohl dieses Phänomen, das hinter dem Begriff „Loch im Ich“ steht, den Menschen irgendwie vertraut ist, soll hier versucht werden, die Entstehung eines „Loch im Ich“ anhand einer zeichnerischen Darstellung Schritt für Schritt abzuleiten.

3.1 Der Aufbau von „Ich-Strukturen“

Das „Loch im Ich“ ist ein psychologisches „Konstrukt“. Im Grunde genommen ist es nicht das „Loch im Ich“, das interessiert, sondern sein Gegenteil: die „Fülle des Ich“. Der Aufbau der gesunden Persönlichkeit. Das heißt, der Aufbau der menschlichen „Ich-Strukturen“.

Aus diesen Gründen könnte dieses Buch auch anders heißen. Zum Beispiel: *„Der hierarchische Aufbau der Ich-Strukturen"*.

Der Text beginnt deshalb mit dem Aufbau der „gesunden" Persönlichkeit, mit Hilfe der Darstellung einer idealen „ich-strukturellen Entwicklungsmatrix".

Der Aufbau der „Ich-Strukturen" beziehungsweise der sich daraus entwickelnden „Ich-Funktionen" [siehe **Anhang A**] ist ein komplexer Vorgang, der gerade wegen seiner Komplexität wenig empirisch erforscht und noch schlechter in seinem Gesamtzusammenhang zu verstehen ist. Bei den meisten psychischen Krankheiten beziehungsweise Auffälligkeiten können entsprechend individuelle Entwicklungsprozesse rekonstruiert und als sogenannte „Entwicklungsmatrix" aufgebaut werden.

Im Folgenden wird versucht, die Entwicklung des „Loch im Ich" mit Hilfe einer grafischen Darstellung zu erklären. Das Modell beschreibt mit wenigen Zeichen eine Darstellung, die bei der Zeugung anfängt, sich überwiegend über erbprogrammierte Reifungsschritte während der Schwangerschaft fortsetzt und schließlich in das nachgeburtliche Lernen einmündet.

Als Erstes sind es die Gene, die sowohl den Körper als auch die wesentlichen Charaktereigenschaften, zum größten Teil die Intelligenz und das Geschlecht des Menschen bestimmen [siehe **Anhang B**].

3.1.1 Zeugung

Der erste Teil der grafischen Darstellung stellt nach der Zeugung ein einzelnes „Reifungselement" dar und wird mit einem schwarzen Rechteck gekennzeichnet. Auf der linken Seite der Darstellung zeigt der Pfeil auf der Zeitachse das zunehmende Alter der „fiktiven Persönlichkeit" an, während auf der rechten Seite die Entwicklungsstufen gekennzeichnet werden (**Abb. 1**):

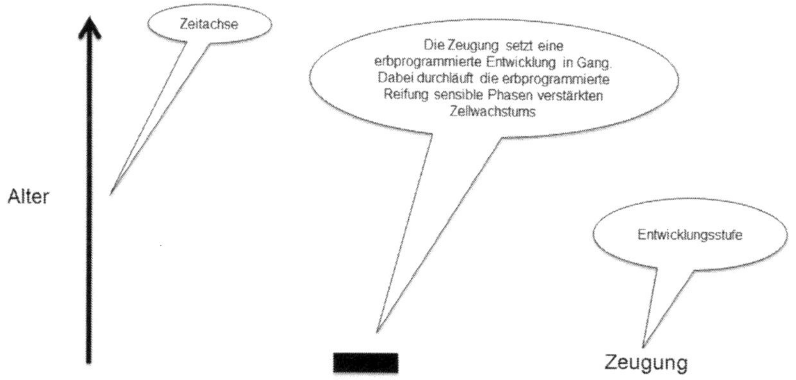

Abb. 1: Die Zeugung: Vereinigung zwischen Ei und Samen

3.1.2 Vorgeburtliche Entwicklung

Die weiteren Entwicklungsschritte, die gleich nach der Zeugung einsetzen, zum Beispiel die Zellteilung, die Funktionsdifferenzierung, das Organwachstum sind überwiegend erbgenetisch programmiert [siehe **Anhang B**].

Die **Abb. 2** zeigt die Basis der „Entwicklungsmatrix" beziehungsweise des „Entwicklungsaufbaus". Sie besteht aus einem einzelnen Reifungselement, das symbolisch für die ersten Wachstumsvorgänge nach der Zeugung steht. Die weiteren Reifungsschritte werden durch weitere Rechtecke gekennzeichnet, die wie Mauersteine auf dem ersten Element aufsitzen.

Der Aufbau der „Entwicklungshierarchie" enthält Reifungsschritte, die wiederum die Voraussetzung für die auf ihnen aufbauenden weiteren Entwicklungsschritte darstellen. Diese Entwicklung bezieht sich auf das, was oben als die Entwicklung der „Ich-Strukturen" bezeichnet wird.

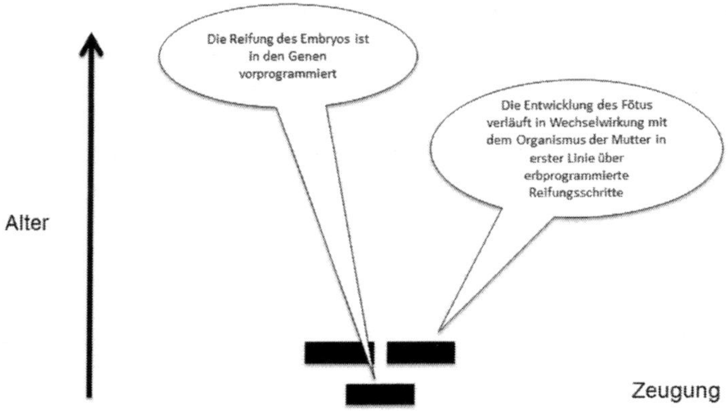

Abb. 2: Erste erbprogrammierte Reifungsschritte (vorgeburtlich)

Das erbgenetische Programm durchläuft schon hier sensible Phasen verstärkten Zellwachstums und organspezifischer Entwicklung. Dabei findet zwischen dem Befinden der Mutter und dem heranwachsenden Fötus eine komplexe Wechselwirkung statt (**Abb. 3**). Störungen in der fötalen Grundversorgung, emotionale Spannungen der Mutter, toxisch wirkende Medikamente und bestimmte Krankheiten während der Schwangerschaft, zum Beispiel „Röteln", können das Wachstum des ungeborenen Kindes entscheidend beeinträchtigen.

Abb. 3: Wechselwirkung zwischen dem ungeborenen Kind und dem Organismus der Mutter

Die Entwicklung des Menschen wird durch das „erbgenetische" Programm gesteuert. Ein Mensch kann aber nur werden, was ihm im Rahmen der genetisch vorgegebenen Grenzen möglich ist.

Die Rahmenbedingungen sind aber weit gesteckt, weil sich der Mensch an verschiedene Umwelten anpassen muss. Zwischen dem Lernen und den genetischen Ausgangsbedingungen gibt es eine stete Wechselwirkung. Erstens beruhen die Lernschritte auf genetisch vorgegebenen Programmen. Andererseits wirken die einzelnen Lernschritte auf diese Programme zurück. Das bedeutet, dass die Reifung eines Individuums je nach Umweltbedingungen in verschiedene Richtungen verlaufen kann.

Diese These lässt sich anhand der Berichte über die sogenannten „Wolfskinder" beziehungsweise „Affenmenschen" eindrücklich bestätigen. Es gibt spektakuläre Aufzeichnungen über Menschen, die zum Beispiel in Affen- beziehungsweise Wolfsfamilien oder bei anderen Tieren aufgewachsen sind. Diese Aufzeichnungen wirken wegen ihrer Detailgenauigkeit authentisch. Sie können aus Sicht der Lernpsychologen nicht erfunden worden sein.

Besonders hervorzuheben ist hier das Tagebuch des indischen Missionars J. A. L. Singh (SINGH, 1964) über die „Wolfskinder von Midnapore". In diesem Bericht wird das Auffinden und Verhalten der „Wolfskinder" „Amala" und „Kamala" exakt beschrieben. Der Missionar hält dabei fest, dass sich die Kinder, die vermutlich schon als Kleinkinder von Wölfen „verschleppt" worden waren und mehrere Jahre in einem „Wolfsbau" verbracht hatten, an das Nachtsehen gewöhnt hatten. Ihre Augen leuchteten im Widerschein einer Lichtquelle, wie das bei nachtaktiven Tieren allgemein üblich ist. Auch die Verdauungsvorgänge und die Zähne hatten sich entsprechend der veränderten Lebensbedingungen umgebildet. Die Eckzähne der „Wolfskinder" waren deutlich größer entwickelt als bei normalen Kindern, und die Verdauungsorgane konnten gekochtes Fleisch oder abgekochte Milch nicht verdauen. Zudem liefen sowohl die „Wolfskinder" als auch das „Affenmädchen" auf „allen Vieren". Ihre Hüftgelenke ließen den aufrechten Gang nicht mehr zu. Diese von Tierfamilien geprägten Kinder konnten sich mit normalen Menschen nicht verständigen. Sie stießen unverständliche Laute aus, als ob sie nur mit Tieren kommunizieren könnten.

Die Reintegration der „Wolfskinder" in die menschliche Gesellschaft war nicht mehr möglich. Die vom Menschen abweichenden körperlichen und psychischen Prägungen konnten nicht rückgängig gemacht werden. Die „Wolfskinder" starben schließlich an Infektionskrankheiten, gegen die sie keine Immunität aufgebaut hatten, während das „Affenmädchen" (CHAPMAN, 2013), das erst im Alter von vier Jahren im Urwald ausgesetzt worden war und etwa vier Jahre in einer Affenfamilie „überlebt" hatte, in die menschliche Gemeinschaft zurückfinden konnte.

Was bedeuten diese Ergebnisse? Sie bedeuten, dass man unter entsprechenden Bedingungen aus neugeborenen Kindern durchaus „wolfsgeprägte" oder „affengeprägte" Kinder „machen" kann. Wenn wir das Beispiel auf die menschliche Sozialisation übertragen, kann das auch heißen, dass man zum Beispiel aus normalen Babys durchaus „schwierige Kinder" oder gar „nicht resozialisierbare Außenseiterkinder" „machen" kann. Die Berichte deuten schließlich darauf hin, dass die Menschen mit Affen, Wölfen oder anderen Säugetieren „näher" verwandt sind als man das vielfach annehmen möchte. Und es bedeutet letztlich, dass die Erziehung und ein entsprechendes Erziehungsmilieu für die Entwicklung des Menschen von größter Wichtigkeit sind.

3.1.3 Geburt

Die Geburt selber stellt die erste große Umwelterfahrung eines Kindes dar und hinterlässt im kindlichen Gefühlsleben tiefe Erlebnisspuren (**Abb. 4**). Sie stellt das Grundmuster des späteren Angstempfindens dar und führt das Kind aus dem „Nirwana" der vorgeburtlichen Existenz in die „Hölle" des nachgeburtlichen Überlebenskampfes. Dabei ist es nach GRABER (1978) weniger der Geburtsvorgang selber als der abrupte Wechsel zwischen dem vorgeburtlichen Dasein und der nachgeburtlichen Existenz, der beim Kind tiefe Spuren hinterlässt. Graber formulierte deswegen den tiefsinnigen Satz, dass die Geburt und der Daseinswechsel nach der Geburt die „Grundströmungen des Seelenlebens" lebenslang beeinflussen würden.

Ähnlich argumentiert der Psychiater und Psychotherapeut Stanislav GROF (1978), wenn er schreibt, dass der dynamische Verlauf der Geburt und die Art und Weise des „In-die-Welt-gesetzt-Werdens" die Grundeinstellungen des Menschen dem Leben und der menschlichen Existenz gegenüber lebenslang beeinflussen würden.

Die vorgeburtliche Existenz, der Geburtsvorgang selber als auch die ersten Umwelteindrücke nach der Geburt werden als herausragende Erlebnismuster im Gehirn des Menschen abgespeichert und können in besonderen Situationen, zum Beispiel bei sogenannten „Nahtoderfahrungen", lebenslang abgerufen werden.

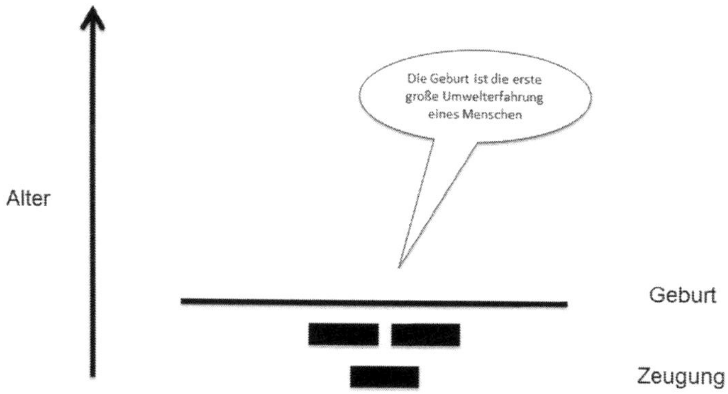

Abb. 4: Die Geburt als prägendes Erlebnismuster

3.1.4 Frühe Kindheit

Was kann der Säugling kurz nach der Geburt? Das Neugeborene kann „saugen“, „weinen“, „empfinden“ und „greifen“ (**Abb. 5**). Diese Fähigkeiten werden erbprogrammiert erworben.

Schon nach wenigen Wochen zeigt der Säugling weitere Fähigkeiten, zum Beispiel den zielgerichteten Blickkontakt mit Bezugspersonen. Wenn das Kind durstig, hungrig oder sonstwie unzufrieden ist, folgt ein wütendes Begehren verbunden mit Weinen und Trotzen. Und nicht zuletzt zeigt es den Ausdruck des freudigen Wohlgefallens, wenn es vergnüglich lächelt und gluckst.

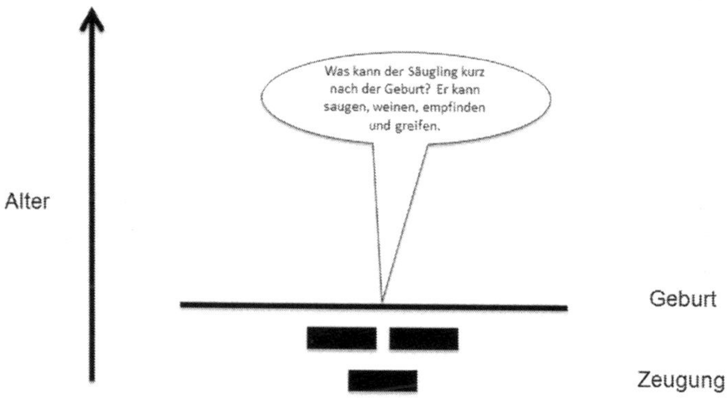

Abb. 5: Erste erbprogrammiert erworbene Grundfähigkeiten

Nach der Geburt sind es zentrale, zwischenmenschliche und gruppendynamische Konstellationen, die den Aufbau weiterer „Strukturen" ermöglichen.

In der frühesten Kindheit macht das Kind ganz neue Erfahrungen, in der Regel im Rahmen der Wechselwirkung mit den Eltern und Geschwistern.

Das Kind verinnerlicht im Rahmen der Sozialisation die „Gruppendynamik der Elternfamilie", speziell deren Gewohnheiten, Einstellungen, Werthaltungen, Verhaltensmuster, Überzeugungen usw. zur eigenen „Psychodynamik".

3.1.5 Kindheit

Während der Kindheit beziehungsweise frühen Jugend sind es dann weniger erbprogrammierte Reifungsvorgänge, sondern überwiegend sozial determinierte Lernprozesse, die in Wechselwirkung mit der Familiengruppe und dem erweiterten Lebensumfeld kontinuierlich fortschreiten. Dabei spielen die eigenen Ressourcen, die genetisch bedingten Potentiale und Begabungen, und die entsprechenden „Motivierungen" eine wichtige Rolle. Aus diesen Gründen werden die nachgeburtlichen „Lernschritte" in Motivations- und Lernelemente aufgeteilt (**Abb. 6**). Dabei provoziert ein einzelnes „Lernelement" in Abhängigkeit von den eigenen Ressourcen mehrere motivierende Anregungen wie Neugier, Interesse, Motivation, Wissendurst, Forscherdrang, Erfindergeist u. a. m., die in der Abbildung als kleine Dreiecke dargestellt werden.

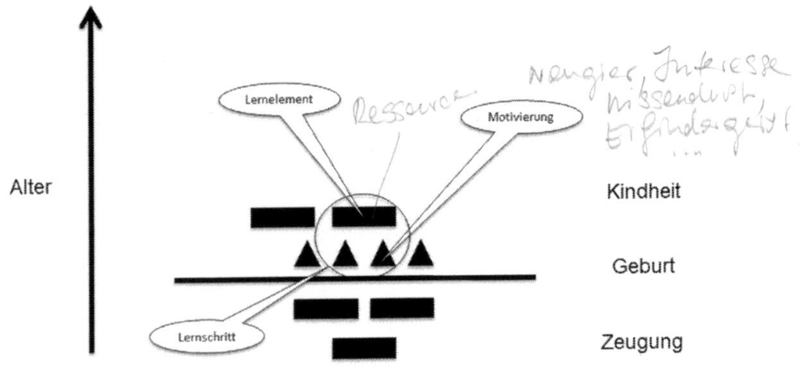

Abb. 6: Unterteilung eines „Lernschritts" in „Motivierung" und „Lernelement"

Die einzelnen Lernschritte sind einander nachgeordnet und stellen gleichzeitig eine notwendige Voraussetzung für weitere Entwicklungsschritte dar. Das heißt, dass jeweils ein einzelnes „Lernelement" in Verbindung mit den eigenen Ressourcen und Begabungen zu mehreren neuen „Motivierungen" führt. Diese „Motivierungen“ wiederum sind sowohl Motiv als auch notwendige Voraussetzung für die weiteren „Lernschritte“ (**Abb.** 7).

Mit zunehmendem Alter richtet sich die Aufmerksamkeit des Kindes mehr und mehr auf die nähere Umgebung. Es spürt den Raum, entdeckt die Möbel, öffnet die Schubladen und versucht, durch langsames Aufrichten die Oberfläche des Tisches zu erkunden.

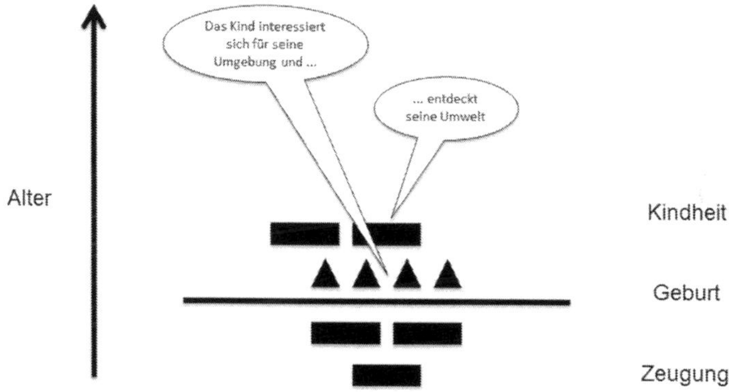

Abb. 7: Die Entdeckung und Introjektion der Umwelt

Abb. 7 zeigt eine weitere Stufe der Entwicklung. Im Rahmen der Lernprozesse baut sich die „Entwicklungsmatrix“ auf der Zeitachse immer weiter nach oben und seitwärts auf. Die einzelnen Lernelemente vernetzen sich gegenseitig und verdichten sich zu einem komplexen Netzwerk (**Abb. 8**).

Beim Lernen ist der Prozess nie abgeschlossen. Es geht immer weiter, aber nicht so schnell wie am Anfang der Entwicklung.

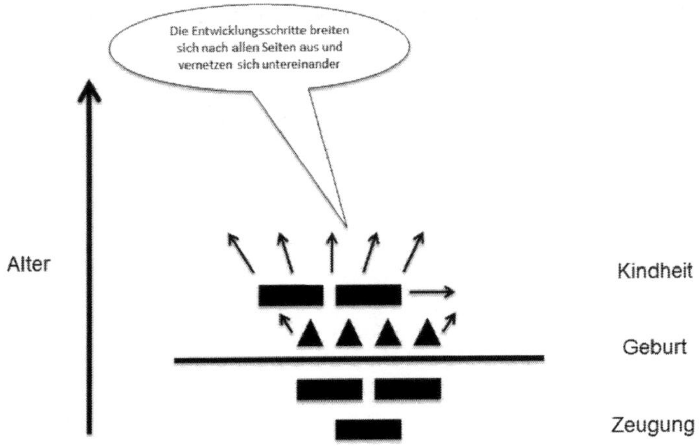

Abb. 8: Verbreiterung der „Entwicklungsmatrix“ und die komplexe Vernetzung der „Ich-Strukturen“

Mit dem Eintritt in den Kindergarten oder in die Schule erweitert sich das Erlebnisfeld der Kinder (**Abb. 9**). Sie begegnen anderen Kindern, die aus anderen Familien stammen, die andere Fähigkeiten besitzen und die andere Werte vertreten. Damit lernen die Kinder Dinge, die sie in der eigenen Familie nicht hätten lernen können.

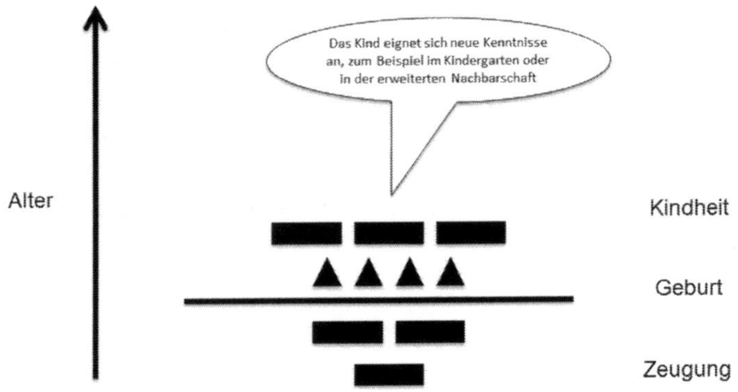

Abb. 9: Die Erweiterung des Wissensraumes durch die Entdeckung der Nachbarschaft und des weiteren Umfeldes des Kindergartens

Gleichzeitig wird den Schülern ein Schulstoff vermittelt, der den ganzen Wissensraum überspannt. Je nach Anlage und Begabung werden die Kinder im

Hinblick auf die eigenen Ressourcen angeregt und zu weiterem Lernen motiviert (**Abb. 10**).

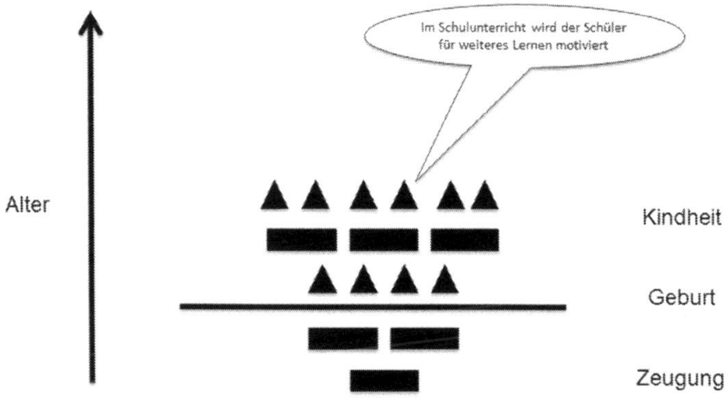

Abb. 10: Die Erweiterung der kindlichen Lernfelder durch Kindergarten und Schule

Als Beispiel soll hier das „Lesen-Lernen" und dessen mögliche Folgen diskutiert werden:

> *Das „Lesen-Lernen" stellt im Leben eines Menschen ein entscheidendes Lernelement dar. Das „Lesen-Können" motiviert entsprechend zu weiterem Lesen von Büchern, Zeitschriften und Zeitungen.*
>
> *Diese Aktivitäten führen zu einem Anstieg des allgemeinen Wissens über das Leben und speziell über fremde Länder. Das motiviert möglicherweise zum Erlernen der spanischen Sprache. Dieser Lernschritt könnte bedeuten, dass man sich plötzlich für die Geschichte Spaniens, für den spanischen Bürgerkrieg, für die Geographie Spaniens, für eine Ferienreise nach Spanien oder für einen vertiefenden Sprachkurs für Spanisch interessiert (**Abb. 11**).*

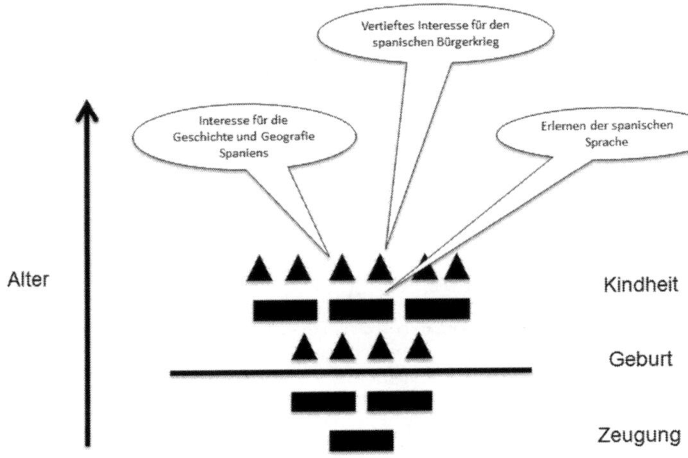

Abb. 11: Beispiel für den Aufbau weiterer Lernschritte

Im vorliegenden Fall könnten diese Motivierungen möglicherweise ein ganzes Bündel von weiteren Aktivitäten auslösen, zum Beispiel, dass man ein Buch über die spanische Geschichte, über den spanischen Bürgerkrieg, einen Atlas über Spanien, einen Ferienkatalog über Spanien liest oder gar einen weiteren Sprachkurs belegt.

Diese Lernelemente können wiederum eine Vielzahl neuer Interessen auslösen, zum Beispiel kann der Ferienkatalog zu einer Reise nach Kastilien, zu einem Badeurlaub an der Costa Blanca oder möglicherweise später zu einem Hauskauf in Katalonien motivieren.

Diese Erweiterungen könnte man endlos fortsetzen und die entsprechenden „Entwicklungsäste" nach allen Seiten ausdehnen.

3.1.6 Jugend

Wenn man sich vorstellt, dass jeder Lernschritt zahlreiche neue Fragen aufwirft und Interessen weckt, kann man davon ausgehen, dass sich der Entwicklungsaufbau bei guten Voraussetzungen immer weiter auffächert, wie es in der nächsten Grafik dargestellt wird (**Abb. 12**).

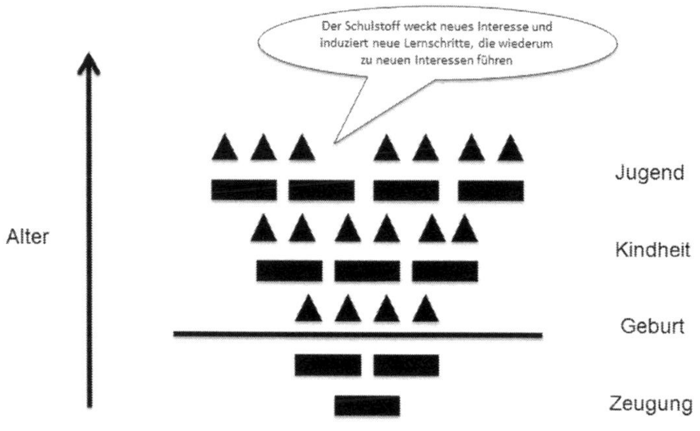

Abb. 12: Die Schule als komplexer Wissensmultiplikator

Die Schule ist ein komplexer Lernmultiplikator und intensiviert beziehungsweise verbreitert den Bildungsaufbau. Sie fördert das Wissen und stellt gleichzeitig ein soziales Lernfeld dar, in dem neben den vorgeschriebenen Schulstoffen zahlreiche weitere Wissensbereiche und soziale Fertigkeiten gelernt werden.

3.1.7 Erwachsenenalter

Die Entwicklungsstränge verzweigen sich wie die Äste eines Baumes und ergeben schließlich eine fein verästelte Darstellung einer unendlich differenzierbaren „Entwicklungsmatrix", die sowohl die körperlichen Wachstumsvorgänge als auch den Aufbau der mentalen „Strukturen" einschließt.

Durch dieses Darstellungsverfahren entsteht schließlich eine auf die Spitze gestellte Pyramide, die sich nach oben immer weiter ausdehnt. Die Spitze der Pyramide an der Unterseite der Darstellung markiert die Zeugung, der Querstrich im unteren Viertel bedeutet die Geburt und die sich nach oben auffächernden Strukturen stellen die im Laufe des Lebens erworbenen „Ich-Strukturen" dar.

Bei guten und ungestörten Entwicklungsbedingungen ist das Ergebnis dieses Entwicklungsprozesses ein sogenanntes „ideales Ich" beziehungsweise eine „ideale Entwicklungsmatrix", wie sie im nachfolgenden Schaubild (**Abb. 13**) dargestellt wird:

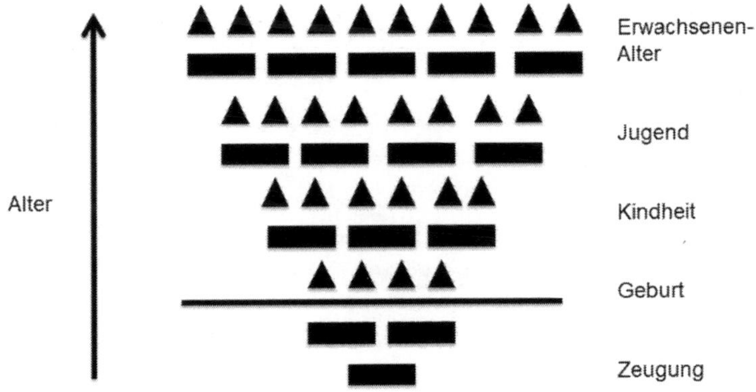

Abb. 13: Das „Ideal-Ich" beziehungsweise die ideal entwickelte „Entwicklungsmatrix": Beispiel für eine ungestörte „ideal-modellhafte" „Ich-Entwicklung"

Die **Abb. 13** zeigt „idealisiert-modellhaft" eine ungestörte „Ich-Struktur" eines Menschen, der in allen Lebensphasen ideale Entwicklungsbedingungen vorfindet und eine optimale Förderung erfährt. Das Bild zeigt eine „Entwicklungsmatrix", die in ihrem Aufbau gut strukturiert ist und in ihrem Inneren keine sichtbaren Störungen aufweist.

Bis jetzt wurde Schritt für Schritt der Aufbau von gesunden „Ich-Strukturen" erläutert. Dabei wurde kein „Loch im Ich" gefunden. Im Gegenteil, der Entwicklungsaufbau des idealen „Ich" zeigt ein ganzheitlich entwickeltes „Ich" ohne „Löcher im Ich".

Das Thema dieses Buches ist aber ein anderes: nicht die ungestörte „Ich-Entwicklung", sondern die Entstehung von „ich-strukturellen Defiziten", die Entstehung eines sogenannten „Loch im Ich". Es stellt sich deshalb die Frage: Wie entsteht ein „Loch im Ich"?

3.2 „Ich-strukturelle" Beeinträchtigungen

Selbstverständlich bildet die „idealisiert-modellhafte" Darstellung des Entwicklungsaufbaus des „Ich" nicht die konkrete Wirklichkeit ab. Die grafische Darstellung ist ein stark vereinfachendes, theoretisches „Konstrukt". Es soll dem besseren Verständnis des Themas dienen.

Im tatsächlichen Leben gibt es keinen idealen „Entwicklungsaufbau". Im Alltag gibt es fördernde beziehungsweise hindernde Einflüsse, die das Leben des Menschen schicksalhaft tangieren.

In der Regel wünschen Eltern für ihre eigenen Kinder nur das Beste. Vielfach sind entsprechende Beeinträchtigungen unabsichtlich und unbewusst verursacht.

Es gibt neben den harmlosen Beeinträchtigungen auch gravierende Erschütterungen. Als hindernde Einflüsse können zum Beispiel folgende Begebenheiten angeführt werden:

> *genetische Defekte, vorgeburtliche Beeinträchtigungen, Geburtskomplikationen, Kontaktlosigkeit, Kaltherzigkeit, Frühverwahrlosung, Kränkungen, Misshandlungen, sexueller Missbrauch, Unglücksfälle, Krankheiten und andere Schicksalsschläge.*

Neben angeborenen genetischen Defekten, die möglicherweise durch spontane Mutationen oder physikalisch-chemische Einflüsse entstehen, können auch durch andere Umstände genetische Beeinträchtigungen verursacht werden.

Neben genetischen Einflüssen sind es aber vor allem vor- beziehungsweise nachgeburtliche Beeinträchtigungen oder gar geburtstraumatische Erfahrungen, die zu Verhaltensstörungen führen:

> *„Eine überdurchschnittlich hohe Zahl von (psychopathischen) Männern wurde von ihren Müttern vernachlässigt oder erlitt bereits vor und bei der Geburt Hirnschäden, welche mit physischer und psychischer Vernachlässigung des Fötus und Kleinkindes einhergingen" (BIRBAUMER, 2015).*

Weitere Risikofaktoren … waren unter anderem:

> *„armes Elternhaus mit junger, alleinerziehender Mutter, Fehl- oder Unterernährung, chaotische Erziehung, keine Vorbilder für Selbstkontrolle, geringe Intelligenz, schlechte Schulbildung, Aufmerksamkeits-Hyperaktivitätsstörung, exzessive Benutzung aggressiver Spiele und Videos, Sensationssucht und Langeweile, Alkohol- und Drogenmissbrauch." (BIRBAUMER, 2015)*

Jede Beeinträchtigung vor beziehungsweise während der Geburt, zum Beispiel eine Über- beziehungsweise Untersäuerung des Nabelschnurarterienblutes oder eine durch eine tiefe Punktzahl beim sogenannten „Abgar-Test" charakterisierte Beeinträchtigung hinterlassen Spuren.

Neben diesen eher schicksalshaften Beeinträchtigungen des Entwicklungsverlaufs gibt es auch störende Begebenheiten, die aus unbewussten Einstellungen, unbewältigten Problemen oder Identitätskonflikten bei den Eltern beziehungsweise Lehrern herrühren.

Es gibt auch außerordentliche Sozialisationsbedingungen, die zu nachteiligen Entwicklungen und zu bleibenden Schäden führen können:

MAERCKER (2014) und Mitarbeiter vom Psychologischen Institut der Universität Zürich untersuchten die Spätfolgen bei ehemaligen Verding- und Heimkindern.

Diese erlebten während der durchschnittlich elfjährigen Fremdplatzierung

- *zu 79% „emotionalen Missbrauch",*
- *zu 67% „körperlichen Missbrauch",*
- *zu 52% „sexuellen Missbrauch",*
- *zu 96% „emotionale Vernachlässigung" und*
- *zu 98% „körperliche Vernachlässigung".*

„Die Folgen dieser Misshandlungen konnten noch in hohem Alter nachgewiesen werden. Die Forscher fanden ein erhöhtes Risiko an Demenz zu erkranken. Zudem ist ihre Depressionsrate deutlich höher als bei anderen 70-Jährigen." „Das Ausmaß individuellen Leids ist groß, auch wenn man es von außen gar nicht sieht." (MAERCKER, 2014)

Längeres Missbehagen, Enttäuschte Erwartungen, unbewältigte Ängste, tiefe Kränkung (HALLER, 2015), unverarbeiteter Schmerz, unterdrückter Zorn oder unangemessene Verbote führen zu weiteren verhaltenswirksamen Beeinträchtigungen. Selbst der ehemals drogenabhängige Neurowissenschaftler Marc LEWIS meint, dass die Mehrzahl der Süchtigen „psychische und psychologische Traumata" erlitten hätten (LEWIS, 2015).

In diesem Zusammenhang spielt das „Vergessen" eine wichtige Rolle. Durch das „Vergessen" werden zwar „Ich-Strukturen" „außer Kraft gesetzt", indem sie zum Beispiel abgeschaltet oder gehemmt werden. Sie werden aber außer bei Verletzungen oder Krankheiten niemals ganz ausgelöscht. Sie können bei entsprechenden Bedingungen immer wieder eingeschaltet beziehungsweise wiedererinnert werden.

Im Folgenden sollen die „Entwicklungsstörungen" beziehungsweise „Ich-Struktur-Defizite" und insbesondere das sogenannte „Loch im Ich" anhand der Lebensgeschichte des Fallbeispiels „Benedikt D." mit Hilfe der Darstellung der oben skizzierten „Entwicklungsmatrix" Schritt für Schritt abgeleitet werden.

3.2.1 Das Beispiel „Benedikt D."

Die Informationen zur Lebensgeschichte von „Benedikt D.", der immer wieder auf die Philippinen verreiste (s. Seite 18), bestätigen, dass seine Entwicklung schon früh beeinträchtigt wurde:

> *Das beginnt schon bei der Zeugung! Benedikt war nicht der leibliche Sohn seines Vaters. Diese lebensgeschichtlich bedeutsame Tatsache wurde sowohl dem Vater als auch dem Sohn zeitlebens verschwiegen. Die Mutter hatte nie den Mut aufgebracht, die wahre Vaterschaft zu bekennen und deckte diesen Umstand mit einer verhängnisvollen Lebenslüge zu.*
>
> *Das zweite Handicap ereignete sich während der Geburt. Benedikt erlitt eine schwere Geburt, die mehr als zwanzig Stunden dauerte und schließlich mit einer schmerzhaften Zangengeburt endete.*

Die nachfolgenden Abbildungen (**Abb. 14 bis 20**) zeigen, wie sich Unterbrechungen, Hemmungen beziehungsweise Blockierungen, die im Schaubild durch das Durchstreichen der entsprechenden Zeichen gekennzeichnet werden, auf das konkrete Entwicklungsgeschehen auswirken könnten.

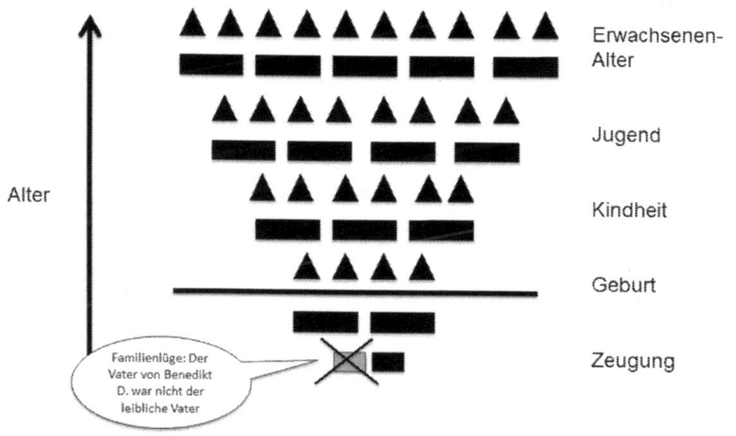

Abb. 14: Einfluss der „Lebenslüge"

Schon vor der Geburt bestand zwischen den Eltern eine unüberbrückbare Kluft. Obwohl der Vater die tatsächlichen Verhältnisse nicht kannte, muss er gespürt haben, dass ihm seine Frau wichtige Tatsachen zur Zeugung seines Sohnes vorenthielt. Und diese Tatsache musste bei der Mutter Schuldgefühle auslösen, die sie vermutlich ängstlich verdrängte. Solche Verdrängungen führen in der Regel zu muskulären Verspannungen, die sich auf die weitere Entwicklung des Fötus negativ auswirken.

Weitere Beeinträchtigungen entstanden möglicherweise im Rahmen der Zangengeburt, die sowohl bei der Mutter als auch beim Kind zu traumatischen Empfindungen geführt haben könnten (**Abb. 15** bzw. **16**).

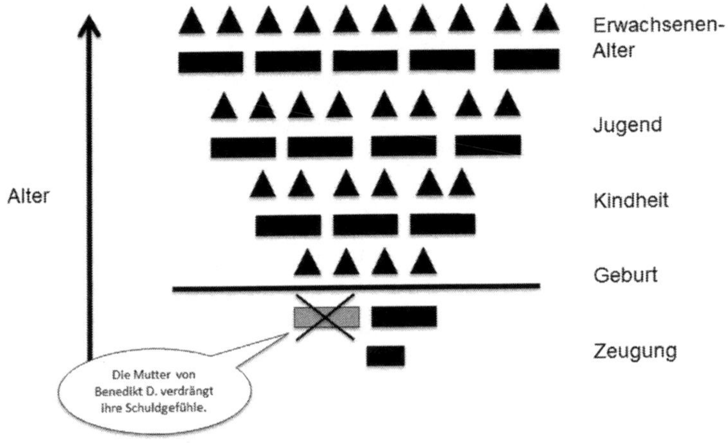

Abb. 15: Vorgeburtliche Beeinträchtigung durch muskuläre Verspannungen

Das Trauma der verborgenen „Lebenslüge" hatte vermutlich tiefe Spuren hinterlassen. „Lebenslügen" machen Menschen einsam, denn sie beeinträchtigen eine authentische zwischenmenschliche Beziehung. Aus diesen Gründen ist es nicht erstaunlich, dass sich Benedikts Mutter im Rahmen ihrer Ehe sehr einsam fühlte.

Benedikt berichtet:

„Später wurde ich von meiner Mutter überbehütet. Sie klammerte sich an mich, um ihre Einsamkeit zu überspielen. Ich spürte: Durch den Umstand, dass mir alle Probleme abgenommen wurden, habe ich nie gelernt, mich gegen andere Menschen durchzusetzen. Verletzte mich jemand, war ich dem Geschehen hilflos ausgeliefert. Ich fand aber immer Trost bei meiner

Mutter. Und siehe da, die Probleme waren weg! Die Mutter schenkte mir ihre Liebe und half mir auf den Weg. Sie beschützte mich vor den ‚bösen Buben' und stand stets auf meiner Seite. So kam es, dass ich keinen Schutzschild aufbauen konnte, mich nie zu wehren vermochte und nie Verantwortung übernehmen musste. Die Lösung hieß dann immer: Meine Mutter wird es schon richten. …

Ich war zwar in einer Clique. Meine sogenannten Kollegen akzeptierten mich aber nur am Rande. Ich wurde nur geduldet. Ich war nie dabei, wenn es darum ging, irgendwelchen ‚Unfug' anzustellen. Ich hatte mehr und mehr das Gefühl, dass mich niemand wirklich mochte.“

Vorgeburtlich verursachte Entwicklungsstörungen pflanzen sich ebenso fort wie positive Motivierungen beziehungsweise Lernelemente. Zum Beispiel kann das vorgeburtliche Trauma eine verminderte Aktivität im Kleinkindalter bewirken. Damit wurde möglicherweise weiteres Lernen blockiert. Diese Einschränkung verminderte die weitere Motivierung zu ausgedehnteren Entdeckungsaktivitäten (**Abb. 16**).

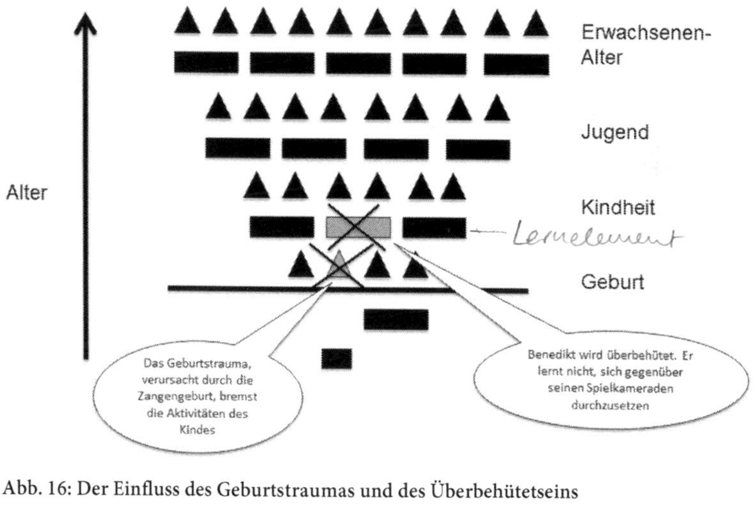

Abb. 16: Der Einfluss des Geburtstraumas und des Überbehütetseins

Benedikt erzählt weiter:

„So begann ich mich in mich selbst zurückzuziehen. Ich durchschweifte die Wälder oder fuhr mit meinem Motorrad durch einsame Gegenden. Die

Menschen begannen mir lästig zu werden, denn ich dachte, dass sie mich ohnehin nicht mögen würden."

Durch den langsamen Rückzug von seinen Schulkameraden geriet Benedikt immer weiter in eine soziale Isolation, die ihn von weiteren Lernfeldern abschnitt.

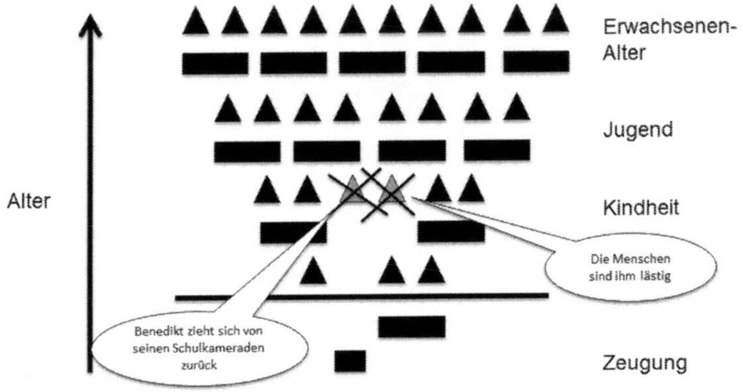

Abb. 17: Der soziale Rückzug

Es erstaunt deshalb nicht, dass Benedikt auch in der Gleichaltrigengruppe zum Außenseiter wurde (**Abb. 17**). Einerseits hatte er im Rahmen der mütterlichen Überbehütetseins wichtige Erfahrungen zur Selbständigkeitsentwicklung verpasst. Andererseits wurde er durch ihre Überängstlichkeit weiter gehandicapt.

„Durch den Umstand, dass meine Muttersprache Französisch war, fiel ich auch im Deutschunterricht mehr und mehr zurück. Beim Vorlesen war ich stets verunsichert. Wenn ich Fehler machte, wurde ich ausgelacht. So begann ich die Schuld meinen Lehrern anzulasten. Diese spürten meine Wut und reagierten nicht eben freundlich auf mich."

Auch diese Sequenz enthält wichtige Informationen zum Verlauf des weiteren Entwicklungsprozesses. Das Sprachenproblem verzögerte die soziale Integration (**Abb. 18**). Wieder waren es einzelne Lernschritte, die entscheidend gehemmt wurden und eine kontinuierliche Weiterentwicklung blockierten.

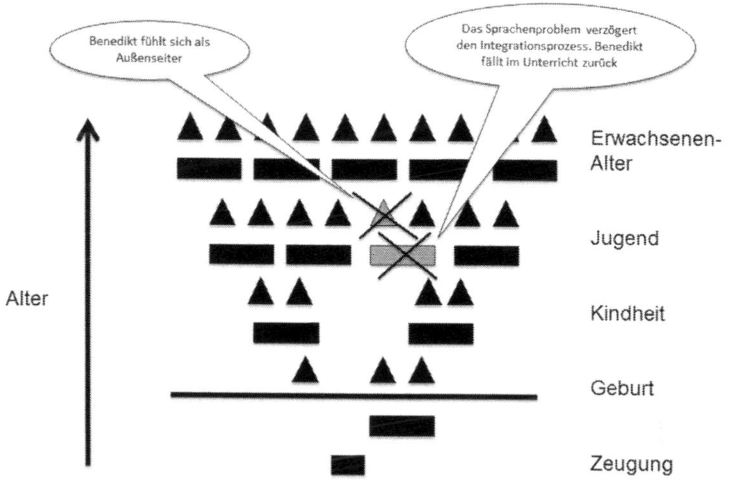

Abb. 18: Benedikt wird in der Schule zum Außenseiter

Möglicherweise gibt es auch zu strenge oder pädagogisch ungenügend ausgebildete Lehrer. Die Schüler werden nicht ausreichend motiviert. Das kann zu gravierenden Lerndefiziten führen. Weiterführende Schulungsmöglichkeiten werden verbaut.

Lehrerinnen beziehungsweise Lehrer sind Lebensschicksale. Sie vermitteln nicht nur Wissen, sondern auch Werte und Einstellungen.

Gleichzeitig spiegelt sich in der Schulklasse die verinnerlichte „Psychodynamik“ der Lehrerinnen beziehungsweise Lehrer wider. Die Lehrpersonen projizieren ihre eigene „Psychodynamik“ in die Schulklasse hinein und beeinflussen deren Gruppendynamik. Diese Projektionen können sich negativ auf die Befindlichkeiten einzelner Schüler auswirken.

Die Schülerinnen beziehungsweise Schüler spüren intuitiv die Gefühle der Lehrkräfte und lehnen sich gegen die Projektionen auf. Die Auflehnung zerstört möglicherweise das Vertrauensverhältnis und beeinträchtigt den weiteren Entwicklungsverlauf.

Auch überforderte Mütter und abwesende Väter können sich zu wenig für ihre Kinder einsetzen. Die Kinder werden gefühlsmäßig vernachlässigt. Sie sind in der Schule unkonzentriert und verlieren den Anschluss im Unterricht.

Unter ähnlichen Voraussetzungen konnte sich Benedikt nicht zu einem handlungsfähigen und eigenständigen Menschen entwickeln:

„Ich begann eine Lehre als Elektromechaniker, die ich relativ gut bestehen konnte. Dann lernte ich meine erste Liebe kennen. Ich blieb mit Renate drei Jahre lang zusammen – bis sie mich verließ. Das war ein schwerer Schock. Siehe da, wieder stellte sich die Welt gegen mich! Ich flüchtete vorübergehend in die Drogen, nahm Marihuana und Kokain, musste aber feststellen, dass das nicht das Richtige für mich war."

Benedikt D. lernte eine Freundin kennen, die ihn nach drei Jahren wieder verließ. Unter normalen Umständen können solche Enttäuschungen relativ gut verarbeitet werden. Benedikt D. war aber nicht gut auf solche Misserfolge vorbereitet. Er war in der Schule Außenseiter und fühlte sich nicht als liebenswerte Person. In solchen Fällen wird das Verlassenwerden durch einen geliebten Menschen zu einer persönlichen Katastrophe. Für Benedikt wurde es zum Albtraum, den er mit Marihuana und Kokain zu überdecken versuchte (**Abb. 19**).

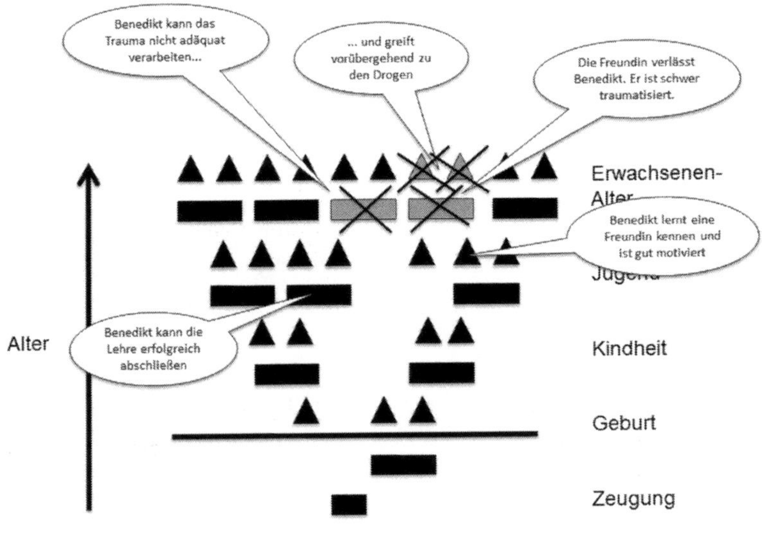

Abb. 19: Die Beziehung zur Freundin scheitert. Benedikt greift zu den Drogen

Benedikt lernt schließlich seine Frau kennen und verzichtet auf die Drogen. Wie er es bei seiner Mutter erlebt hatte, entschied er sich für eine „anklammernde" Frau (**Abb. 20**). Die Beziehung geriet zu einer „symbiotischen Beziehung":

„Schließlich lernte ich meine Frau kennen. Sie hatte aber ebenso ein angeschlagenes Selbstvertrauen wie ich und klammerte sich genauso an mich wie ich an sie. Das war nicht die beste Voraussetzung für eine glückliche Verbindung. So kam es, wie es kommen musste. Wir stritten uns jeden Tag.

In dieser Zeit begann ich auf die Philippinen zu verreisen, so nach dem Motto: Ich lasse alles hinter mir und habe keine Probleme mehr. In Wirklichkeit wollte ich sowohl für mich persönlich als auch für meine Familie keine Verantwortung übernehmen."

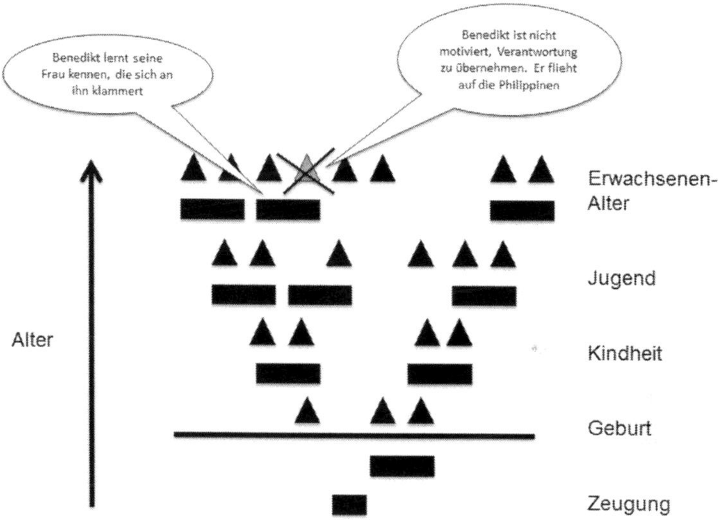

Abb. 20: Benedikt D. lernt seine Frau kennen und flieht auf die Philippinen

Abb. 21 zeigt zusammenfassend das Ausmaß der emotionalen Beeinträchtigungen. Das Schema ermöglicht ein besseres Verständnis für die Entstehung von „ich-strukturellen Defiziten".

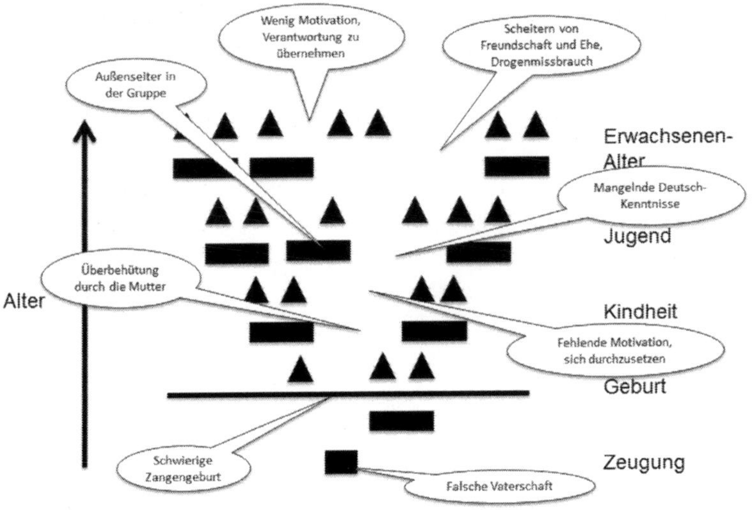

Abb. 21: Zusammenfassende Darstellung des Fallbeispiels „Benedikt D."

Das Fallbeispiel „Benedikt D." zeigt, dass sich die Defizite umso stärker auf die Gesamtentwicklung auswirken, je früher beziehungsweise fundamentaler die negativen Einflüsse die Gesamtentwicklung beeinflussen.

Neben der „Lebenslüge" können auch andere Umstände, zum Beispiel gravierende Beeinträchtigungen während der vorgeburtlichen Reifung, ein akuter Sauerstoffmangel während der Geburt oder weitere Beeinträchtigungen während des frühkindlichen Aufbauprozesses, möglicherweise hervorgerufen durch Krankheiten oder durch eine lieblose Pflege in den ersten Lebensmonaten, zu weiteren defizitären Entwicklungen beitragen. Diese können phasenweise zur unmittelbaren Blockierung aller weiteren Entwicklungsschritte führen. Dabei besteht die Gefahr, dass sich „falsches" beziehungsweise „fehlendes" Lernen genauso fortpflanzt beziehungsweise auffächert wie „richtiges" beziehungsweise „erfolgreiches" Lernen.

Es ist denkbar, dass eine lieblose Pflege während der frühesten Kindheit den Lernprozess des Kindes entscheidend beeinträchtigt. Das Kind kann sich nicht angemessen konzentrieren und kann sich an die gelernten Stoffe nicht mehr erinnern. Dabei erlebt es immer neue Enttäuschungen, die die Lernmotivation weiter verringern. Das Kind zieht sich mehr und mehr in sein „Kämmerchen" zurück und verschließt sich für weitere Lernerfahrun-

gen. So erweitern sich die einzelnen „Ich-Defizite" schließlich zu einem alles übergreifenden generalisierten „Entwicklungsdefizit".

Selbstverständlich gibt es noch weitere Faktoren, die das Gehirn und die damit verbundenen „Ich-Strukturen" beeinträchtigen. Dazu gehören zum Beispiel Verkehrsunfälle, arbeits- und kriegsbedingte Hirnverletzungen und Hirnerkrankungen wie Autoimmunitäts-Reaktionen oder Hirn- beziehungsweise Hirnhautentzündungen.

Entscheidend ist, dass diese Beeinträchtigungen den Aufbau der „Ich-Strukturen" direkt behindern ober bestehende „Strukturen" ganz oder teilweise zerstören. Solche Schädigungen schwächen die „Ich-Funktionen" und damit die „Ich-Integration". Diese Beeinträchtigungen beeinflussen möglicherweise auch den Hormonhaushalt, die Wechselwirkung mit den Neurotransmittern und damit den gesamten Stoffwechsel, was schließlich zu einem unübersehbaren Bündel von psychisch beziehungsweise psychosomatisch bedingten Reaktionen führen kann.

Ohne die dazugehörigen Informationsblasen lässt sich das „ich-strukturelle Defizit" von „Benedikt D." wie folgt zusammenfassen (**Abb. 22**):

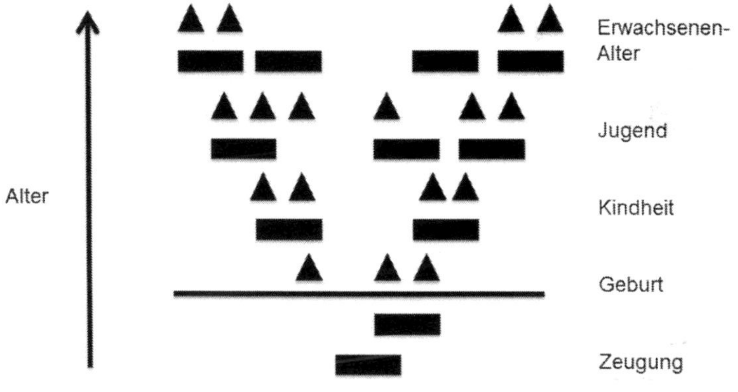

Abb. 22: Die „defizitäre Ich-Struktur" von „Benedikt D."

Entwicklungsdefizite, wie sie durch die obenstehende Darstellung veranschaulicht werden, können sich mehr oder weniger stark auf die ganze Persönlichkeit auswirken. Sie sind neben dem eben dargestellten Fallbeispiel „Benedikt D." auch Ursprung von weiteren schweren „Ich-Krankheiten", zu denen zum Beispiel die Schizophrenie, das „Borderline-Syndrom", die Perversion, die

Sucht, die ganze Palette von Essstörungen, kriminelles Verhalten, die Psychosomatik u.a.m. gezählt werden.

In **Abb. 22** wurde als Ergebnis der „defizitären Lerngeschichte" die Entwicklung mehrerer isolierter beziehungsweise kaum zusammenhängender „Ich-Defizite" dargestellt. Diese bilden zusammen kein eigentliches „Loch im Ich". Nachfolgend wird deshalb versucht, mit Hilfe des oben gezeigten Darstellungsverfahrens die Entstehung eines abgeschlossenen „Loch im Ich" abzuleiten.

Zur Entstehung eines „Loch im Ich" trägt in der Regel ein weiterer wichtiger Faktor bei, der bis jetzt nicht Gegenstand einer näheren Erläuterung war. Bei diesem Faktor handelt es sich um den sogenannten „Kompensationsmechanismus".

3.3 Die Entstehung eines „Loch im Ich"

Der Mensch ist ein flexibles Wesen. Auch im Aufbau seines „Ich". „Ichstrukturelle Mängel" können zum Beispiel durch besonderes Bemühen, Streben, Anstrengen, Lernen usw. wenigstens zum Teil mit ergänzenden Strukturen zugedeckt werden.

3.3.1 Der Kompensationsmechanismus

„Lücken füllen" und „Löcher stopfen" gibt es in allen Lebensbereichen, sei es im Finanzwesen, in den Betrieben, im Militärwesen und selbst in der Natur. Überall werden Defizite korrigiert oder durch neue Strukturen ersetzt. Im Finanzwesen werden Kredite aufgenommen und Schulden gemacht, in Betrieben Vorgesetzte entlassen und neue eingesetzt, – und in der Armee werden Reserven gebildet und abgerufen. Um einen Ruin, einen Ausfall oder eine Niederlage abzuwenden, werden beschädigte Strukturen korrigiert oder durch Hilfs-Strukturen ergänzt.

Ähnliche Prozesse finden auch im Gehirn statt. Nach einem Hirnschlag oder bei Hirnverletzungen werden die Aufgaben der beschädigten Areale wenigstens zum Teil von benachbarten Hirnstrukturen übernommen.

Kompensationsprozesse gehören zum normalen sich selbst organisierenden Selbstheilungsrepertoire:

Bei Bäumen werden Verletzungen des Holzes durch Einkapselungen oder Schorfbildungen überwachsen. Ähnliche Vorgänge finden bei der körperlichen Wundheilung statt.

Der Mensch funktioniert wie ein organisches System. Er ist ein organisches System, ein organisches Gesamtsystem. In einem Gesamtsystem funktionieren die einzelnen Untersysteme wie die Instrumentengruppen in einem Orchester. In einem Orchester müssen sich die einzelnen Instrumente im Rahmen eines komplexen Kommunikationsprozesses zu einem harmonischen Ganzen zusammenfügen. Jeder Ton ist abhängig von vorhergehenden und nachfolgenden Tönen. Er entfaltet seine Wirkung erst im Rahmen einer Melodie.

Ein ähnliches Zusammenspiel von Untersystemen und Gesamtsystemen gibt es sowohl beim Aufbau von „Ich-Strukturen" als auch bei der Kompensation von „ich-strukturellen Mängeln".

Im nachfolgenden Beispiel wird der Kompensationsprozess beziehungsweise die Entwicklung eines „Loch im Ich" anhand des „Konstrukts" „Entwicklungsmatrix" bildlich dargestellt:

3.3.2 Der „Computergrafiker"

Abb. 23 zeigt die Ausbildung einer „Entwicklungsmatrix" mit einem schweren zentralen Entwicklungsdefizit. Die abgebildete „Matrix" stellt ein in Fraktionen aufgeteiltes beziehungsweise vollkommen gespaltenes „Ich" dar. Neben einer solchen „Ich-Spaltung" sind auch „zersplitterte", „teilfraktionierte" oder „chaotisch" anmutende „Figurationen" denkbar, wie sie zum Beispiel für schwere Suchtprobleme charakteristisch sind [siehe auch **Anhang** E].

Eine Spaltung beziehungsweise Fraktionierung des „Ich" entsteht zum Beispiel dann, wenn verschiedene Entwicklungsfaktoren unvereinbar miteinander interagieren. Das gilt zum Beispiel für

- *ein „zerstrittenes Ehepaar" (Vater-Mutter-Konflikt),*
- *eine „zerstrittene Familie" (Eltern-Kinder-Konflikt),*
- *„selbstbestimmte-fremdbestimmte Einstellungen",*
- *„anpassendes-rebellisches Verhalten",*
- *„gewünschtes Unmögliche" beziehungsweise „ungewünschtes Mögliche" usw.*

In solchen Fällen werden die verschiedenen Unvereinbarkeiten direkt in die kindlichen „Ich-Strukturen" eingebaut und verhindern die Integration zu einer ganzheitlichen „Ich-Identität".

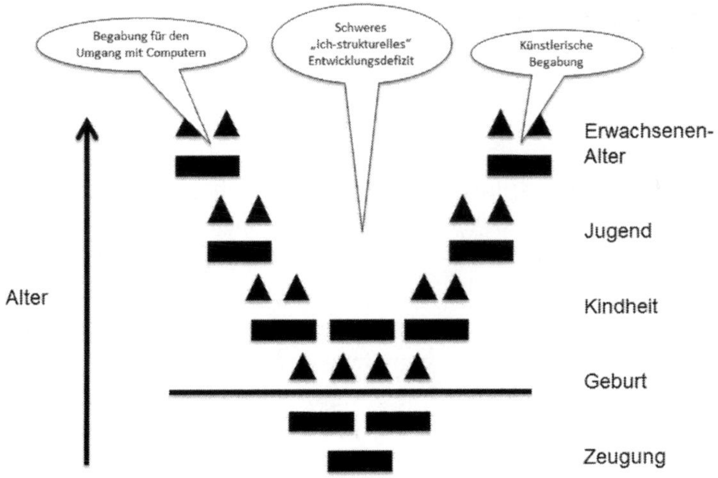

Abb. 23: Der „Computergrafiker": Fallbeispiel eines schweren „Ich-Struktur-Defizits"

Das Beispiel könnte die „Ich-Struktur" eines gestaltenden Künstlers darstellen, der über gute künstlerische Fähigkeiten (rechter Ast) und eine große Begabungen im Umgang mit Computern (linker Ast) verfügt. Sein „ich-strukturelles Defizit" im Zentrum der Abbildung könnte durch eine mangelnde Fürsorge während der frühesten Kindheit oder durch eine Interessenkollision zwischen Vater und Mutter entstanden sein. Möglicherweise interessierte sich der Vater mehr für seine Computer, während sich die Mutter eher künstlerischen Interessen zuneigte. Die Gruppendynamik der Elternfamilie, das heißt die Interessenkollision zwischen Vater und Mutter, wurde vom Sohn zur eigenen „Psychodynamik" verinnerlicht. Die „Interessenspaltung" bei den Eltern wurde zur „Ich-Spaltung" beim Sohn.

Als Symptom einer solchen „Ich-Spaltung" hätte sich zum Beispiel eine „Schizophrenie" oder eine „multiple Suchtproblematik" entwickeln können.

Der Vorgang der „ich-strukturellen" Rekonstruktion beziehungsweise Kompensation ist von großer Bedeutung. Der Vorgang gehört zum naturgesetzlich gegebenen kompensatorischen Selbstheilungsvermögen. Jede „ich-strukturelle Beeinträchtigung" führt zu einem „ich-strukturellen Defizit" und gleichzeitig zu einem „sich selbst organisierenden kompensatorischen Selbstheilungsbemühen".

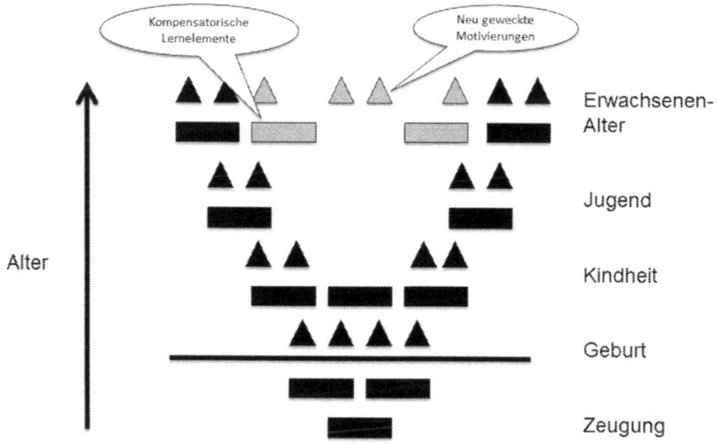

Abb. 24: Darstellung des „ich-strukturellen Kompensationsprozesses"

In **Abb. 24** wird beispielhaft der kompensatorische Bewältigungsversuch eines schweren „ich-strukturellen Defizits" mit Hilfe der oben konzipierten „Entwicklungsmatrix" dargestellt. Das Beispiel zeigt modellhaft die Genese eines sogenannten „Loch im Ich":

> *Möglicherweise hat der Künstler in Anknüpfung an das oben erwähnte Beispiel seine künstlerischen Fähigkeiten weiter ausgebaut und sich zu einem erfolgreichen Künstler entwickelt. Gleichzeitig hat er möglicherweise Programmierkurse belegt und anschließend eine Ausbildung zum Computergrafiker gemacht. Durch diese Maßnahmen konnte er sein „ich-strukturelles Defizit" erfolgreich kompensieren.*

Man kann sich den Kompensationsmechanismus etwa so vorstellen, dass die durch das einmalige Ereignis oder durch die anhaltenden defizitären Bedingungen blockierten „Ich-Funktionen" durch inhaltlich benachbarte beziehungsweise sinnverwandte „Ich-Funktionen" ergänzt werden.

Die „ich-strukturellen Defizite" werden im Rahmen des sich selbst organisierenden „Selbstheilungsvermögens" in ihrer Wirkung auf das spätere Verhalten relativiert beziehungsweise mittels verschiedener alternativer Identitätsentwürfe zugedeckt. So könnte zum Beispiel über das gewachsene Entwicklungsdefizit ein „ich-struktureller Deckel" geschoben werden.

Erst dieser „Deckel über dem Defizit" konstituiert aus einem offen liegenden „Ich-Struktur-Defizit" ein nach oben abgeschlossenes „Loch im Ich" (**Abb. 25**).

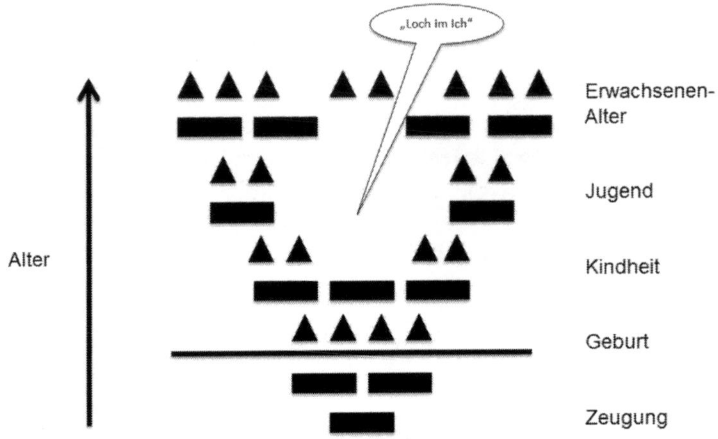

Abb. 25: „Entwicklungsmatrix" mit einem sogenannten „Loch im Ich"

Das in der „Entwicklungsmatrix" dargestellte „Loch im Ich" hat auch hier Modellcharakter. In Wirklichkeit gibt es kein großes und nach außen abgegrenztes „Loch im Ich", sondern eher kleinere beziehungsweise größere „Defizite im Ich".

3.3.3 Der „Schriftsteller"

Was bedeutet beim zweiten Beispiel der Begriff „Kompensation"?

Wenn ein junger Mensch in einer gefühlskalten und kommunikationsarmen Umgebung aufwächst, kann er seine Kommunikationsfähigkeit nicht voll entfalten. Es fällt ihm möglicherweise schwer, die Gefühle, die ihm entgegengebracht oder in einer Gruppe ausgedrückt werden, wahrzunehmen. Gleichzeitig ist er nicht in der Lage, seine eigenen Gefühle zu empfinden und seine eigenen Wünsche unmissverständlich auszudrücken. Aus diesen Gründen wird er sich vielleicht von seinen Mitmenschen zurückziehen und Trost in seinen Büchern und Phantasien suchen.

Durch diese Beschäftigung mit der Literatur wird er möglicherweise in die Lage versetzt, bei Lehrern und anderen Mitmenschen besondere Aufmerksamkeit zu erregen. Die Anerkennung motiviert ihn vielleicht dazu, selber Gedichte oder Geschichten zu schreiben. Das wiederum könnte zu weiteren Erfolgen führen, die der Person eine schillernde Identität als Schriftsteller verleihen. Diese Identität könnte ihm zu neuen Kontakten verhelfen. Eine Fähigkeit, die ihm zuvor verwehrt geblieben war.

Über den Umweg über die Literatur könnte es ihm so gelingen, trotz der latenten Suchtproblematik, um sich herum eine befriedigende Sozialstruktur aufzubauen.

Der „ich-strukturelle Deckel" macht den entscheidenden Unterschied zwischen einer offen ausbrechenden „psychotischen Reaktion" und einem verschlossen bleibenden multipel kompensierten „Borderline-Syndrom" aus.

3.3.4 Das Borderline-Syndrom

Der Mechanismus der Kompensation, der oberflächlichen Überdeckung der „ich-strukturellen Defizite", ist für das Krankheitsbild des „Borderline-Syndroms" charakteristisch [siehe **Anhang C**].

Im Gegensatz zu einem offenliegenden Defizit, wie es sich zum Beispiel bei einem vollständigen Zusammenbruch der „Ich-Organisation" während einer Psychose zeigt, bleibt bei einer „Borderline"-Persönlichkeit das „Loch im Ich" von einem Geflecht alternativer „Ersatzidentitäten" zugedeckt.

Während bei der „Schizophrenie" die „Ich-Grenze" nicht vollständig entwickelt ist und sich deshalb ein kohärentes „Ich-Gefühl" nicht aufbauen kann, wird beim „Borderline-Patienten" die fehlende „Abgrenzung" durch ein „Sammelsurium" von Symptomen und fassadären Ersatzidentitäten ersetzt. Diese Ersatzidentitäten ermöglichen den „Borderline-Persönlichkeiten" ein in vielen Facetten schillerndes „Identitätsgefühl".

Die beiden Begriffe „Borderline-Syndrom" beziehungsweise „Narzissmus" [siehe **Anhang C** bzw. **D**] beziehen sich auf ein ähnliches Phänomen. Der Begriff „Borderline" lenkt die Aufmerksamkeit eher auf den „strukturellen Aspekt", auf das Defizit in den zentralen „Ich-Funktionen", während der „Begriff „Narzissmus" das Augenmerk eher auf den „Verhaltensaspekt", auf das Verhalten gegenüber den Mitmenschen, richtet.

„Borderline-Persönlichkeiten" fühlen sich in der Regel, obwohl sie nach außen das perfekte Bild einer erfolgreichen Persönlichkeit abgeben, innerlich leer und verlassen. Jeder nur denkbare Erfolg oder die Liebe eines Partners können ihr „ich-strukturelles Defizit" nicht vollständig füllen. Sie bleiben deshalb stets bemüht, das innere Leiden auf jede nur erdenkliche Art abzuwehren. Sie sind dann eher bestrebt, etwas Tätiges, Legales oder auch Illegales zu tun oder sind plötzlich in der Lage, suizidal zu reagieren, ihr Auto an den nächsten Baum zu fahren oder als Co-Pilot ein vollbesetztes Flugzeug an eine Felswand zu steuern.

Anhand der oben aufgeführten Kriterien (siehe auch **Anhang C**) *handelte es sich beim Co-Piloten Andreas L. mit großer Wahrscheinlichkeit um eine „Borderline-Persönlichkeit". Dafür sprechen unter anderem die Identitätsstörung, die affektive Instabilität, die akute „suizidale Gefährdung" (Düsseldorfer Staatsanwaltschaft), die spontanen „destruktiv-aggressiven Durchbrüche" (Aussage der Freundin) und die „schweren depressiven Episoden".*

Der Beruf des Berufspiloten verschafft den Betroffenen ein hohes Sozialprestige. Das ist für „Borderline-Persönlichkeiten" von großer Bedeutung. Für Andreas L. war das höchstmöglich erreichbare Ziel gerade noch gut genug:

„Sein höchster Wunsch sei es (gewesen), einen Airbus A380 oder eine Boeing 747 zu fliegen." Zudem ließen sich mit seinem überkorrekten Verhalten und einem für den „Borderline-Patienten" typischen fassadären Gehabe die begutachtenden Experten erfolgreich „hinters Licht" führen. Anscheinend gelang es Andreas L. vorzüglich, selbst beim strengsten Auswahlverfahren erfolgreich durch die Maschen zu schlüpfen. Eine Freundin meinte dazu lakonisch, dass er „vor anderen Menschen gut verstecken konnte, was mit ihm wirklich laufe".

Weitere Hinweise auf ein „Borderline-Syndrom" geben das plötzliche aggressive Ausrasten bei seiner Freundin, das nächtliche Aufschreien, die Albträume von Flugzeugabstürzen und ebenso der unbeschreibliche Tathergang selber.

Der Mechanismus der Kompensation weckt möglicherweise die unrealistische Vorstellung, dass einzelne „Ich-Defizite" im Laufe des Lebens einfach verschwinden. Man nennt dieses Verschwinden auch „Auswachsen". Tatsächlich schwächen sich viele Symptome über einen längeren Zeitraum langsam ab. Die eigentlichen Ursachen verschwinden aber nie vollständig. Sie wirken unterschwellig weiter und äußern sich zum Beispiel in „auffälligem Sozialverhalten", in sogenannten „narzisstischen Symptomen", in „destruktiv-aggressiven Durchbrüchen", in übertriebenem Ehrgeiz, in auffälligem Essverhalten oder in sexuellen Abartigkeiten.

Man kann deshalb davon ausgehen, dass die verschiedenen Formen der Essstörungen wie Adipositas, Bulimie und Anorexie weniger auf falsche Essgewohnheiten zurückzuführen sind. Sie sind eher Ausdruck eines mehr oder weniger gut gelungenen beziehungsweise leidbesetzten Kompensationsprozesses.

3.3.5 Die Überkompensation

Man kann hin und wieder feststellen, dass Menschen mit schweren „Ich-Struktur-Defiziten" dazu neigen, ihre „ich-strukturellen Mängel" durch eine extensive Intellektualität beziehungsweise „Hypersensibilität" zu kompensieren. Es gibt eben nicht nur den Mechanismus der Kompensation, sondern auch den der „ich-strukturellen Überkompensation", wenn es darum geht, große Mängel in den „zentralen Ich-Funktionen", zum Beispiel in den Gefühlen, mit noch größeren Fähigkeiten in den „sekundären Ich-Funktionen", zum Beispiel mit „Wissen" und „überragender Intelligenz", auszugleichen.

Nach einer neunmonatigen Pause wegen einer akuten Depression nahm Andreas L. die Ausbildung an der Pilotenschule in Bremen wieder auf und bestand im Juni 2014 die Befähigungsprüfung. Während der Ausbildung zeigte er hervorragende Leistungen. Sein Können wurde von den Instruktoren und Prüfern stets als „überdurchschnittlich" bezeichnet.

Es sind vor allem herausragende Politiker, Schauspieler oder gefeierte Künstler, die ihre intellektuellen Fähigkeiten auf der Bühne der Öffentlichkeit ungehindert ausleben können. Anhand des sich einstellenden Erfolges erreichen sie schließlich doch noch ihr wahres Ziel: die öffentliche Anerkennung.

Die Akteure glänzen zwar mit ihren Erfolgen, mit ihrer brillanten Intelligenz, mit ihrem Genie (ZANKL u. BETZ, 2014), sie fühlen sich trotzdem verlassen. „Borderline-Persönlichkeiten" sind deshalb in besonderen Lebenssituationen oder bei überraschenden Krisen, die „Ich-Stärke", hohe „Frustrationstoleranz" und eine kohärente „Identität" verlangen, gefährdet. Solche Gefährdungen stellen zum Beispiel Scheidungen, Kündigungen, Trennungen, Schwangerschaften, Geburten, Wechseljahre oder der Verlust von wichtigen Bezugspersonen dar.

Wenn die Betroffenen von ihrer ganzen Persönlichkeit her überfordert werden, kann das mühsam gekittete Gleichgewicht plötzlich zerbrechen. Dann stehen „Borderline-Persönlichkeiten" plötzlich vor inneren Abgründen und zeigen überraschend unvorhersehbare Reaktionen. Dann genügen die fassadären Identitäten nicht mehr, das innere Gleichgewicht zu bewahren. Dann besteht die Gefahr, dass die Betroffenen unerwartet suizidal, destruktiv-aggressiv oder gar offen psychotisch reagieren.

3.3.6 Entwicklung eines „Loch im Ich" durch Hirnverletzungen oder Hirnerkrankungen

Es gibt noch weitere Möglichkeiten, wie „ich-strukturelle Defizite" entstehen können. Eine dieser Möglichkeiten besteht zum Beispiel in der Bildung eines „ich-strukturellen Defizits" durch unfall- oder kriegsbedingte Hirnverletzungen oder durch eine akute Hirnerkrankung:

Frau K. hatte heftige Kopfschmerzen und erlitt unerwartet einen epileptischen Anfall, was zur Einweisung in eine psychiatrische Klinik führte (BENDLER, 2015). Halluzinationen und Tobsuchtsanfälle verbunden mit Zwangsfixierungen ergaben schließlich die Diagnose „Schizophrenie", was zu einer intensiven Behandlung mit Psychopharmaka führte.

Eine Spezialuntersuchung der Hirnflüssigkeit führte schließlich zu einer ganz neuen Diagnose. Antikörper des eigenen Immunsystems hatten sogenannte NMDA-Botenstoff-Rezeptoren angegriffen und dadurch eine Gehirnentzündung verursacht. Frau K. war gar nicht schizophren!

Dank einer Blutwäsche und der Einnahme von Kortison-Präparaten konnte Frau K. in ein nahezu normales Leben zurückkehren.

Das Beispiel zeigt, dass jedes normale oder krankhafte psychische Geschehen und damit auch alle durch Vererbung beziehungsweise Lernen geprägten „Ich-Strukturen" untrennbar mit Hirnprozessen verbunden sind, und dass im Gehirn ganz unterschiedliche Einflussfaktoren miteinander interagieren.

Mit Hilfe der „Entwicklungsmatrix" lässt sich dieses Geschehen wie folgt darstellen (**Abb. 26**):

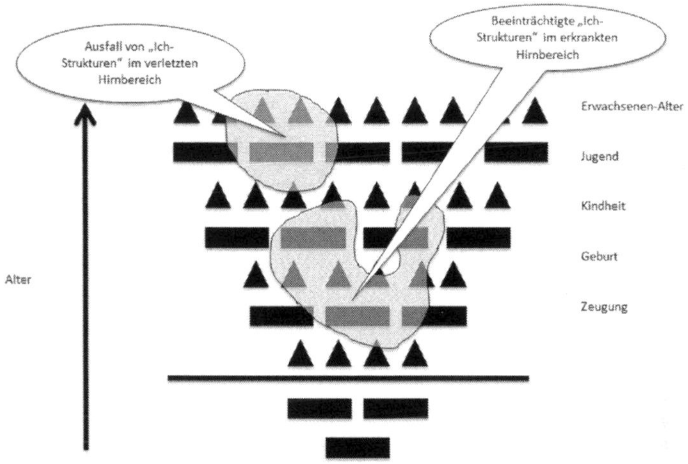

Abb. 26: Zerstörung oder Beeinträchtigung von „Ich-Strukturen" durch Hirnkrankheiten beziehungsweise Hirnverletzungen

Erkrankungen oder Verletzungen von Hirnarealen können sowohl zu psychischen als auch zu körperlichen Reaktionen führen (**Abb. 27**). Viele dieser Reaktionen lassen sich keiner bestimmten Diagnose zuordnen.

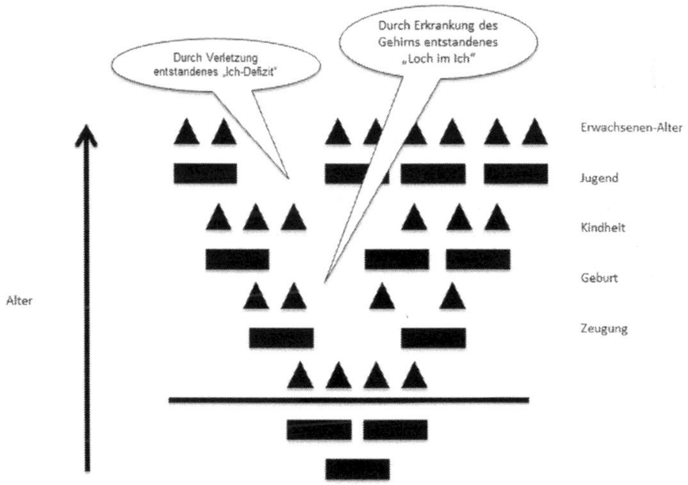

Abb. 27: Entstehung eines „Loch im Ich" beziehungsweise eines „Ich-Defizits" durch Hirnerkrankung oder Hirnverletzung

3.3.6.1 Ein Beispiel: Der Italiener spricht plötzlich Französisch

Wie der „Spiegel" am 02.06.2016 berichtet, kann ein 50-jähriger Italiener nach einer Hirnerkrankung plötzlich nur noch Französisch reden (BESCHIN u.a., 2016). Wie ist das möglich?

Der Italiener sprach vor 30 Jahren das letzte Mal Französisch. Der 20-Jährige hatte damals eine kurze Liaison mit einer Französin, was ihn zum Erlernen der französischen Sprache motivierte. Nach der Trennung von der Freundin sprach er nur noch Italienisch. Seine französischen Sprachkenntnisse gerieten nach und nach in Vergessenheit.

Dieser Vorgang lässt sich mit Hilfe der „Entwicklungsmatrix" wie folgt darstellen (**Abb. 27a**):

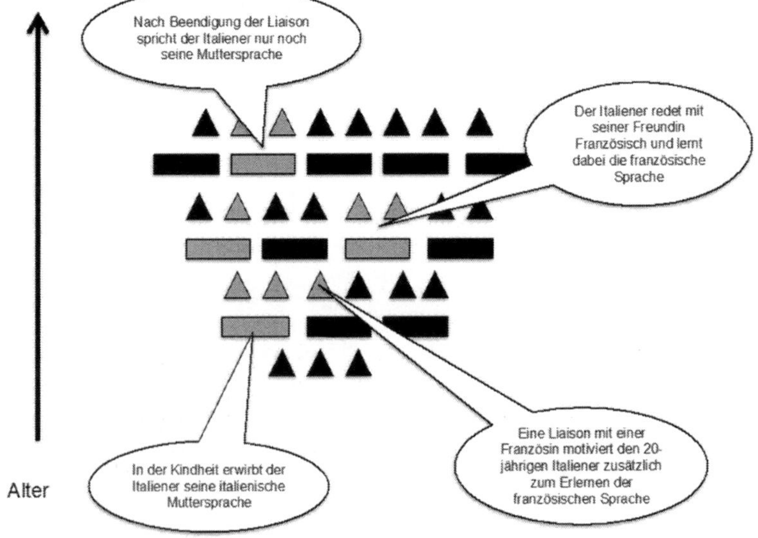

Abb. 27a: Der Erwerb der Muttersprache Italienisch und das nachträgliche Erlernen der französischen Sprache

Im Alter von 50 Jahren fing der Italiener plötzlich an, wieder Französisch zu reden. Ein wichtiges Blutgefäß hatte sich im Hirnstamm erweitert und das daumengroße Areal, das verschiedene Teile des Gehirns miteinander verbindet, beschädigt. Ab diesem Augenblick sprach der Italiener mit sei-

nen Verwandten und Bekannten nur noch Französisch. Sein Wortschatz zeigte aber erhebliche Lücken.

Vermutlich wurden durch die Hirnerkrankung nicht nur einzelne Verbindungen beschädigt, sondern das ganze (italienische) Sprachareal beeinträchtigt. Diese Beeinträchtigung zerstörte die Fähigkeit, in der Muttersprache zu kommunizieren. In der Folge wurden später erworbene französische Sprachfähigkeiten reaktiviert. Der Italiener wechselte von einem Tag auf den anderen in die französische Sprache. Weil er sich mit 20 Jahren während der kurzen Liaison mit der Französin nur geringe Sprachkenntnisse angeeignet hatte, standen ihm nur rudimentäre französische Sprachkenntnisse zur Verfügung.

Diese Veränderung lässt sich im Schaubild wie folgt darstellen (**Abb. 27b**):

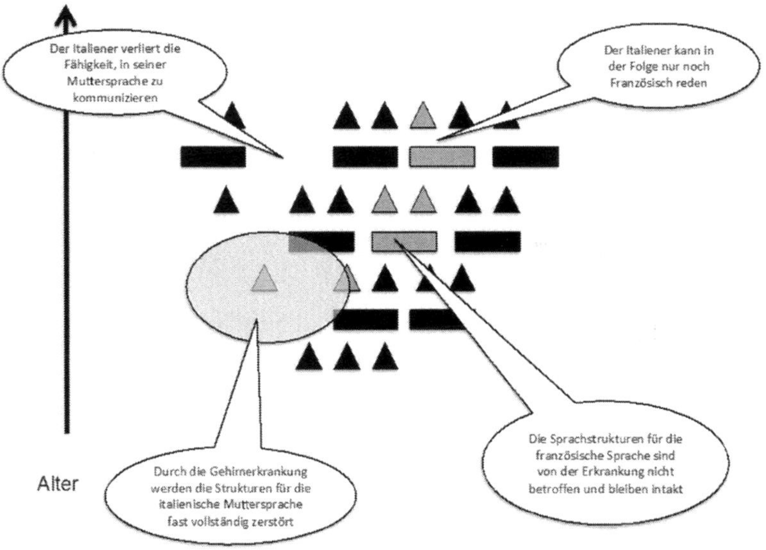

Abb. 27b: Der durch eine Hirnerkrankung bewirkte Verlust der Muttersprache und der Wechsel in die französische Sprache

Es blieb aber nicht nur beim überraschenden Sprachenwechsel. Der Italiener, der sich früher nie für französisches Essen und für die französische Kultur interessiert hatte, wollte plötzlich nur noch französische Filme, Bücher und Magazine sehen beziehungsweise lesen und französisches Essen genießen. Vier Jahre nach der Erkrankung sprach der Italiener nur noch

Französisch. Versuche, ihn zur Rückkehr in die Muttersprache zu motivieren, musste seine Familie schließlich aufgegeben. Die Autoren schreiben, dass sich der Italiener auch charakterlich immer mehr einem echten Franzosen annäherte.

Das Beispiel bestätigt erstens den hierarchischen Aufbau der „Ich-Strukturen". Das spätere Französisch-Lernen baut auf den muttersprachlichen Strukturen auf und steht mit anderen Inhalten, zum Beispiel kulturellen Begebenheiten, in steter Wechselwirkung.

Es zeigt zweitens, dass „vergessene" Inhalte niemals ganz vergessen werden. Sie können unter bestimmten Bedingungen immer wieder reaktiviert werden.

Das Beispiel zeigt nicht nur, wie das Lernen grundsätzlich funktioniert, sondern auch die gegenseitige Verknüpfung der einzelnen Hirnareale. Das Erlernen der Muttersprache übt einen entscheidenden Transfer für das Erlernen weiterer Sprachen aus. Gleichzeitig kann der Verlust einer bestimmten Sprachfähigkeit durch andere Sprachareale kompensiert werden. Mit der Sprachfähigkeit sind aber auch andere Komponenten verknüpft. Wie das Beispiel zeigt, wurden mit der Reaktivierung der französischen Sprache auch entsprechende kulturelle Interessen geweckt.

3.3.7 Verletzung der „Ich-Strukturen" durch Gewaltanwendung und Vergewaltigung

Sowohl kriminell motivierte Gewalttaten wie Raubdelikte oder Körperverletzungen, als auch Vergewaltigungen hinterlassen bei den Opfern schwerste seelische Verletzungen, die bis in die tiefsten Schichten der „Ich-Strukturen" hinabreichen.

Obwohl die Folgen verheerend sind und in der Regel gravierende körperliche und seelische Schäden hervorrufen, unterliegt der Tatbestand der Vergewaltigung nach wie vor einem gesellschaftlichen Tabu. In regelmäßigen Polizeiberichten finden Vergewaltigungen kaum Erwähnung. Obwohl sie oft vorkommen, werden sie verschwiegen. In patriarchalischen Gesellschaften genießen sie zudem eine hohe kulturelle Akzeptanz und werden selten gerichtlich sanktioniert. Anscheinend können die von Männern dominierten Gesellschaften nicht mit Scham, Pein und Schuldgefühlen umgehen.

Was bedeutet eine Vergewaltigung konkret?

Im Rahmen einer Vergewaltigung werden Frauen neben der körperlichen „Beschädigung"

- *mit der „Übermacht“ des Mannes,*
- *mit einem schweren „Vertrauensbruch“,*
- *mit einer tiefgreifenden „Entwürdigung“ und*
- *mit einer umfassenden „Entmenschlichung“*

konfrontiert.

Das Macho-Gehabe eines Mannes schafft bei vergewaltigten Frauen ein tiefes Misstrauen allen Männern gegenüber. Auch die Reduzierung auf das Körperliche und die Behandlung als reines Sexualobjekt werden als tiefe Kränkungen erlebt.

Diese Erfahrungen hinterlassen Spuren, die als psycho-physisches Trauma in den „Ich-Strukturen“ abgespeichert werden. Die Folgen eines solchen Traumas sind zum Beispiel Schlafstörungen, Ekelgefühle, Angstattacken, Albträume usw. Diese Wirkungen beeinträchtigen die allgemeine Lebensqualität, speziell die Liebes- und Genussfähigkeit. Solche Erlebnisse können nie vollständig ausgelöscht werden. Schließlich wird durch die Vergewaltigung das Lustempfinden mit einer grauenvollen seelischen Erschütterung gekoppelt. Nie mehr wird eine einstmals vergewaltigte Frau einen Liebesakt ohne diese Erinnerungen im Hinterkopf genießen können.

Nicht selten führt eine Vergewaltigung zu einer Beeinträchtigung der ganzen Gefühlswelt oder gar zu einer lebenslangen Invalidisierung. Eigentlich ist eine Vergewaltigung ein „Mord“ an der Seele. In diesem Sinne kann sie wie eine Hirnverletzung oder eine Hirnerkrankung eine gravierende „ich-strukturelle Schädigung“, ein sogenanntes „Loch im Ich“ hinterlassen.

Eine spezielle Bedeutung haben Vergewaltigungen auch im Rahmen von Kriegshandlungen. Immer wieder werden massenhaft Frauen vergewaltigt, als ob man im „Schoß“ der feindlichen Frauen einen „Satan“ oder ein zerstörerisches „Virus“ hinterlegen wollte.

3.3.8 Tradierung von „Ich-Strukturen“ und „Ich-Struktur-Defiziten“

„Ich-Strukturen“ und „Ich-Struktur-Defizite“ werden mindesten zum Teil auf die nachfolgenden Generationen übertragen:

Das trifft zum Beispiel für Scheidungskinder zu. Kinder aus Scheidungsfamilien, in denen die Ehepartner dauernd in unlösbare Streitereien verwickelt waren, lernten kaum konstruktive Auseinandersetzungstechniken. Im Gegenteil. Sie lernten von ihren Eltern Kommunikationsformen, die fast zwangsläufig wiederum zu schweren Konflikten führen. Kinder aus Scheidungsfamilien haben es deshalb schwer, mit ihren späteren Lebenspartnern konstruktive Auseinandersetzungen zu führen.

Vielfach werden Gruppen im Rahmen der gruppendynamischen Prozesse von allen Gruppenteilnehmern gemäß ihrer verinnerlichten „Psychodynamik" beeinflusst und umgestaltet.

Als Beispiel kann auch an die gruppendynamische Prägung der Außenseiter- beziehungsweise Prügelknabenrolle erinnert werden. Kinder, die in ihren Familien die Rolle eines Außenseiters beziehungsweise Prügelknaben innehatten, werden diese Rollen zu ihrer eigenen „Gruppendynamik im Kopf", zur eigenen „Psychodynamik" verinnerlichen. Sie werden später versuchen, diese „Psychodynamik" in die Schulklassen oder Jugendgruppen hineinzuagieren und werden möglicherweise auch dort als Außenseiter beziehungsweise Prügelknaben figurieren.

Und später, wenn sie erwachsen sind, werden sie vermutlich wiederum versuchen, ihre eigenen Kinder als Außenseiter beziehungsweise Prügelknaben zu installieren.

So wiederholen sich die charakterlichen Prägungen wie „fraktale Muster", die sich in jeder nachfolgenden Generation immer wieder von neuem abbilden.

Die Weitergabe verinnerlichter „Ich-Struktur-Defizite" erschwert zum Beispiel die Bemühungen, Kinder von Migrationsfamilien in die westlich geprägten Gesellschaften zu integrieren. Sie tragen neben dem Wunsch, sich in die westlichen Gastländer einzuordnen, auch die defizitären „Ich-Strukturen" der alten Familientraditionen in sich. Nicht selten kommt es in Migrationsfamilien zwischen den verinnerlichten Traditionen und den westlich geprägten Wertvorstellungen zu unlösbaren Konflikten, in deren Rahmen es bisweilen zu schwersten Familientragödien kommen kann (SPIEGEL ONLINE vom 01.12.2015):

„Mit dem Geständnis des Vaters hat am Freitag den 25.09.2015 in Darmstadt ein Prozess gegen strengreligiöse muslimische Eltern um die Tötung ihrer 19jährigen Tochter begonnen. Der 52 Jahre alte Mann und die Mutter sollen ihre Tochter vor acht Monaten gemeinschaftlich ermordet haben, um die Familienehre zu retten beziehungsweise wieder herzustellen, sagte Staatsanwältin Barbara Sieger beim Verlesen der Anklage vor dem

Darmstädter Landgericht. Die junge Frau habe einen Freund gehabt, mit dem sie nicht verlobt gewesen sei. Vater und Mutter hätten von sexuellen Kontakten des Paares erfahren.“ (SPIEGEL ONLINE vom 01.12.2015)

Der Konflikt zwischen den verinnerlichten patriarchalischen Wertvorstellungen der Eltern und dem Empfinden der von der westlichen Gesellschaft geprägten Tochter war für die betreffende Familie nicht mehr lösbar. Er konnte anhand der traditionellen Wertvorstellungen der Eltern nur noch mit der Ermordung der eigenen Tochter gelöst werden.

3.3.9 Bewusste Manipulation von „Ich-Strukturen“

Die bisherigen Erläuterungen haben gezeigt, dass Menschen, die sozial auffällig, unselbständig, emotional abhängig oder anklammernd sind, in der Regel an „ich-strukturellen Beeinträchtigungen“ beziehungsweise einem „Loch im Ich“ leiden.

Diese These lässt sich auch umkehren. Das bedeutet, dass Menschen, die an einem „Loch im Ich“ leiden, zu unselbständigem beziehungsweise manipulierbarem Verhalten neigen.

Damit stellt sich die Frage, ob es möglicherweise Staaten beziehungsweise Institutionen gibt, in denen Menschen bewusst daran gehindert werden, ihre Persönlichkeit frei zu entfalten. Es könnten zum Beispiel bestimmte Erziehungstechniken zur Anwendung kommen, die den individuellen Entwicklungsprozess nachhaltig blockieren.

Tatsächlich können in bestimmten Kulturkreisen oder bei skrupellosen Machthabern immer wieder entsprechende Machenschaften beobachtet werden. Die betreffenden Institutionen sind möglicherweise daran interessiert, dass ihre Bürger zu unkritischen beziehungsweise angepassten Staatsbürgern erzogen werden. Unkritische und gut angepasste Untertanen können in der Regel besser dirigiert beziehungsweise manipuliert werden als kritische, selbstbewusste und „willensstarke Staatsbürger“.

Damit stellt sich die Frage, welche Maßnahmen möglicherweise angewendet werden könnten.

Es sind folgende Strategien denkbar:

- *Starre Erziehungstraditionen wie das Einwickeln der Kleinkinder oder die weibliche beziehungsweise männliche Genitalverstümmelung,*
- *Verhinderung der freien Kommunikation zwischen den Geschlechtern, Verbot von Homosexualität und Linkshändigkeit,*

- *Wohnungsmangel, Arbeitslosigkeit, Vernachlässigung der Infrastruktur,*
- *Einschränkung von Bildung, Ausbildung und Allgemeinbildung,*
- *Vernachlässigung des Sozialwesens, der Gesundheitsfürsorge, der Sozialfürsorge und der Altersvorsorge,*
- *Primat der Religion gegenüber der Macht des Staates, rigide religiöse Vorstellungen, Ablehnung der Religionsfreiheit,*
- *Ablehnung der freiheitlich-demokratischen Grundordnung,*
- *Polizeistaat, Polizeiwillkür, Folter, strenge zivile Verhaltensregeln, ungerechte Vererbung, allgemeine Rechtsunsicherheit,*
- *Unterdrückung der Frau, Ablehnung der Gleichberechtigung,*
- *Einschränkung der Privatwirtschaft, Korruption, Wettbewerbsverzerrungen, Privilegien und Staatsmonopole,*
- *Tradierung von rigiden Werthaltungen, Sitten und Gebräuchen,*
- *Feudalismus, Adel, Kastenwesen, Großgrundbesitz, Leibeigenschaft und Sklaverei,*
- *Militarismus, Nationalismus, überhöhte Militärausgaben, sadistische militärische Grundausbildung, Ignoranz der Menschenrechte.*

Diese Maßnahmen, die je nachdem bewusst oder unbewusst überliefert werden, beeinträchtigen die Entwicklung der „zentralen Ich-Funktionen" und führen indirekt zur Entstehung von „ich-strukturellen Defiziten" („Loch im Ich"). Diese dienen dem Machterhalt der Mächtigen und vernachlässigen die Bedürfnisse der Bevölkerung. Mit der „ich-strukturellen" Verelendung der eigenen Bevölkerung wird die Machtausübung der Machthaber für lange Zeit zementiert.

Die kulturell tradierten oder staatlich verordneten Manipulationsmöglichkeiten können in der „Entwicklungsmatrix" wie folgt dargestellt werden (**Abb. 28**):

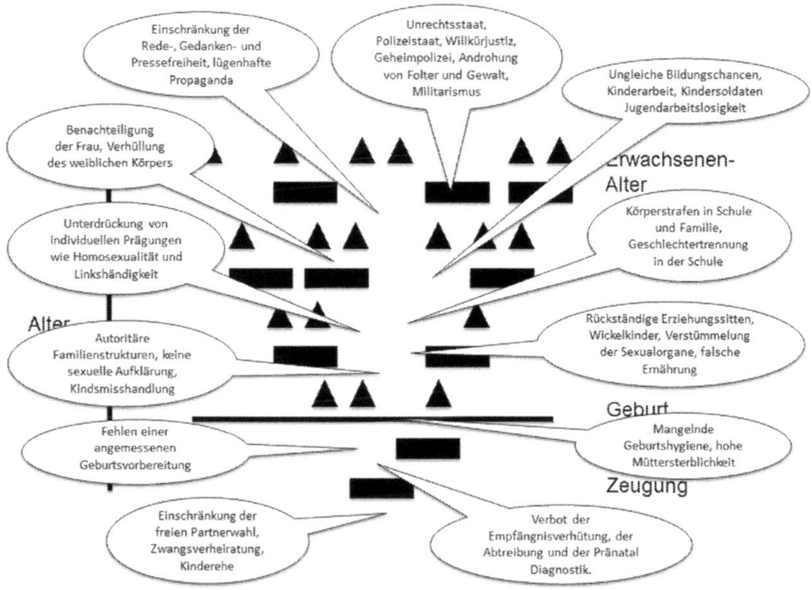

Abb. 28: Zusammenfassende Darstellung von kulturell tradierten oder staatlich verordneten Manipulationsmöglichkeiten, die zur Ausbildung eines „Loch im Ich" führen

3.3.10 „Loch im Ich" als unspezifisch wirkendes Verursachungsprinzip

Die oben angeführten Erörterungen haben gezeigt, dass man die Persönlichkeit eines Menschen wissentlich manipulieren kann. Das heißt aber noch lange nicht, dass die Auswirkung auf die einzelne Persönlichkeit detailliert vorausgesagt werden kann.

Die obenstehenden Ausführungen waren in der Regel extrem vereinfachend und vernachlässigten spezifische Entwicklungsbedingungen, die zu einem ganz bestimmten Charakter führen. Das bedeutet, dass man zwar die „Ich-Strukturen" eines Menschen willentlich beeinflussen kann, dass man aber nie genau vorhersagen kann, wie sich die einzelnen Maßnahmen auf eine bestimmte Persönlichkeit auswirken werden. Deshalb stellt sich hier die Frage, wie es im Einzelnen zu einem ganz bestimmten Charakterbild kommt.

Wie entsteht ein spezielles Verhalten? Wie stellt man es an, dass Menschen auf eine ganz bestimmte Weise reagieren? Wie entsteht zum Beispiel Kriminalität oder eine bipolare Depression? Wie kommt es zu einer ganz bestimmten Sucht, wie wird man Terrorist, oder wie wird ein Mörder zum Mörder?

Zwischen einem Rowdy, einem Mörder, einem „narzisstischen“ oder sonst wie kranken Menschen gibt es zahlreiche Unterschiede, zum Beispiel im Verhalten und in den Symptomen. Man könnte deshalb meinen, dass es zwischen diesen Auffälligkeiten kaum „strukturelle“ Gemeinsamkeiten gäbe. Denn darüber, ob diese Menschen schließlich Terroristen, Hooligans, Rowdys, Räuber, Vergewaltiger, Kinderschänder, Drogensüchtige oder Neurotiker werden, entscheidet die Lebensgeschichte. Aber darüber, ob ein Mensch in dieser grundlegenden Weise unzufrieden beziehungsweise auffällig wird, entscheidet meist das Vorhandensein eines „unspezifisch“ wirkenden „Loch im Ich“. Aus diesen Gründen lässt sich in der Regel hinter jeder psychischen Auffälligkeit und ebenso bei jedem abweichenden Sozialverhalten unter der Oberfläche der „spezifischen“ Symptome immer wieder diese eine „unspezifisch“ wirkende gleiche Ursache erkennen: *Das „Loch im Ich“!*

Im Folgenden soll versucht werden, den Zusammenhang zwischen einem „Loch im Ich“ und der Entstehung einer „Depression“ beziehungsweise einer „destruktiven Aggression“ detailliert aufzuzeigen.

4 Die Entwicklung des sozialen Fehlverhaltens

4.1 Erste „Schlüssel-Hypothese“: Die Entstehung einer „Depression“

Wie hängt das „Loch im Ich“ mit dem Krankheitsbild der „Depression“ zusammen? Mit anderen Worten: Wie wirkt sich das Fehlen von einzelnen „ichstrukturellen Elementen“ in der „Entwicklungsmatrix“ auf die Entwicklung einer „Depression“ aus?

Im Folgenden werden mögliche Einflussfaktoren, die zu einer „depressiven Reaktion“ führen, zusammengestellt:

- *Genetische Defekte:*
  Genetische Beeinträchtigungen können zum Beispiel die Tendenz zu Stoffwechselstörungen, Wahrnehmungsstörungen, Integrationsstörungen, lernspezifischer Konzentrationsunfähigkeit, Koordinationsstörungen oder zu allgemeinen beziehungsweise speziellen körperlichen Behinderungen verstärken.
- *Vorgeburtliche, nachgeburtliche Beeinträchtigungen oder geburtstraumatische Erfahrungen:*
  Solche Beeinträchtigungen können Angstreaktionen beziehungsweise Angstattacken, allgemeine Lernschwierigkeiten und Probleme bei der „Ich-Integration“ zur Folge haben. Sie schaffen die strukturelle Basis für die Ausbildung eines „Loch im Ich“.
- *Fehlende Elternliebe:*
  Ungeliebte Kinder fühlen sich in der Regel lebenslang ungeliebt. Sie sind stets auf der Suche nach der fehlenden Liebe. Möglicherweise ist gerade dieses unablässige „Suchen“ eine der wichtigsten Ursachen für alle Arten von „Sucht“-Krankheiten.
- *Mangelndes Vertrauen:*
  Kinder, denen das Vertrauen in die Konstanz und Zuverlässigkeit einer Beziehung fehlt, reagieren lebenslang gehemmt. Sie vermeiden den Kontakt zu den Mitmenschen und gehen besonderen Herausforderungen aus dem Weg. Das fehlende Vertrauen führt möglicherweise zu einer allgemeinen Bindungsangst beziehungsweise Beziehungsunfähigkeit.

- *Fehlende Wertschätzung:*
  Fehlende Wertschätzung führt zu Mutlosigkeit, Niedergeschlagenheit, Resignation und Minderwertigkeitsgefühlen.
- *Fehlendes Interesse:*
  Kinder, denen zu wenig Interesse entgegengebracht wurde, fühlen sich in der Regel lebenslang „uninteressant". Sie entwickeln ein generalisiertes Minderwertigkeitsgefühl und eine andauernde Interesselosigkeit anderen Menschen und Dingen gegenüber. Sie fühlen sich unbeachtet und emotional im Stich gelassen.
- *Fehlende „konstruktive Aggression":*
  Wenn Kinder nicht lernen, mit „konstruktiver Aggression" umzugehen, lernen sie nicht, sich angemessen zu verteidigen, sich adäquat auseinander- und durchzusetzen. Sie übernehmen vielfach die Rolle von Prügelknaben beziehungsweise Sündenböcken oder neigen zu emotionaler Abhängigkeit.
- *Defizitäre Aggression:*
  Unterdrückte „konstruktive" beziehungsweise „destruktive Aggression" wird zu „defizitärer Aggression" und wendet sich gegen die eigene Person. Vielfach verschwinden depressive Episoden augenblicklich, wenn es zu „destruktiv aggressiven" Ausbrüchen kommt.
- *Fehlende Ermutigung beziehungsweise fehlende Herausforderungen:*
  Kinder, die nicht ermutigt und herausgefordert werden, neigen zu Passivität und Mutlosigkeit. Sie verpassen das soziale Lernen und bleiben in ihrer Persönlichkeitsentwicklung blockiert.
- *Fehlende oder starre Abgrenzung:*
  Kinder, denen zu wenig Grenzen gesetzt werden, verlieren das Gefühl für „erlaubt sein" und „nicht erlaubt sein" beziehungsweise „richtig handeln" und „nicht richtig handeln". Sie können sich in der Umwelt sowohl wertmäßig als auch verhaltensmäßig nicht richtig orientieren und können in der Folge kein kohärentes „Ich-Gefühl" entwickeln. Damit ergeben sich Probleme bei der „Identitätsfindung".
  Im Gegensatz dazu erschwert eine rigide Abgrenzung den kontinuierlichen Austausch mit der Umwelt. Das führt zu zunehmender Isolierung und unterbindet den dynamischen Austausch mit den Mitmenschen.
- *Fehlende Kontrolle:*
  Kinder, die zu wenig kontrolliert werden, neigen später zu Grenzübertretungen und Verwahrlosungserscheinungen.

- *Krankheiten:*
  Krankheiten beeinträchtigen das körperliche Wohlbefinden. Sie führen zum Beispiel zu Schuldispensationen und Lernblockaden, zum Verpassen von wichtigen Lernschritten, zum Nichtbestehen von weiterführenden Prüfungen und zu gravierenden Wissenslücken.
  Auch andere Krankheiten, zum Beispiel Autoimmun-Reaktionen im Gehirn, Hirnhautentzündungen und Hirntumore können das Verhalten der Kinder entscheidend beeinflussen.
- *Unfälle:*
  Schicksalshafte Begebenheiten wie Unfälle oder andere Unglücksfälle kommen wie „aus dem Nichts". Sie treffen die Menschen unvorbereitet und können bestehende Lebenspläne mit einem Schlag zerstören.

Anhand eigener Untersuchungen (OEHLER, 2001) stehen bei der „Depression" in erster Linie folgende Charakteristika im Vordergrund:

- *Erstens eine starre „Abgrenzung nach Innen und Außen". Anscheinend sind „depressiv reagierende" Menschen tendenziell sowohl gefühls- als auch verhaltensmäßig mehr nach Innen und Außen abgeschottet als „nicht depressiv reagierende" Personen.*
- *Zweitens konnte vielfach eine sogenannte „innere Leere" festgestellt werden, die mit einem ausgeprägten „Loch im Ich" korrespondiert. „Depressiv reagierende" Menschen haben vermutlich weniger „gute Erfahrungen" gemacht beziehungsweise verinnerlicht als „normal gesunde" Menschen* (vgl. auch **Anhang** E).

Die oben aufgeführten Einflussfaktoren können im Schaubild „Entwicklungsmatrix" wie folgt zusammengefasst werden (**Abb. 29**):

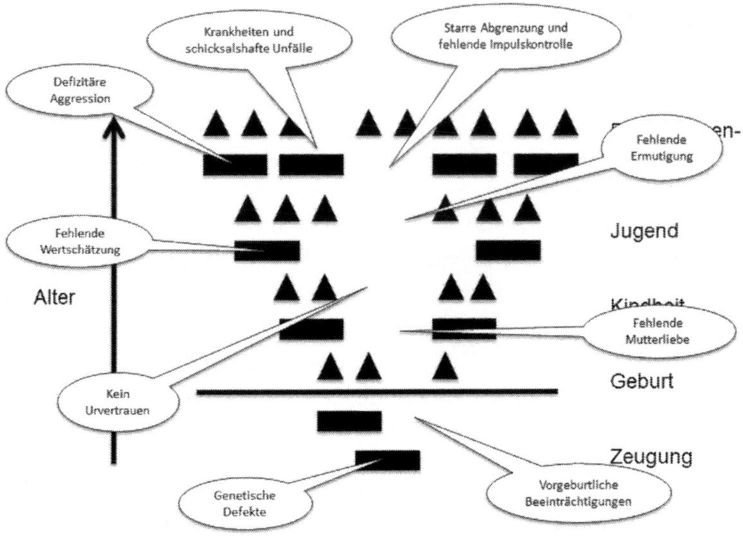

Abb. 29: Darstellung zur Schlüsselhypothese „Depression“ (mit einem zentralen „Loch im Ich“)

Wenn nur einige dieser Effekte, zum Beispiel Angstreaktionen, innere Leere beziehungsweise Verlassenheitsgefühle, Handlungsblockaden, allgemeine Mutlosigkeit, Niedergeschlagenheit, Resignation, Minderwertigkeitsgefühle, Interesselosigkeit, allgemeine Orientierungslosigkeit, der Verlust des „Ich-Gefühls“, soziale Isolation, vielfältige Verwahrlosungserscheinungen und schließlich eine „defizitär-aggressive“ Gehemmtheit in einem einzigen Krankheitsbild zusammenkommen, ergibt sich damit fast zwangsläufig das Erscheinungsbild einer „Depression“.

Vermutlich sind die „ich-strukturellen Defizite“ und in deren Folge die entsprechenden biochemischen Reaktionen die eigentlichen Ursachen für alle Arten von „Depressionen“, seien es nun „leichtere depressive Reaktionen“ oder schwerste „manisch-depressive Bipolaritäten“.

Die Schwere der „depressiven Erkrankung“ hängt vermutlich mit der Größe des „Ich-strukturellen Defizits“ und mit dem Zeitpunkt der Entwicklungsstörungen zusammen. Man kann davon ausgehen, dass der Ursprung einer schweren „manisch-depressiven Bipolarität“ im Rahmen des „schizophrenen Formenkreises“ bereits in der vorgeburtlichen Phase der „Ich-Entwicklung“ anzunehmen ist.

Dabei scheint es wenig wahrscheinlich, dass das Erscheinungsbild einer „Depression“ rein genetisch bedingt ist. Möglicherweise können aber ganz bestimmte Erbvariablen die Wahrscheinlichkeit einer depressiven Erkrankung erhöhen. Viele Wissenschaftler, vor allem aus medizinischen und biochemischen Forschungskreisen, bleiben nach wie vor der Meinung verhaftet, dass „Depressionen“ ein rein organisches Krankheitsgeschehen darstellten. Die Biochemie im Gehirn sei „aus der normalen Balance geraten“. Es herrsche ein Mangel an Botenstoffen, die für die „Glücksgefühle und die affektiven Antriebe“ verantwortlich seien.

Vermutlich haben diese Wissenschaftler Recht. Die Frage ist nur, wie es überhaupt zu solchen Stoffwechselstörungen kommt. Zwischen dem genetischen Code, den biochemischen Reaktionen und den gruppendynamischen Vorgängen beziehungsweise „ich-strukturellen“ Prozessen gibt es eine kontinuierliche Wechselwirkung. Es sind möglicherweise in erster Linie gruppendynamische beziehungsweise „ich-strukturelle“ Beeinträchtigungen, die den Abruf von genetischen Informationen beeinflussen, entsprechende biochemische Vorgänge hervorrufen und in deren Folge zu „depressiven Reaktionen“ führen.

Es sind aber nicht nur „Depressionen“, die großes Leid hervorrufen. Es gibt auch Verhaltensweisen, die weniger das einzelne Individuum, sondern mehr die Gesellschaft als Ganzes betreffen. Das trifft besonders auf das „destruktiv-aggressive“ beziehungsweise „kriminelle Verhalten“ zu. Warum gibt es überhaupt „kriminelles“ Verhalten?

4.2 Zweite „Schlüssel-Hypothese“: Der Ursprung der „destruktiven Aggression“

Anscheinend ist fast jedermann in der Lage, einen Menschen umzubringen. Das mag zwar „verrückt“ klingen. Es ist aber wahr. In Wirklichkeit sei es nur eine Frage der „einschüchternden Überredung“ und der „unterwürfigen Autoritätsgläubigkeit“ (BIRBAUMER, 2015):

> *Es „töten und foltern fast alle, wenn es von einer Autorität befohlen und in einem scheinbar alltäglichen, aber kriminellen Kontext … erfolgt“.*
>
> *Diese Einsicht wurde anhand des sogenannten „Milgram-Experiments“ gewonnen.*
>
> *Stanlay MILGRAM (1963) erlaubte seinen Versuchspersonen, eine unbekannte Person, die nur durch eine Glasscheibe getrennt war, für fehlerhafte Antworten in verschiedenen Denkaufgaben mit zunehmend*

schmerzhaften und schließlich mit fiktiv tödlichen Elektroschocks zu bestrafen. Wenn die Versuchspersonen zögerten, sagte der Versuchsleiter: „Machen Sie weiter." Sechzig bis siebzig Prozent der weiblichen und männlichen Versuchspersonen, physisch wie psychisch gesunde, gleichmäßig intelligente und charakterlich unauffällige „Normalbürger" wurden so zu „fiktiven Mördern".

Das „Milgram-Experiment" schockierte und löste weltweit ein riesiges Echo aus. Anscheinend ist der Weg vom unbescholtenen Bürger zum kriminellen Täter nicht sehr weit.

Stimmt es, dass „beinahe jedermann" in der Lage ist, einen anderen Menschen zu töten? Niels BIRBAUMER (2015), der das Experiment von MILGRAM unter verschiedenen Bedingungen wiederholte, fand einen entscheidenden Unterschied. Psychopaten, das heißt psychisch kranke Menschen, etwa fünf Prozent der Bevölkerung, empfanden bei diesem Experiment „weder Angst, Reue noch Scham". Anscheinend sind es gerade diese Gefühle, die Menschen davon abhalten, kriminelle Taten zu begehen.

Im Hinblick auf die Haltung, die in diesem Buch vertreten wird, muss der These von Stanlay MILGRAM widersprochen werden. Tatsächlich waren es in seinem Experiment nur sechzig bis siebzig Prozent der Versuchspersonen, die sich zu einem fiktiven Mord „überreden" ließen. Vermutlich ist ein „normalgesunder" Mensch mit einer dicht vernetzten und kohärenten „Ich-Struktur" unter normalen Umständen nicht dazu zu bringen, einen anderen Menschen zu töten. Diese These stützt sich auf folgende Überlegungen:

- *Menschen mit einem hohen „Selbstwertgefühl", einem hohen „konstruktiven Narzissmus", einer guten „Gruppen- und Beziehungsfähigkeit" und einer klar definierten persönlichen „Identität" sind in der Regel sowohl in ihren Familien als auch in ihren Berufen gut verankert. Sie fühlen sich von den Menschen geachtet beziehungsweise geliebt und sind sowohl im Beruf als auch privat erfolgreich. Sie haben Freunde und genießen das Leben. Sie haben deshalb viel zu verlieren und sind vermutlich nicht dazu bereit, ohne zwingende Gründe auf ihren mühsam erworbenen Lebensstandard zu verzichten.*
- *Viele Menschen verfügen im Rahmen der „konstruktiven Aggression", der „konstruktiven Angst" und der „Gruppenfähigkeit" über sozialkompatible Instrumente, um sich in der menschlichen Gemeinschaft*

erfolgreich durchzusetzen. Es gibt für sie keinen Anlass zum „destruktiv-aggressiven“ Agieren.

- *Im Rahmen ihres „Einfühlungsvermögens“ und des „Verantwortungsgefühls“ können sie sich gut in die Lage der möglichen Opfer hineinversetzen und deren Konsequenzen realistisch einschätzen. Sie sind aus diesen Gründen nicht motiviert, anderen Menschen Leid zuzufügen.*
- *Wegen der hohen „Ich-Stärke“, der gut entwickelten „Ich-Abgrenzung nach innen und außen“ und der „konstruktiven Angst“ sind sie in der Lage, dem „Gruppendruck“ oder gegebenenfalls einer „einschüchternden Überredung“, wie sie im MILGRAM-Experiment angewendet wurde, erfolgreich zu widerstehen.*
- *Das bedeutet, dass Menschen, die über komplexe und kohärente „Ich-Strukturen“ verfügen, unter normalen Umständen nicht zu kriminellem Handeln „überredet“ werden können.*

Zu Beginn dieser Abhandlung wurde mehrfach die Frage aufgeworfen, warum viele Menschen unzufrieden beziehungsweise unglücklich sind. Gleichzeitig wurde auch die Frage gestellt, warum es Diebe, Terroristen, Schläger, Vergewaltiger, Mörder und psychisch Kranke wie Neurotiker beziehungsweise Psychotiker gibt. Nachfolgend werden hier die wichtigsten Ursachen für die Entwicklung eines „destruktiv-aggressiven Agierens“ zusammengestellt:

- *Am Anfang steht möglicherweise eine genetische Prädisposition.*
  Vielleicht werden bereits mit den Genen hochspezialisierte Verhaltensschemata weitergegeben. In diesem Zusammenhang weist BIRBAUMER (2015) darauf hin, dass bei psychopathischen Gewalttätern „eine Hirnregion im sogenannten medialen Präfrontalkortex (‚mPFC‘) nicht aktiviert“ ist oder „bei oder kurz nach der Geburt geschädigt“ wurde. „Gewalttäter, welche eine diagnostizierbare Schädigung des ‚mPFC‘ erlitten haben, wurden angeblich auch dann gewalttätig, wenn sie keine Vernachlässigung in der Kindheit erfahren hatten.“
- *Vermutlich sind es aber auch hier in erster Linie vorgeburtliche Beeinträchtigungen, schwere Geburtstraumata, frühkindliche Verwahrlosungen, Kindsmisshandlungen, sexueller Missbrauch, schwere Krankheiten, verhängnisvolle Unfälle oder andere Schicksalsschläge, die zu „ich-strukturellen Defiziten“ beziehungsweise zu einem „Loch im Ich“ führen.*

- *Es gibt unzählige Situationen, die beim Kind extreme Gefühlsreaktionen auslösen können. Ein ungewöhnlicher Geburtsverlauf kann zum Beispiel lebensbedrohende oder äußerst schmerzhafte Gefühle generieren, die unmittelbar explosiv aggressive und später sogar mörderische Gefühlstendenzen hervorrufen können.*
- *Im Rahmen einer destruktiven Familienkonstellation kann ein traumatisches Einzelerlebnis eine ungeahnte pathologische Wirkung entfalten. Dabei scheint das Ausmaß der freigesetzten Energien in keinem Verhältnis zur Schwere des traumatischen Erlebnisses zu stehen (GROF, 1978).*
- *Ein im Rahmen einer Frühverwahrlosung entstandenes „Loch im Ich" in Verbindung mit brutalen beziehungsweise sadistischen Misshandlungen während der Kindheit und Jugend kann die Basis für eine triebhaft gesteuerte Tötungsbereitschaft legen.*
- *Es gibt zusätzlich „strukturelle Ungerechtigkeiten". Vielfach erleben Kinder ihre Leiden als zu Unrecht verursacht. In der Regel sind die „ich-strukturellen Defizite", die zum Beispiel durch emotionales Verlassenwerden oder durch eine versteckte Feindseligkeit von Seiten der Eltern entstanden sind, nicht selbstverschuldet und deswegen tatsächlich zu Unrecht verursacht.*
- *„Strukturelle Ungerechtigkeiten" begegnen den Kindern auch in verdeckten Einstellungen, in überkommenen Wertvorstellungen oder in ungerechten Verhaltensnormen. Die „Aggressionen", die hinter diesen Haltungen stehen, werden erst offenbar, wenn sie direkt in Frage gestellt werden. Dann verwandelt sich die „strukturelle Aggression" in „destruktive Aggression".*
- *Das „Loch im Ich" wirkt wie eine offene Wunde. Und Wunden sind schmerzhaft. Fehlende Liebe und schwere Verletzungen, seien sie seelischer oder körperlicher Natur, sind schmerzhafte Erlebnisse.*
- *Das „Loch im Ich" führt weiter zu inneren Spannungen und je nach Größe der „Defizite" zu einem permanenten „Schockzustand", der die Gefühle erfrieren lässt. Das Einfühlungsvermögen, das Mitgefühl, die Scham- und die Schuldgefühle sind blockiert. Damit ist eine der notwendigen Voraussetzung für kriminelles Verhalten geschaffen.*
- *In diesem Sinne ein „schlechtes Leben zu führen" wird in der Regel nicht als „sinnerfüllt" erlebt und führt zu einer negativen Grundhaltung dem Leben gegenüber. Die Sinnfrage bleibt damit ungelöst. Ein Leben ohne Sinn und Ziel zu führen, ist aber nicht erstrebenswert und*

erhöht die Bereitschaft, sich durch spezielle Sinnangebote verführen zu lassen.

- *Jede Behinderung des eigenen Bestrebens oder das Abweichen vom subjektiven „Identitätsentwurf" erzeugt Verzweiflung und in deren Folge „defizitäre" beziehungsweise „destruktive Aggression".*
- *Das Ergebnis einer solchen Entwicklung sind lähmende Angst, Sinnlosigkeitsgefühle, Interesselosigkeit, Hoffnungslosigkeit, Beziehungslosigkeit, Stigmatisierung und schließlich eine überbordende „destruktive Aggression". Psychodynamisch gesehen gleicht ein solches Bild einem „Tier, das man in die Ecke treibt und das in seiner Verzweiflung zum direkten Angriff übergeht".*
- *In der Regel sind die Betroffenen nicht in der Lage, zwischen den eigentlichen Ursachen, den „ich-strukturellen Beeinträchtigungen", und den direkten Folgen, den eigenen „destruktiven Aggressionen", einen direkten Zusammenhang herzustellen. Kein Mensch kann sich lückenlos an seine vorgeburtlichen, geburtlichen oder nachgeburtlichen Erfahrungen erinnern. Der eigentliche Ursprung der aggressiven Gefühle bleibt damit verborgen. Die Betroffenen spüren keine direkte Furcht und keine zielgerichtete Wut, sondern eher freiflottierende Ängste beziehungsweise „unspezifisch" empfundene Aggressionen.*
- *Das bedeutet, dass die entsprechenden Aggressionen auf irgendwelche Menschen oder Institutionen übertragen werden können. Und es bedeutend weiter, dass jedermann Opfer solcher Aggressionen werden kann.*
- *Alle Faktoren zusammengenommen sind die eigentliche Ursache für einen breitgefächerten Kanon von „destruktiver Aggression".*
  Ungerechtigkeitsgefühle, Hoffnungslosigkeit, Sinnlosigkeit und schmerzvolle Verspannungen erzeugen ein „destruktives Potential", das alle Fesseln sprengen kann.
- *Unter dem Eindruck der unterdrückten Gefühle erhalten die „destruktiven Aggressionen" zusätzlich eine triebhafte Komponente. Dabei ist die Triebstärke eine Funktion des Ausmaßes der „ich-strukturellen Defizite" und die Triebrichtung die Folge der individuellen Lerngeschichte.*
- *Je weiter die unterdrückten Wünsche und deren Befriedigung auseinanderklaffen, desto stärker wird der innere Drang. Und aus dem inneren Drang wird ein innerer Zwang. Die regelmäßig sich aufbauenden Spannungsspitzen führen schließlich zu spontanen Aggressions-*

handlungen, denen die Betroffenen keinen Widerstand mehr entgegensetzen können.

Mit diesem „Schlüssel-Algorithmus", der nachfolgend zusammengefasst in der Grafik „Entwicklungsmatrix" dargestellt wird (**Abb. 30**), wird die Frage beantwortet, welche „unspezifisch" wirkenden Einflussfaktoren dem abweichenden Sozialverhalten, zum Beispiel dem Terrorismus oder der allgemeinen Kriminalität, regelhaft zugrunde liegen. „Unspezifisch" bedeutet hier, dass das „Loch im Ich" nicht zu einem ganz bestimmten Verhalten führt, sondern sich entweder in dieser oder auch einer ganz anderen Weise äußern kann.

Anhand dieser Überlegungen und in Anbetracht der zahlreichen Einflussfaktoren erscheint es wenig wahrscheinlich, dass die genetische Prädisposition einen wesentlichen Beitrag zur Entwicklung des kriminellen Verhaltens beisteuert.

Zusammengefasst bedeutet das, dass die Menschen nicht als Terroristen oder Kriminelle geboren werden. Sie werden „unschuldig" geboren. Terrorist, Krimineller, Dschihadist, „Gotteskrieger", „Dschihadistenbraut" oder gar Kindermörder wird man erst im Rahmen einer von unglücklichen Umständen begleiteten defizitär „ich-strukturell motivierten" kriminellen Lebensgeschichte.

Wie im Falle der „Depression" werden auch bei der „Aggression" immer wieder Argumente ins Felde geführt, die nahelegen, dass zum Beispiel die Triebentladung durch den „rechten präfrontalen Stirnlappen" gesteuert würde. Die Berner Hirnforscherin Daria KNOCH sagt entsprechend, dass dieser Hirnbereich der „Dirigent der Impulskontrolle" sei. Das mag zum Teil richtig sein. Die Frage ist aber auch hier, von wem diese Hirnregionen „systemintern" gesteuert werden. Vermutlich ist es auch hier ein komplexer Wechselwirkungsprozess zwischen gruppendynamischen Faktoren, „ich-strukturellen" Beeinträchtigungen und dem biochemischen Stoffwechsel, der den „rechten präfrontalen Stirnlappen" entsprechend stimuliert.

Im nachfolgenden Schaubild (**Abb. 30**) werden die einzelnen Wirkfaktoren wie folgt zusammengefasst:

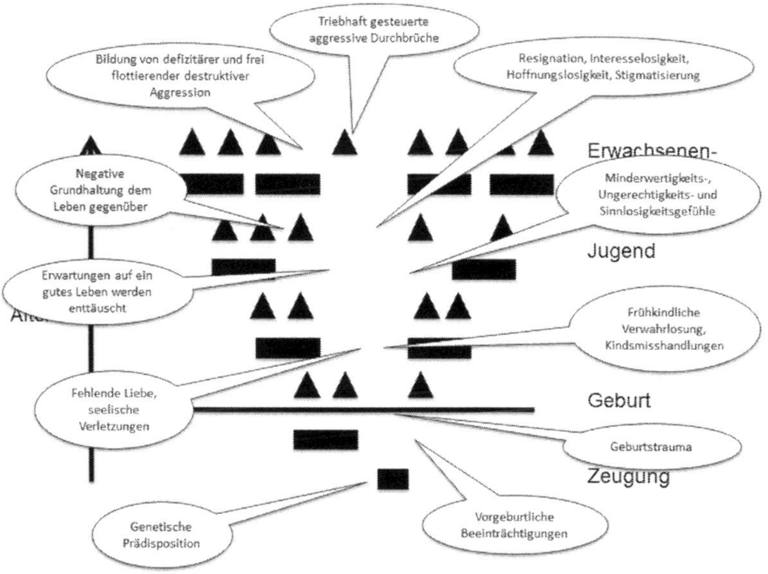

Abb. 30: Darstellung zur Schlüsselhypothese „destruktive Aggression“ (mit zentralem „Loch im Ich“)

Angesichts dieser Überlegungen wird verständlich, warum Menschen plötzlich in der Lage sind, ganze Schulklassen zu erschießen, Frauen zu vergewaltigen, Bomben zu zünden oder ein vollbesetztes Flugzeug an eine Felswand zu steuern.

Menschen, die einen Massenmord inszenieren, haben oft den Wunsch, selber zu sterben, selber zu töten oder selber getötet zu werden. Und das alles zur selben Zeit. Der Psychotherapeut Dr. Chr. Lüdke meinte im Hinblick auf den Co-Piloten Andreas L.: „Die haben eine unglaubliche Aggression und einen Wutstau in sich.“

4.3 Einfluss der individuellen Lerngeschichte

Es wurde ausführlich gezeigt, wie es zu einer latenten Gewaltbereitschaft kommt, ohne speziell darauf einzugehen, wie sich im Einzelnen bestimmte Symptome entwickeln. Das Vorliegen eines „ich-strukturellen Defizits“ beziehungsweise eines „Loch im Ich“ erhöht die allgemeine Wahrscheinlichkeit eines sozialen Fehlverhaltens. Aus einem „Loch im Ich“ kann aber nicht auf ein bestimmtes Symptom geschlossen werden. Wie kommt es aber zur Ausbildung von ganz bestimmten Symptomen? Wie wird ein Zwangskranker zum Zwangskranken? Wie wird ein Terrorist zum Terroristen? Oder wie wird ein Kindsmörder zum Kindsmörder?

An dieser Stelle soll der Bereich der mehr oder weniger „unbedenklichen" Fallbeispiele verlassen werden, weil sich die Entwicklung von speziellen Verhaltensmustern an extremen Beispielen besser aufzeigen lässt. Glücklicherweise verfügt die psychologische Literatur über ein einzigartiges Dokument, das die Entwicklung des Verhaltens des mehrfachen Kindsmörders „Jürgen Bartsch" Schritt für Schritt nachvollziehbar macht.

4.4 Das Beispiel „Jürgen Bartsch"

Als eindrückliches Beispiel für die lerngeschichtliche Bedingtheit des kriminellen Verhaltens liegt uns die Fallgeschichte des vierfachen Kindsmörders Jürgen Bartsch vor.

Der amerikanische Journalist Paul MOOR (1972) setzte sich nach dem Prozess mit dem zu lebenslänglicher Haft verurteilten Bartsch in Verbindung und korrespondierte über längere Zeit mit ihm (vgl. auch Alice MILLER, 1980). Aus diesen Briefen konnten folgende Fakten gewonnen werden:

> *„Am 6. November 1946 als unehelicher Sohn einer tuberkulösen ‚Kriegerwitwe' und eines holländischen Saisonarbeiters geboren, wurde Karl-Heinz Sadrozinski, später Jürgen Bartsch, von seiner Mutter im Krankenhaus zurückgelassen, aus dem sie sich heimlich entfernte."*
>
> *„Das Baby wurde sofort nach der Entbindung von seiner Mutter getrennt, eine Ersatzmutter gab es nicht."*
>
> *„Es war ungewöhnlich, Kinder mehr als zwei Monate im Krankenhaus zu belassen. Jürgen blieb aber elf Monate bei uns." (Schwester Anni)*

Diese Fakten geben keinen Aufschluss über mögliche *erbgenetische Dispositionen* (erster Faktor) von Seiten der leiblichen Eltern. Trotzdem geben diese Informationen einen deutlichen Hinweis auf das verheerende Verlassenwerden im ersten Lebensjahr. Schon René SPITZ (1987) konnte in seinen Untersuchungen über die Entwicklung von vernachlässigten Säuglingen in sogenannten Findelheimen zeigen, dass bei Kleinkindern eine Trennung von der Mutter bereits bei mehr als drei Monaten zu irreparablen Schäden führen kann.

Solche Trennungen bewirken ein *„unspezifisch wirkendes ich-strukturelles Defizit“* (zweiter Faktor). Diese Defizite führen in der Regel zu Zwangshandlungen, Autoaggressionen, Stereotypien und einer erheblichen Beeinträchtigung des Immunsystems.

„Nach elf langen Monaten ... kam das Kind ... zu den Adoptiveltern Bartsch.“ „Bekannte der Familie sahen damals, dass das Baby immer wieder Blutergüsse hatte.“ „... der bedrückte Vater bekannte, dass er die Scheidung erwäge: Sie schlägt das Kind so, ich ertrage es einfach nicht mehr.“ „Ich muss nach Hause, sonst schlägt sie mir das Kind tot.“

Jürgen: „Meine Mutter fand absolut nichts dabei, mich in einer Minute ... zu küssen, und in der nächsten Minute nahm sie einen Kleiderbügel ... und zerschlug ihn auf mir.“

Diese Informationen beschreiben die aggressive und destruktive Gruppendynamik innerhalb der Adoptivfamilie. Das Verhalten der Mutter war sowohl gewalttätig als auch widersprüchlich, und der Vater konnte die Destruktivität seiner Frau nicht stoppen. Für Jürgen gab es keine Möglichkeiten, sich emotional zu orientieren und eine zuverlässige Beziehung zu Erwachsenen aufzunehmen. Er wurde immer wieder entmutigt, in seinen Aktivitäten gehemmt, als Sündenbock missbraucht und sowohl körperlich als auch seelisch misshandelt. Jürgen verinnerlichte die destruktiv-aggressive „Gruppendynamik“, die Sündenbockdynamik, zu seiner „destruktiv-aggressiven Psychodynamik“. Sowohl das Verlassenwerden durch die leibliche Mutter, die mehrmonatige Mutterentbehrung im Krankenhaus als auch die gewalttätigen Misshandlungen durch die Adoptivmutter haben vermutlich die Basis für ein schweres „ich-strukturelles Defizit“ („Loch im Ich“) gelegt (zweiter Faktor).

„Bis zum Schulalter haben mich meine Eltern von allen (anderen) Kindern hermetisch abgeriegelt.“ „... und in den zwanzig Jahren haben sie nicht ein einziges Mal mit mir gespielt ...“

Gleichzeitig wurde Jürgen von der Außenwelt abgeschnitten, was ihm relativierende Erfahrungen mit anderen Erwachsenen verunmöglichte und ihn von den Lernfeldern anderer Jugendlicher trennte. Damit wurden sowohl der Aufbau sogenannter „kognitiver Karten“ (TOLMAN, 1948), das Erlernen alternativer Verhaltensweisen als auch die Entwicklung einer selbständigen und selbstbewussten Persönlichkeit verunmöglicht.

Alle diese Faktoren zusammen genommen führten zu einem *„unspezifisch wirkenden Entwicklungsdefizit"* (zweiter Faktor), das aber die Motivation für seine späteren Taten als Kindsmörder noch nicht erkennen lässt, das aber eine Begründung für seine spätere zwanghafte Suche nach menschlichen Kontakten gibt.

Es stellt sich jetzt die Frage, warum sich Jürgen Bartsch später gerade kleinen Kindern zuwandte. Warum wurde er zum „Kindsmörder" und nicht etwa zu einem Einbrecher, Dieb, Vergewaltiger oder Wirtschaftskriminellen?

> *„Auf dem Schulhof in Marienhausen wurde ich ... in der gemeinsten Weise aufgeklärt ... Ich habe einen derartigen Schock bekommen, ... dass ich mich auf der Toilette übergeben musste." „Mein Vetter hat mich auf den Speicher mitgenommen und Sauereien mit mir gemacht ... Den ganzen Abend war ich schwer nervös und ängstlich, schockiert ..."*
>
> *„In der Schule ... wurde ich bald jeden Tag von einem anderen Schüler verprügelt ..." „... ich bin als Kind in der Schule immer Prügelknabe ... gewesen, ... und es hat sich vielleicht bei mir ein immenser Hass ... auf Kinder dieses Alters entwickelt ..."*
>
> *„Tagsüber habe ich gekuscht und geheult ... Ich war nicht fähig, mich zu wehren ... Es gab Kinder, die mich gequält hatten, die ich hätte zerfleischen können, wenn ich nur den Mut dazu gehabt hätte ... da war eine psychologische Sperre ... darum habe ich meine rachsüchtigen Phantasien gehabt ... in Katernberg ging ich ... ins hinterste Zimmer und schrieb ... auf die Innenseite der Türe: ‚DER RÄCHER!'"*

Diese Fakten können die grenzenlose Wut des Knaben auf die gleichaltrigen Jungen erklären. Seine verinnerlichte Sündenbockdynamik legte sich wie ein schicksalhafter Fluch auf die ganze Schülerschar. Dort wiederholte sich die Gruppendynamik der Familie der Adoptiveltern. Es fügte sich zum „Zwangscharakter seiner Bedürfnisse nach emotionaler Nähe" zu seinen Kameraden, die ihm nur auf einer aggressiv-sexuellen Ebene begegneten, ein unermesslicher Hass auf die gleichaltrigen Knaben.

Noch kann das entscheidende Motiv der spezifisch sadistischen Kindstötung nicht verstanden werden. Warum verging sich Jürgen Bartsch an seinen Opfern in einer ganz bestimmten, sadistischen Weise? Warum erschoss er sie nicht, oder warum benutzte er nicht Gift?

„In Marienhausen … war die Hölle. Er [Pater Pütlitz] erzählte oft … in allen Einzelheiten von grausamen Massenmorden an Juden im Dritten Reich und zeigte uns Bilder davon. Gern hat Pater Pütlitz wahllos darauf losgeschlagen, wen er erwischen konnte und hatte dabei Schaum vor dem Mund …"

„Ich hatte an diesem Abend hohes Fieber … er [Pater Pütlitz] kam ins Zimmer rein … da im Bett schob er seine Hand hinten in die Hose … hinein und streichelte mich. Dasselbe tat er auch vorne und versuchte, bei mir zu onanieren …"

„Wenn ich heute über all das nachdenke, erscheint es mir wie eine Art makabre Ironie, dass ausgerechnet Pater Pütlitz es war, der mir öfters von Sire Gilles de Ray … erzählte. Dieser Feldherr lebte in Frankreich, so um das 15. Jahrhundert herum. Zwischen den Kriegen betätigte er sich vorwiegend als Kindsmörder, nachdem er seine Frau und seine Tochter davongejagt hatte. Er entführte mit seinem Gefolge … von Dörfern, Märkten, Gassen usw. Bettler- und Bauernjungen, nur Knaben, meist im Kindesalter. Sie entführten die Jungs also, nahmen sie aufs Schloss, dort entkleideten sie diese, vergingen sich an den Kindern, folterten sie, brachen ihnen die Knochen, schlitzten ihre Leiber auf und untersuchten die inneren Organe. Die Überreste verbrannten sie im Kamin und wuschen das Blut von ihren Händen, wie Pater Pütlitz nie zu erwähnen vergaß."

„Im Jahr 1960, im Zeltlager in Rath bei Niedeggen … ließ Pater Pütlitz ihn [Herbert] entführen. Ein Spiel sollte es sein, ein lustiges … man schleppte ihn tief in den abendlichen Wald, fesselte ihn, steckte ihn in einen weißen Schlafsack und ließ ihn dort liegen. Er lag bis Mitternacht … nach Mitternacht wurde er ausgelacht, Spott und Hohn, ein Spiel, ein lustiges."

„… die vier ehemaligen Mitschüler des Jürgen Bartsch bestätigten … die Angaben …, dass Pater Pütlitz mit ihnen Geländespiele machte, bei denen eine an einen Baum gefesselte Puppe einen entführten Jungen darstellte und rote Tinte das Blut ersetzte."

In den Jahren zwischen 1962 und 1966 ermordete Jürgen Bartsch vier Knaben, indem er sie auf dem Jahrmarkt ansprach, in eine Höhle verschleppte, sie festband, folterte und zum Teil bei lebendigem Leibe zerstückelte. Er machte dabei nichts, was er nicht bis ins letzte Detail in Marienhausen gelernt hätte (dritter Faktor). Er suchte nach menschlicher Nähe und Geborgenheit und suchte sie in sexuellen Erlebnissen, wie er sie von seinem Vetter und Pater Pütlitz vorgelebt erhalten hatte, er entführte Kinder von den Jahrmärkten, wie er es bezüglich des Sire Gilles de Ray gehört hatte, er verschleppte und fesselte sie, wie er es mit Pater Pütlitz in konkreten Puppenspielen geübt hatte, er verging sich an ihnen, wie es ihm Pater Pütlitz vorgemacht hatte, er folterte sie, zerstückelte sie, wie es der Sadist Sire Gilles de Ray mit seinen Kumpanen zu tun pflegte. Dabei stand er unter einem inneren Zwang, den er nicht beherrschen konnte, einem Zwang, der aus dem seelischen Defizit genährt wurde, das er während seiner Kindheit erlitten hatte:

> *„Ich hatte nicht die Kraft, mich gegen diesen furchtbaren Sexualtrieb zu wehren … das ist eben so ein Gefühl, das einen dahin treibt, und auf lange Sicht kannst du dieses Gefühl nicht sein lassen."*

Jürgen Bartsch wurde am 15.12.67 von der Jugendstrafkammer des Wuppertaler Landgerichts zu lebenslanger Zuchthausstrafe verurteilt. Im Revisionsprozess, nach Anhörung psychologisch ausgerichteter Gutachten und kritischer Erörterung der Erziehungsgeschichte von Jürgen Bartsch, wurde das Urteil 1971 in Düsseldorf zu einer Jugendstrafe von zehn Jahren bei lebenslanger Unterbringung in eine Heil- und Pflegeanstalt umgewandelt.

Jürgen Bartsch zeigte sich insofern einsichtig, als er dazu beitragen wollte, sein Fehlverhalten zu korrigieren. Er litt unter seinem Trieb und war bereit, sich einer Therapie zu unterziehen. Am 28.4.76 ließ sich Jürgen Bartsch operativ kastrieren, um sich von seinem qualvollen Sexualtrieb zu befreien. Der Eingriff dauerte nur fünfzehn Minuten. Er starb kurz nach der Operation an akutem Herzversagen.

Zusammenfassend lässt sich das Fallbeispiel „Jürgen Bartsch" wie folgt darstellen (**Abb. 31**):

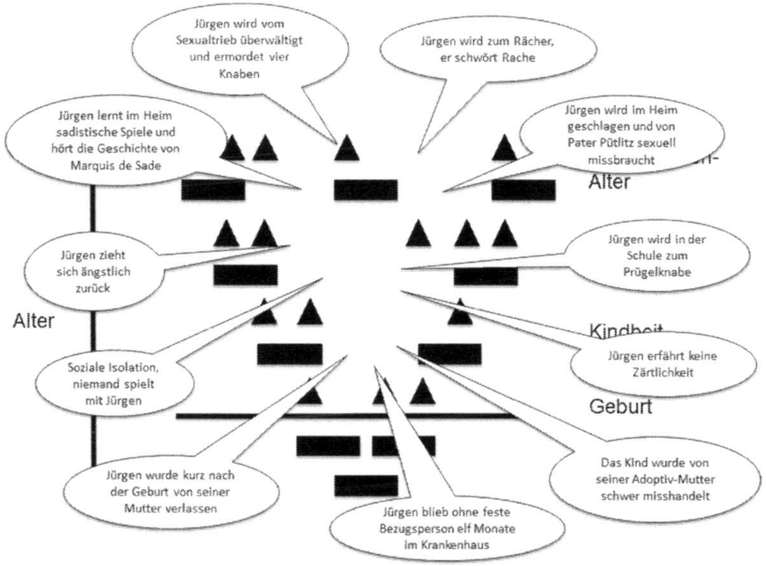

Abb. 31: Zusammenfassende Darstellung des Fallbeispiels „Jürgen Bartsch" (mit einem zentralen „Loch im Ich")

Was zeigt dieses Beispiel? Es bestätigt die Hypothese, dass die spezifische Ausprägung der Symptomatik einer psychischen Auffälligkeit in ihrer ganzen Differenziertheit gelernt wird, gelernt anhand von menschlichen Vorbildern, anhand konkreter Erfahrungen mit den Lebensumständen und den Menschen, gelernt auch aus Büchern, Zeitschriften, Sagen, Märchen, Geschichten, Filmen usw. Es bestätigt weiter die Erwartung, dass die *symptomspezifische Lerngeschichte* (dritter Faktor) bei entsprechendem Aufwand bis ins letzte Detail nachvollzogen werden kann.

Es zeigt gleichzeitig, dass die Wiederholungstäter in der Regel von einem überwältigenden inneren Drang getrieben werden, dem sie sich nicht entziehen können.

Damit können die entscheidenden Faktoren, die zu einem Fehlverhalten führen, konkret benannt werden.

5 „Drei-Faktoren-Theorie“

Beim sozialen Fehlverhalten und bei den meisten psychischen beziehungsweise psychosomatischen Krankheiten können entsprechende Entwicklungsprozesse festgestellt und als „Entwicklungsmatrix“ modellhaft aufgezeichnet werden. In der Regel lassen sich drei typische Einflussfaktoren voneinander abgrenzen („Drei-Faktoren-Theorie“):

- *Der erste Faktor kann in einer „erbgenetischen Prädisposition“ begründet liegen. Er kann möglicherweise spezielle Verhaltenstendenzen verstärken. Er führt aber kaum zu differenziert entwickelten Verhaltensäußerungen.*
- *Als zweiter Faktor lässt sich in der Regel unter der Oberfläche der Symptome ein mehr oder weniger großes „unspezifisch wirkendes“ „ich-strukturelles Defizit“ beziehungsweise ein sogenanntes „Loch im Ich“ feststellen.*
- *Der dritte Faktor stellt eine „symptomspezifische Lerngeschichte“ dar, die bis ins letzte Detail alle Lernerfahrungen mit einschließt, die zum funktionalen Verständnis der Entstehung eines bestimmten Symptoms beitragen.*

Vermutlich lassen sich allen psychischen Auffälligkeiten, seien es nun kriminelle Verhaltensweisen, psychosomatische Reaktionen, Suchtkrankheiten, Perversionen, Zwangskrankheiten, „narzisstisches Agieren“, das Borderline-Syndrom, die Schizophrenien oder andere auffällige Krankheitsbilder, in dieser Weise psychogenetisch beziehungsweise lerngeschichtlich aufklären und in ihrer Symptomatik bis ins letzte Detail verstehen.

Wie lassen sich diese Thesen zusammenfassen?

5.1 „Drei-Faktoren-Theorie des abweichenden Sozialverhaltens“

Kein Mensch ist von Geburt an Terrorist, nur weil er ein bestimmtes Gen hat oder von anderen Terroristen zum Terrorismus verführt worden wäre. Kein

Mensch wird depressiv, nur weil sich seine Biochemie nicht in der richtigen Balance befindet oder weil er einen geliebten Menschen verloren hat. Kein Mensch wird zum Drogenabhängigen, nur weil er eine falsche Gewohnheit angenommen hat. Kein Mensch wird zum Täter, zum Opfer oder zum Leidtragenden, nur weil er gekränkt worden ist. Es sind nicht Kränkungen, die „am Anfang einer … Tragödie" (HALLER, 2015) stehen. Und kein Verbrecher wird zum Verbrecher, nur weil sich eine günstige Gelegenheit dazu geboten hat. Immer sind es unter der Oberfläche des konkreten Verhaltens mehr oder weniger große „ich-strukturelle Defizite" beziehungsweise ein sogenanntes „unspezifisch" wirkendes „Loch im Ich", das innere Spannungen erzeugt, schlechte Gefühle hervorbringt und solche Entwicklungen erst möglich macht.

Im Anschluss an diese Ausführungen soll noch auf etwas Wichtiges aufmerksam gemacht werden:

Es genügt nicht, nur das Schicksal der Täter ins Auge zu fassen. Es gibt auch Opfer! Diese sind meistens die doppelt Leidtragenden. Erstens sind sie verletzt und zweitens kümmert sich kaum jemand um sie. Seelische Verletzungen werden meistens übergangen, beschönigt, verharmlost oder ganz übersehen. Das sollte sich ändern!

Gibt es Möglichkeiten, kriminelle Wiederholungstaten zu verhindern?

Der Fall „Jürgen Bartsch" und ähnliche Beispiele haben gezeigt, dass man die kriminelle Energie eines Täters nicht einfach wegoperieren kann. Die Triebhaftigkeit eines Sexualstraftäters ist nur zum Teil eine Funktion der Sexualorgane. Sie wird zum größten Teil durch die Sehnsucht nach Liebe und durch die lerngeschichtlich geprägten Handlungsstrategien bestimmt. Diese sind komplex vernetzte Trieb-, Gefühls-, Motivations-, Einstellungs- und Handlungssysteme. Solche Systeme können nicht einfach beseitigt werden, indem man die Sexualorgane entfernt. Das wichtigste Sexualorgan ist das Gehirn. Durch die Elimination der Sexualorgane wird die Sehnsucht nach Liebe und Geborgenheit nicht gestillt.

5.2 Therapierbarkeit der kriminellen Trieb- und Handlungsbereitschaft

Die Entwicklung beziehungsweise Darstellung der „Entwicklungsmatrix" legt nahe, dass die kriminelle Energie und das triebgesteuerte Verbrechen weder durch eine Operation noch durch eine Psychotherapie mit Sicherheit verhindert werden können.

Das hat folgende Gründe:

- *Das kriminelle Gewalt- und Triebverhalten ist multifunktionell verursacht.*
- *Es lässt sich in der Regel auf früheste „ich-strukturelle" Beeinträchtigungen beziehungsweise Entbehrungen, zum Beispiel auf eine frühkindliche Mutterentbehrung beziehungsweise ein sogenanntes „Loch im Ich", zurückführen.*
- *Dieses ist in einem lebenslangen Entwicklungsprozess, zum Beispiel im Rahmen einer Heimkarriere einschließlich Misshandlungen und innerer Verwahrlosung, entstanden.*
- *Das kriminelle Verhalten ist sowohl komplex vernetzt als auch in den „Ich-Strukturen" tief verankert.*
- *Die Genesungs- beziehungsweise Veränderungsmotivation ist in der Regel beeinträchtigt oder ganz zerstört.*
- *Das bedeutet, dass Triebtäter in der Regel innerlich hoffnungslos, ausweglos, resigniert beziehungsweise konzeptionslos sind und ihren Triebimpulsen widerstandslos ausgesetzt bleiben.*
- *Ihnen fehlt in der Regel die nötige „Ich-Stärke" um eine Verhaltensänderung, die mit Selbstkontrolle, Selbstbeobachtung, Selbstkritik und Wiedergutmachungsleistungen einhergehen müsste, emotional durchzustehen.*

Da es Gewaltverbrechern beziehungsweise Triebtätern meistens an den nötigen Voraussetzungen zu einer erfolgreichen Therapie fehlt, muss im Hinblick auf weitere Opfer in den meisten Fällen eine lebenslange Überwachung oder eine lebenslange Verwahrung ins Auge gefasst werden.

Was bedeutet diese Erkenntnis für den Umgang mit Gewalttätern? Können diese Einsichten möglicherweise dazu beitragen, Instrumente zu entwickeln, die es ermöglichen, kriminelle Taten zu verhindern?

5.3 „Drei-Faktoren-Theorie" als Grundlage für die Erhebung von relevanten Falldaten für das abweichende Sozialverhalten und speziell für das „Predictive Policing"

Im Rahmen des sogenannten „Predictive Policing" können zur Verhinderung von kriminellen Handlungen eine Unmenge von Daten, zum Beispiel Internetdaten, Handyeinwahldaten, Passagierdaten, Abflug- und Anflugorte, Essenswünsche, Kreditkarteninformationen, Vorstrafen, Falldaten aus der Bandenkriminalität, Tatwaffen, Klang der Tatwaffen, Autonummern, Stromverbrauch, Küchengeräte, Einkommen, Kaufverhalten usw. erfasst und elektronisch ausgewertet werden. Mit diesem Instrumentarium lässt sich anhand von Echtzeitdaten und computerunterstützten Suchalgorithmen die Wahrscheinlichkeit von Verbrechen relativ sicher voraussagen. Die Auswertung der Falldaten zur Bandenkriminalität während der vergangenen fünf Jahre habe zum Beispiel in Deutschland zu einer „Hochrisikoliste" von 300 Personen geführt. Oftmals seien die Polizisten vor den eigentlichen Tätern am Tatort gewesen.

Dabei ist der erste Faktor, die „erbgenetische Prädisposition", weder eine notwendige noch eine hinreichende Voraussetzung für die prognostische Relevanz. Anhand des ersten Faktors können kaum aussagekräftige Daten gewonnen werden.

Im Gegensatz dazu ist der zweite Faktor ein notwendiger, aber nicht hinreichender Faktor. Das Vorhandensein eines „Loch im Ich" kann sowohl zu kriminellem Verhalten motivieren, kann aber auch zu ganz anderen Reaktionen führen.

Erst der dritte Faktor in Verbindung mit dem zweiten Faktor, die „individuellen Lerngeschichte" in Verbindung mit einem „Loch im Ich", kann eine hinreichende Voraussetzung für eine aussagekräftige Prognose abgeben. Anhand der Feststellung eines „ich-strukturellen Mangels", der gleichzeitigen Analyse der „individuellen Lerngeschichte" und der Beobachtung des konkreten Tatverhaltens könnten durchaus relevante Falldaten gewonnen werden.

Ausgehend von der „Drei-Faktoren-Theorie" lassen sich deshalb genauere Aussagen zur Erhebung von spezifischen Falldaten ableiten. Das bedeutet, dass die entsprechenden Informationen gezielter und auf die drei einzelnen Faktoren bezogen getrennt erhoben werden können.

Wenn man davon ausgeht, dass allgemein Kriminelle oder speziell aktive Dschihadisten beziehungsweise inaktiv verharrende „Schläfer" neben ihrer Neigung zu terroristischen Handlungen auch an einem mehr oder weniger großen „ich-strukturellen Defizit" („Loch im Ich") leiden, könnte man neben den Informationen über die terroristische Aktivtäten auch Daten über die frühesten Sozialisationsbedingungen, zum Beispiel über schulpsychologisches Verhalten, über frühe Gesetzesübertretungen, über sozialpsychiatrische Diagnosen, über medizinisch-psychiatrische Medikationen usw. einfordern.

Selbstverständlich handelt es sich bei solchen Daten um sehr sensible Daten. Aus diesen Gründen müssen jederzeit die gesetzlichen Bestimmungen zur allgemeinen Datensicherheit und zum Schutz der Privatsphäre beachtet werden. Vermutlich können aus diesen Gründen nur wenige dieser Informationen tatsächlich abgerufen werden.

Ein verschärftes Datenregime bleibt deshalb „Zukunftsmusik". Vermutlich wird man aber auf lange Sicht nicht darum herumkommen, schärfere Maßnahmen zu ergreifen. Die wachsende Komplexität der Gesellschaft und die technischen Möglichkeiten terroristisch motivierter Täter werden die Gesellschaft dazu zwingen, die Überwachung bestimmter Bevölkerungskreise zu intensivieren und die polizeilichen Maßnahmen zu erweitern. Das gilt besonders für „sensible" Berufe, zum Beispiel für Flugzeugpiloten oder Lokomotivführer, die von Berufs wegen über große Wirkungsmöglichkeiten verfügen und eine große Verantwortung zu tragen haben.

Ein gezielter Suchalgorithmus, der auf solchen Daten beruht, hätte möglicherweise den suizidal motivierten Germanwings-Flugzeugabsturz vom 24. März 2015 verhindern können.

Es war bekannt, dass der Co-Pilot Andreas L. über mehrere Monate wegen einer „schweren depressiven Episode" (Schlussbericht des Flugschulkurses) seine Ausbildung unterbrechen musste. Er stand laut Akte des Luftfahrtbundesamtes wegen „massiver psychischer Probleme" und wegen „akuter Suizidalität" bei „Dutzenden von Ärzten" in psychiatrischer Behandlung und war auf „Psychopharmaka" angewiesen. Er habe tagelang im Bett gelegen und dabei gesagt, wenn er „nicht mehr fliegen dürfe, mache das Leben … keinen Sinn mehr".

Bereits in der Kindheit fiel Andreas L. wegen seines „fanatischen Verhaltens" auf, und kurz vor der Tat sei es laut Aussage von Ärzten wegen Augenproblemen zu einer weiteren Krankmeldung gekommen.

In der Regel deuten Selbstmörder ihre Absicht, Suizid zu begehen, mehrfach an. Tatsächlich habe sich Andreas L. gegenüber seiner Freundin in folgender Weise geäußert:

Es sei ihm klar geworden, „dass sein großer Traum vom Fliegen als Kapitän vorbei war".

Im Hinblick auf seine Arbeit als Co-Pilot habe er schließlich folgendes gesagt:

„Eines Tages werde ich etwas tun, was das ganze System verändern wird, und alle werden […] meinen Namen kennen und in Erinnerung behalten."

Die oben genannten Aussagen beziehungsweise Informationen lassen aufhorchen. Man müsste schließlich davon ausgehen können, dass die betreffenden Dienststellen oder Psychiater beziehungsweise Psychologen die vorliegenden Informationen richtig einschätzen könnten und rechtzeitig Alarm schlagen würden. Warum ist es nicht möglich, für besondere „Hochrisiko-Berufe" ein spezielles Alarmsystem zu schaffen, das es ermöglicht, ungeeignete Personen rechtzeitig aus dem Verkehr zu ziehen?

6 Der Mensch und sein „Loch im Ich“

6.1 Wer hat ein „Loch im Ich“?

Alle Menschen haben „ich-strukturelle Mängel“. Das heißt, alle Menschen haben kleinere beziehungsweise größere „Löcher im Ich“. Das Leiden ist aber erst dann relevant, wenn die Defizite stark entwickelt oder früh entstanden sind.

Die **Abb. 32** zeigt, dass sich „ich-strukturelle Defizite“, die sehr früh in der Kindheit entstanden sind, auf das ganze „Ich-Gefüge“ auswirken können (a), während sich kleinere Defizite weniger (b) oder gar nicht (c) im konkreten Verhalten abbilden.

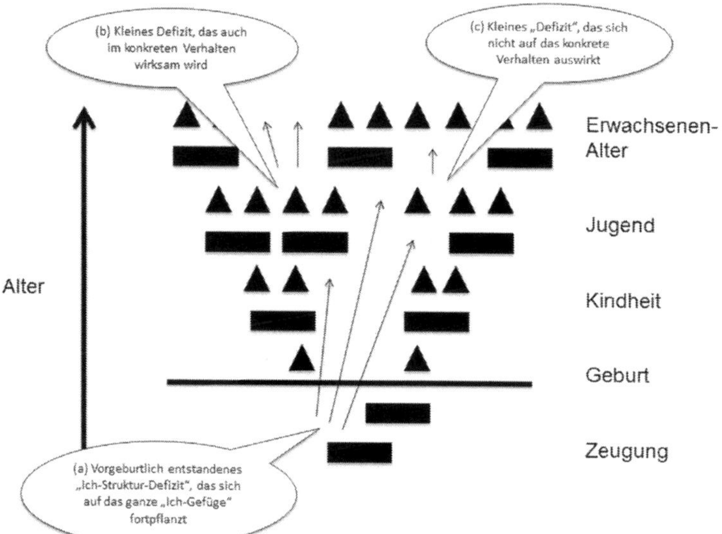

Abb. 32: Die „Entwicklungsmatrix“ mit verschieden großen „ich-strukturellen Defiziten“

Wie schon oben angedeutet, muss der Ursprung einer schweren psychischen Erkrankung, zum Beispiel einer „Schizophrenie“ beziehungsweise einer „manisch-depressiven Bipolarität“, vor, während oder kurz nach der Geburt angenommen werden:

> *„Störungen des intrauterinen (vorgeburtlichen) Lebens scheinen generell … Quellen schizophrener … Zustände zu sein." (GROF, 1978)*

Menschen mit bipolaren Störungen erleben in der Regel ein äußerst schmerzliches „Wechselbad der Gefühle". Das kann sich auf das ganze Leben auswirken. Nicht zuletzt deswegen, weil „manisch-depressive" Patienten ihre Depressionen vielfach schlimmer erleben als den eigenen Tod. Fast jeder dritte wird sich später das Leben nehmen.

> *In diesem Sinne kann die Motivation des Co-Piloten Andreas L. besser verstanden werden. Er wurde kurz vor seinem Todesflug mit dem Airbus A320 von einem Arzt wegen „Augenproblemen" für zwei Wochen krankgeschrieben.*
>
> *Es wurden „Mouches volantes" diagnostiziert. Der Co-Pilot meinte: „Wenn die Augen nicht wären, wäre alles gut."*
>
> *Er befürchtete anscheinend langsam zu erblinden und gegebenenfalls nicht mehr fliegen zu können. Das könnte bedeuten, dass Andreas L. zur Zeit seines letzten Fluges schwer „depressiv" beziehungsweise „akut suizidal" gewesen war.*

6.1.1 Wie spürt der Mensch sein „Loch im Ich"?

Wie sieht oder spürt der Mensch sein „Loch im Ich"? Von außen kann man nichts Entsprechendes sehen. Es gibt keine äußere Anzeichen. Auch wenn man den Körper in eine Röhre schieben würde, könnte man mit Ausnahme von Unfallverletzungen oder Hirnerkrankungen die „ich-strukturellen Defizite" nicht erkennen. Durch eine Kernspintomographie ist es nicht möglich, irgendwelche „Löcher im Ich" auszumachen. Es gibt keine abgestorbenen Nervenzellen, denn ein „Loch im Ich" wird sich nur im Fehlen von in der Kernspintomographie nicht sichtbaren neuronalen Verknüpfungen oder im konkreten Verhalten manifestieren, besser gesagt, im sozialen Fehlverhalten. Im Volksmund würde man sagen: „Der spinnt doch." Oder: „Der hat doch eine Macke."

Die beiden Fallbeispiele des Co-Piloten „Andreas L." und des Kindsmörders „Jürgen Bartsch" waren extreme Beispiele. In ähnlicher Weise könnte man auch die frühe Lebensgeschichte von „Adolf Hitler" darstellen:

> *Die körperliche Missbildung, die dubiosen Verwandtschaftsverhältnisse, der jähzornige und gewalttätige Vater, der frühe Tod der Eltern, das auf-*

fällige Schulversagen, die mehrmaligen Wohnungswechsel, die zunehmende Verwahrlosung des jungen Erwachsenen und schließlich die verhängnisvollen Erfahrungen während des „Ersten Weltkrieges“ mögen den Boden für seinen wahnhaft militanten Fanatismus gelegt haben.

6.1.2 Körperwahrnehmung bei ungestörter „Ich-Entwicklung“

Eine „ideale beziehungsweise ungestörte Ich-Entwicklung“ führt in der Regel zu einer intensiven Körperwahrnehmung. Eine in diesem Sinne „vollkommen ideale“ Persönlichkeitsentwicklung gibt es aber nur in Ausnahmefällen.

Die Menschen spüren bei „idealen“ Bedingungen ihr Körperinneres vom „Kopf bis zu den Füßen“. Sie erleben ein warmes Strömen und Kribbeln, das oft mit einem „Nirwana“-Gefühl verbunden ist.

Dabei zeigen diese Wahrnehmungen, dass die Körpergefühle beinahe ungestört von den augenblicklichen Gegenwartseindrücken über die frühen Kindheitserlebnisse bis zu den ersten Lichterscheinungen nach der Geburt, den dramatischen Angsterlebnissen während der Geburt und schließlich bis zu den vorgeburtlichen Geborgenheits- beziehungsweise Glücksgefühlen zurückreichen. Diese Empfindungen werden nicht selten als „Erleuchtungserlebnisse“ beziehungsweise „Gotteserfahrungen“ beschrieben.

Das ist nicht erstaunlich, denn während der vorgeburtlichen Existenz sind die „Ich-Grenzen“ nicht voll entwickelt. Der Fötus spürt sich nicht als abgegrenztes „Ich“. Er schwimmt im warmen Fruchtwasser und erlebt sich als „rundherum“ geborgen. Dabei geht das sogenannte „ozeanische Gefühl“, von dem Betroffene berichten, mit einem grenzenlosen Gefühl der Verbundenheit mit dem ganzen „Kosmos“ einher.

6.1.3 Körperwahrnehmung bei gestörter „Ich-Entwicklung“

Jede Beeinträchtigung der „Ich-Entwicklung“ hinterlässt Spuren und wird im Körper als muskuläre Verspannung gespeichert. Dabei gibt es zwischen einzelnen Gefühlsmustern und bestimmten Muskelgruppen eine unmittelbare Entsprechung. Bestimmte Beeinträchtigungen lassen sich ganz bestimmten Muskelgruppen zuordnen. Insofern können in der sogenannten „Bodygrafie“, der örtlichen Zuordnung bestimmter Verspannungen zu bestimmten Gefühlsmustern, die Art der Beeinträchtigungen und der damit verbundenen Gefühle direkt abgelesen werden.

Die Verspannungen unterbrechen den Energiefluss im Körper und verhindern ein ganzheitliches Körpererleben. Das kann im Extremfall bis zur vollständigen Verpanzerung der Körpermuskulatur führen (REICH, 1971).

Die Verpanzerung führt zu einem permanenten inneren Schockzustand, in dem die Betroffenen weniger Mitleid, weniger Einfühlungsvermögen, weniger Scham und weniger Schuldgefühle wahrnehmen.

Die „ich-strukturellen Defizite“ wirken sich nachteilig auf alle weiteren „Ich-Funktionen“ aus. Die Betroffenen spüren in der Regel deutlich, dass sie für viele Herausforderungen des täglichen Lebens oder ihres Berufs nicht optimal vorbereitet sind. Die Beeinträchtigungen wirken sich sowohl auf das „Selbstvertrauen“ als auch auf das „Selbstwertgefühl“ aus und führen zu Minderwertigkeitsgefühlen. Diese können unmittelbar spontane „destruktiv aggressive“ Gewalttaten, Sinnlosigkeitsgefühle oder gar „Depressionen“ auslösen.

6.1.4 Woran erkennt man das Vorliegen eines „Loch im Ich“?

Folgende Symptome beziehungsweise Verhaltensweisen weisen auf ein akutes beziehungsweise zukünftiges „Loch im Ich“ hin:

Störungen im Kindesalter:

- *Hospitalismus im Kleinkindalter (Schreien, Kopfwackeln, Stereotypien)*
- *ADHS im Kindesalter (Aufmerksamkeitsdefizit-Hyperaktivitätsstörung)*
- *Autoaggressionen (sich selber verletzen, Haare ausreißen, Nägelbeißen, Bettnässen)*
- *Abweichendes Sozialverhalten im Kindesalter (lügen, stehlen, schlagen)*
- *Schulprobleme (Störung des Unterrichts, mangelnde Konzentrationsfähigkeit, Lernschwierigkeiten, Prüfungsangst)*

Störungen im Jugendalter:

- *ADHS im Jugendalter*
- *Essstörungen (Adipositas, Bulimie, Anorexie)*
- *Inzest im Jugendalter*
- *Aggressivität (Jugendgewalt, Jähzorn, Streitsucht)*
- *Extremes Rollenverhalten (Prügelknaben-, Sündenbock- und Außenseiterrolle)*

Störungen im Erwachsenenalter:

- *ADHS im Erwachsenenalter*
- *Übertretungen (Schwarzfahren, Kaufhausdiebstähle, Verkehrsregelverstöße)*
- *Kriminalität (schwere Diebstähle, Raub, Überfälle)*
- *Unfälle (Verkehrsunfälle, Häufung von Unfällen im Haushalt und Beruf)*
- *Fanatische Grundeinstellung (extremistische politische Einstellungen, religiöser Fanatismus, extremsportliche Betätigungen)*
- *Auffällige Brüche im Lebenslauf (häufiger Wohnungswechsel, Lehrabbrüche, Stellenkündigungen)*

Psychische Auffälligkeiten:

- *Narzissmus (Egoismus, Selbstbezogenheit, übermäßiger Neid, heftige Eifersucht und destruktive Rivalität)*
- *Schizophrenie, manisch-depressive oder depressive Reaktionen, Zwangsreaktionen, Phobien*
- *Suizidale Gedanken, akute Suizidalität, suizidale Handlungen, Suizidversuche*
- *regelmäßige Einnahme von Psychopharmaka, Medikamentenabhängigkeit*
- *Psychiatrische Klinikaufenthalte*
- *Suchtkrankheiten (Drogenmissbrauch, Alkoholabhängigkeit)*
- *Abartiges Sexualverhalten, sexuelle Verfehlungen*

Mit Hilfe dieses Kataloges kann das Vorliegen eines unspezifisch wirkenden „ich-strukturellen Defizits" beziehungsweise eines „Loch im Ich" relativ sicher diagnostiziert werden. Mit Hilfe einer solchen Diagnose lassen sich möglicherweise auch kriminelle Tendenzen und die dahinter liegenden Motive erkennen.

Im Hinblick auf den Co-Piloten sind u. a. folgende Symptome festgestellt worden:

Neben verschiedenen aggressiven Durchbrüchen und narzisstischen Symptomen konnten Depressionen und eine akute Suizidalität diagnostiziert werden.

Es stellt sich deshalb die Frage: Hat Andreas L. das Flugzeug absichtlich an die Felswand gesteuert?

Anhand der vorhergehenden Überlegungen und aufgrund der zahlreichen Fakten kann die Frage, wer und was den Airbus A320 zum Absturz gebracht hat, wie folgt beantwortet werden:

> *Laut Aussagen der französischen Luftfahrtsermittlungsbehörde BEA brachte die Auswertung der zweiten Blackbox von Flug 4U9525 letzte Gewissheit:*
>
> *„Der Co-Pilot Andreas L. brachte den Airbus mit voller Absicht zum Absturz. Die Daten zeigen, dass L. den Autopiloten wiederholt manipuliert hatte, mit dem Resultat, dass die Geschwindigkeit im Sinkflug beschleunigt wurde." Neunundzwanzig Sekunden nachdem der Kapitän das Cockpit verlassen hatte, veränderte Andreas L. die Flughöhe von 38.000 Fuß auf 100 Fuß. Er reagierte nicht auf die besorgte Nachfrage der französischen Fluglotsen und öffnete nicht, als der Kapitän verzweifelt an die Cockpit-Türe pochte.*

Warum hat Andreas L. einhundertneunundvierzig Passagiere mit sich in den Tod gerissen? Warum hat er die Selbsttötung nicht allein inszeniert?

Selbstverständlich kann man nicht mit letzter Sicherheit angeben, warum er es gerade so getan hat. Man kann aber über seine Motive und seine letzten Absichten spekulieren:

> *Anscheinend überlegte sich Andreas L. schon lange, wie er sich umbringen könnte. Sechs Tage vor seinem Todesflug las er im Internet über „schnelle Tode" nach, informierte sich über den Preis und die Wirkung von „Zyankali" und stellte die Frage, was nach der Einnahme von Schlaftabletten wirklich geschehe.*
>
> *Er hatte möglicherweise die Befürchtung, dass ihm der Suizid nicht vollständig gelingen könnte. Deswegen recherchierte er weiter nach einem Formular für „Patientenverfügungen". Er wollte vermutlich nicht riskieren, einen Suizidversuch schwerstbehindert zu überleben. Deswegen traf er kurz vor seinem verhängnisvollen Flug die folgenschwere Entscheidung, das Flugzeug mitsamt seinen Passagieren abstürzen zu lassen.*

Man kann über seine Motive noch weiter nachdenken:

Was bedeutet es, wenn ein 27-jähriger, „narzisstisch strukturierter" Mensch erkennt, dass er wegen seiner Krankheit seine wichtigsten Lebensziele nicht wird erreichen können? Dann werden seine Aggressionen möglicherweise unermesslich, seine Wut unerbittlich und seine Vorgehensweise mörderisch sein.

Die Ermittler vermuten, dass Andreas L. den Airbus in einem persönlichen Verzweiflungsakt mit voller Absicht abstürzen ließ. Demnach mag er befürchtet haben, wegen seiner gesundheitlichen Probleme seine Zulassung als Flugzeugpilot endgültig zu verlieren.

Die Entscheidung, sich umzubringen, war vermutlich schon lange gefällt. Nur die Art und Weise der konkreten Durchführung schien ihm noch ungewiss.

Möglicherweise dachte er:

Warum soll ich alleine sterben? Warum sollten andere Menschen weiterleben dürfen, gesund und munter, mit tollen Berufen und eigenen Familien? Warum gerade ich?

Das ist doch ungerecht, dass ich leiden und ein so erbärmliches Leben führen muss. Deshalb will ich nicht alleine sterben, nicht so einsam und verlassen. Ich werde andere Menschen mit mir in den Tod nehmen. Dann werde ich nicht mehr alleine sein. In meinen letzten Lebenssekunden.

Ein letztes Mal werde ich etwas Außerordentliches tun. Dann werde ich doch noch berühmt werden, und alle Menschen werden an mich denken …

Das Beispiel Andreas L. unterstreicht die grenzenlose Wut und die unverfrorene Selbstbezogenheit von „narzisstisch" empfindenden Menschen.

Angesichts dieser Ereignisse stellt sich ein weiteres Mal die entscheidende Frage, wie ein „ich-strukturelles Defizit" beziehungsweise ein sogenanntes „Loch im Ich" verhindert werden könnte.

6.1.5 Wie kann ein „Loch im Ich" verhindert werden?

Eigentlich wurde diese Frage mit der Konstruktion der „Entwicklungsmatrix" ausreichend beantwortet. Die Ausführungen haben gezeigt, dass die vorgeburtliche Existenz, der Geburtsvorgang selber als auch die familiäre Einbettung während der frühesten Kindheit für die Entwicklung der psychischen Gesundheit von grundlegender Bedeutung sind.

Nach FRÖLICH-GILDHOFF (2014) ist neben den genetischen, epigenetischen beziehungsweise pränatalen Ausgangsbedingungen „das Erleben einer stabilen, wertschätzenden, liebevollen und Halt gebenden Beziehung während der frühesten Kindheit“ die wichtigste Voraussetzung für die Bildung der mentalen Widerstandskraft (Resilienz).

Was bedeutet das konkret?

Bei der Entwicklung der „ich-strukturellen Defizite“ spielen neben den bereits beschriebenen Einflussfaktoren die charakterliche und psychosoziale Reife der ganzen Familie eine entscheidende Rolle.

Das bedeutet, dass die „psychosoziale Reife“ des ganzen Umfeldes in Betracht gezogen werden muss. Dieses besteht aus komplex organisierten Sozialsystemen, die zum Teil unbewusst funktionieren und nur als ganzheitliche Systeme zu begreifen sind. Wie kann zum Beispiel ein einzelner Mensch, eine besorgte Mutter oder ein vielbeschäftigter Vater die komplex organisierte Umwelt kontrollieren können? Ein System, das zum Beispiel durch die Großeltern, Tanten und Onkel, durch weitere Anverwandte, durch andere Hausbewohner, durch die umgebende Nachbarschaft, die Arbeitgeber, die Lehrerinnen beziehungsweise Lehrer, die Freunde und Spielkameraden mitsamt deren Eltern charakterisiert ist.

Vielfach sind Menschen von ihrer Umgebung abhängig. Niemand ist in der Lage, vollkommen losgelöst von anderen Einflussfaktoren entscheidende Veränderungen herbeizuführen.

Trotz dieser Einwendungen sollen hier im Hinblick auf die Erziehung der Kinder einige grundsätzliche Gedanken angestellt werden:

Grundsätzlich ist es wichtig, dass bei Kindern neben der Vermittlung von emotionaler Geborgenheit und der existenziellen Akzeptanz in erster Linie die „zentralen Ich-Funktionen“ gestärkt werden. Das heißt, dass im Rahmen der Familie der Umgang mit „konstruktiver Aggression“, mit „Angst“, mit „Rivalität“, mit „sich selber“, mit „Abgrenzung nach Innen und Außen“, die Einübung von „Autonomie“ und die konstruktive Auseinandersetzung mit der eigenen „Person“ und letztlich der Umgang mit der „Ich-Funktion der Identität“ thematisiert werden. Das gleiche gilt für die „seelischen Funktionen“, zum Beispiel für die Bereitschaft „Verantwortung zu übernehmen“, ein „soziales Netzwerk aufzubauen“, „sich selber in Frage zu stellen“, „eigene Fehler einzugestehen“ und schließlich „angemessene Wiedergutmachung zu leisten“.

Jedes Kind möchte starke Eltern haben, an denen es sich orientieren kann. Starke Eltern sind die „gruppendynamischen Leiter“ der Familie. Frau Professor LEIBOVICI-MÜHLBERGER (2016) meint, dass Eltern „stark sein und die Führungsautorität behalten“ müssten. Das verpflichtet! Für die Kinder gibt es kaum etwas Schlimmeres, als „schwache“ Eltern zu haben.

Wie kann man aber „stark“ werden? Vermutlich ist mit dieser Frage und der Bereitschaft, sich selber in Frage zu stellen, schon das Wichtigste vollbracht.

Wenn es tatsächlich so ist, dass das „Loch im Ich“ beziehungsweise die entsprechenden verhaltenswirksamen „Ich-Struktur-Defizite“ für die Entwicklung des menschlichen Charakters so maßgebend sind, sollte man auch davon ausgehen können, dass es sich bei diesen Begriffen tatsächlich um wissenschaftlich fundierte und testpsychologisch erfassbare Phänomene handelt. Bildet die „ich-strukturelle Entwicklungsmatrix“ tatsächlich die konkrete Wirklichkeit ab? Und stellt das „Loch im Ich“ tatsächlich etwas Reales dar?

Um diese Fragen zu beantworten, werden im nachfolgenden Kapitel die Möglichkeiten, das „Loch im Ich“ wissenschaftlich zu erfassen, ausführlich diskutiert.

7 Wissenschaftlicher Nachweis des „Loch im Ich“

Handelt es sich beim sogenannten „Loch im Ich“ nur um eine mehr oder weniger fragwürdige Hypothese oder kann dieses „Phänomen“ auch testpsychologisch nachgewiesen werden?

Ein testpsychologischer Nachweis dieses Phänomens würde dem Begriff „Loch im Ich“ eine wissenschaftliche Basis verleihen.

7.1 Verhaltensbeobachtung

Die Frage nach der Nachweisbarkeit eines bestimmten Verhaltens kann auf verschiedene Arten beantwortet werden. Einerseits kann das Verhalten, wie es sich nach außen offenbart, mehr oder weniger systematisch beobachtet werden. Dabei könnten Beobachtungen der Lehrer, der Nachbarn, der Sporttrainer, der Arbeitgeber usw. herangezogen werden. Das bedeutet, dass verschiedene Verhaltens- oder Leistungsdaten in Verbindung mit speziellen Sozialisationsbedingungen beziehungsweise Krankheitsbildern einen konkreten Hinweis auf das Vorliegen eines „ich-strukturellen Defizits“ beziehungsweise eines „Loch im Ich“ ergeben könnten.

Es ist auch denkbar, dass Leumundszeugnisse oder Vorstrafenregister, verschiedene Krankenhausakten, Schul- und Arbeitszeugnisse, Leistungsblätter oder andere Informationen ausgewertet und zu den psychiatrischen Diagnosen in Beziehung gesetzt werden. Diese Informationen könnten gegebenenfalls kategorisiert werden und in Annäherung zu einem relativ guten Ergebnis führen. Anhand dessen könnte ein erster Standpunkt zum Phänomen „Loch im Ich“ gewonnen werden.

Diese Informationen würden aber wegen ihrer eher zufälligen Gewinnung und der unwissenschaftlichen Bearbeitung niemals genügen, um die Richtigkeit der gestellten Hypothesen zu bestätigen.

7.2 Projektive Darstellung der Persönlichkeit

Die projektiven Verfahren gehen von der Hypothese aus, dass die Menschen die Gestalt ihres „Ich“ spüren und nach außen projektiv abbilden können. Dabei ist dieses Abbilden in erster Linie ein intuitiver Vorgang und kann über das Zeichnen, Fantasieren oder Spielen geschehen. Viele Testverfahren, wie zum Beispiel der „Rorschach Test“, der „Baumtest“ und der „Scenotest“, beruhen auf diesem Prinzip.

Anhand der projektiven Verfahren können über verschiedene Begriffe, wie zum Beispiel die „Persönlichkeit als Ganzes“, der „Charakter“ oder die „Gestalt“ einer Person, über das „Ich“ beziehungsweise „Nicht-Ich“ oder speziell über die „Ich-Grenze“, mehr oder weniger differenzierte Aussagen gemacht werden. Dabei können diese Verfahren den Zugang zu übergreifenden Dimensionen eröffnen. Sie haben aber den entscheidenden Nachteil, dass sie den strengen wissenschaftlichen Anforderungskriterien kaum genügen können. Aus diesen Gründen kann man mit Hilfe der projektiven Verfahren zwar eine vielversprechende und nicht weniger aussagekräftige Annäherung an das Phänomen der menschlichen Persönlichkeit gewinnen. Man muss aber die Grenzen dieser Verfahren respektieren und die entsprechenden Ergebnisse mit anderen beziehungsweise wissenschaftlich besser abgesicherten Testverfahren ergänzen.

7.3 Fragebogen

Aus diesen Gründen stellt sich die Frage, wie entsprechende Daten wissenschaftlich gesichert, ökonomisch vertretbar und inhaltlich sinnvoll gewonnen werden könnten.

Man könnte zum Beispiel eine Testperson in eine ganz bestimmte Situation hineinführen, in der ein spezielles Verhalten, zum Beispiel ein Rollenspiel, eine Fantasie, eine Projektion oder eine ganz bestimmte Antwort provoziert werden. In sogenannten „Fragebögen“ werden die Testpersonen dazu aufgefordert, auf spezielle Fragen eine vorformulierte Antwort anzukreuzen. Das „Ankreuzen“ von unmissverständlichen Antworten führt zu eindeutigen Ergebnissen, die statistisch ausgewertet werden können. Bei diesem Verfahren, das sich in den Sozialwissenschaften allgemein durchgesetzt hat, handelt es sich um das sogenannte „Multiple Choice-“ beziehungsweise „Antwort-Wahl-Verfahren“.

Es gibt viele Tests, die auf dieser Methode beruhen und verschiedene menschliche Qualitäten erfassen. Es gibt Verfahren, mit denen zum Beispiel das Ausmaß der „Aggressivität“, der „Angst“, des „Narzissmus“, der „Depression“ usw. erfasst werden. Allein die „Testzentrale der Schweizer Psychologen“ hat über dreihundert Testverfahren im Angebot (HOGREFE-Testsystem HTS). Insofern können auch „ich-strukturelle Defizite“ in ausreichender Güte nachgewiesen werden.

Im Hinblick auf die vorliegenden Testdarstellungen sollen nun folgende Fragen beantwortet werden:

- *Erstens geht es um die Frage, ob ein „Loch im Ich“ oder entsprechende „ich-strukturelle Defizite“ als objektive Tatbestände tatsächlich nachgewiesen werden können.*
- *Zweitens soll das Ergebnis einen Hinweis darauf geben, welche konkreten Defizite gegebenenfalls korrigiert werden können.*
- *Drittens stellt sich die Frage, in welcher Form diese Korrekturen möglicherweise durchgeführt werden können.*

Die Erwartungen an ein entsprechendes Testverfahren sind deshalb hoch. Das Ergebnis muss inhaltlich überzeugen und gleichzeitig vorgegebenen wissenschaftlichen Kriterien genügen.

7.4 Gütekriterien

Aus diesen Gründen verlangt die wissenschaftlich orientierte Testtheorie (LIENERT, 1967), dass wissenschaftliche Testverfahren verschiedenen klar formulierten Anforderungskriterien genügen. Zu diesen Kriterien gehören unter anderen die „Objektivität“, die „Reliabilität“ und die „Validität“.

„Objektivität“ bedeutet, dass die Testauswertung vom jeweiligen Auswerter unabhängig ist. Das heißt, dass ein Erstauswerter und ein Zweitauswerter zum gleichen Ergebnis gelangen.

„Reliabilität“ verlangt, dass mehrere Testdurchgänge zu den gleichen Resultaten führen und „Validität“ bedeutet, dass der Test tatsächlich das misst, was er zu messen vorgibt. Die Überprüfung der „Validität“ erfolgt zum Beispiel durch Paralleltests oder durch ein qualifiziertes Expertenurteil.

Im Anschluss an diese Überlegungen werden hier verschiedene Testverfahren vorgestellt, die es unter anderem erlauben, das Phänomen „Loch im Ich“ auf verschiedenen Anforderungsstufen testpsychologisch zu erfassen.

Eigentlich braucht es für den Nachweis des Zusammenhangs zwischen bestimmten Krankheitsbildern und speziellen „ich-strukturellen Defiziten“ keine weiteren Untersuchungen. Dieser Zusammenhang ist im Rahmen zahlreicher psychologischer Testuntersuchungen zum Beispiel für die „Angst“, die „Aggression“, den „Autismus“, das „Selbstwertgefühl“, das „Gedächtnis“, die „Intelligenz“ usw. schon vielfach nachgewiesen worden.

Angesichts der riesigen Menge an psychologischen Testverfahren sollen deshalb nur solche Methoden herangezogen werden, die sich im Hinblick auf die Erfassung der strukturellen Ganzheit des Phänomens „Loch im Ich“ als vorteilhaft erwiesen haben.

Das „Loch im Ich“ ist durch seine ganzheitliche „Form“ charakterisiert. Deshalb werden hier gezielt Verfahren ausgewählt, die nicht nur den Nachweis einzelner „zentraler Ich-Funktionen“ erlauben, sondern gleichzeitig die Darstellung eines ganzen Bündels von „Ich-Funktionen“ oder eine zeichnerische Projektion der ganzheitlichen Gestalt des „Loch im Ich“ ermöglichen.

Obwohl diese Verfahren den wissenschaftlichen Gütekriterien nur in beschränktem Ausmaß genügen, sind sie in der Lage, eine „Ganzheit“ oder eine das Einzelergebnis übergreifenden ganzheitliche „Gestalt“ abzubilden.

7.5 Testpsychologische Erfassung des „Loch im Ich“

7.5.1 „Baumtest“

Als erstes soll hier auf den „Baumtest“ aufmerksam gemacht werden. Bei diesem Verfahren wird die Testperson aufgefordert, einen persönlichen „Lebensbaum“ zu zeichnen. Diese Zeichnung wird dann als projektive Darstellung der eigenen Persönlichkeit aufgefasst und entsprechend vorsichtig interpretiert.

Das nachfolgende Beispiel zeigt zwei Darstellungen, die als Interpretationsvorlagen dienen können:

Abb. 33: Zwei Beispiele von verschiedenen Baumzeichnungen

Abb. 33 zeigt zwei unterschiedliche Beispiele von Baumzeichnungen:

Beispiel links:
Die linke Zeichnung stellt die Zeichnung eines Kindes dar. Der Baum ist kaum verwurzelt und zeigt weder Äste noch Blätter.

Diese Zeichnung könnte wie folgt interpretiert werden:

Kinder sind in ihrer Umwelt noch wenig verankert. Sie sind von ihren Eltern abhängig und hängen in ihrer Persönlichkeitsentwicklung noch „in der Luft". Auch die „Ich-Strukturen" sind noch wenig differenziert. Trotzdem weist der „großzügig" gezeichnete Stamm und der Umriss der Baumkrone auf ein hohes Entwicklungspotential hin.

Beispiel rechts:
Das rechte Bild stellt die Zeichnung einer erwachsenen Person dar. Der Wurzelstock ist gut strukturiert und wächst zu einem kräftigen Stamm empor. Die Baumkrone weitet sich nach allen Seiten strahlenförmig aus. Zudem ist die Krone mit zahlreichen Blättern, aber nicht mit Früchten besetzt.

Interpretation:

Ein erwachsener Mensch ist in der Regel in seiner Familie, in der weiteren Verwandtschaft, im Berufsfeld, im Kollegen- beziehungsweise Freundeskreis fest verankert. Der massive Stamm deutet auf einen gefestigten Charakter und eine gereifte Persönlichkeit hin. Die wenigen Blätter und die fehlenden Früchte lassen aber vermuten, dass sich die Testperson im Rahmen von Beruf und Familie noch nicht voll entwickelt hat.

Abb. 34: Zeichnung einer mental gestörten Testperson

Das zweite Beispiel stammt von einer mental stark gestörten Testperson (**Abb. 34**). Der Baum steht etwas „schief in der Welt“, und die Krone des Baumes ist nur auf der rechten Seite mit Blättern besetzt. Die linke Seite des Baumes wirkt wie abgestorben.

Interpretation:

Das Testergebnis deutet auf eine mangelnde „ich-strukturelle“ Verwurzelung der Testperson hin. Vermutlich steht nicht nur der gezeichnete Baum etwas „schief in der Welt“, sondern die ganze Persönlichkeit. Möglicherweise handelt es sich um eine labile Persönlichkeit, die im Augenblick der Testuntersuchung „gerade am Umkippen“ beziehungsweise psychisch gefährdet war.

Die eine Seite des Baumes, möglicherweise die sogenannte „Handlungsseite“, ist relativ gut entwickelt. Vielleicht handelt es sich um eine handwerklich beziehungsweise praktisch gut begabte Person. Im Gegensatz dazu zeigt die sogenannte „Gefühlsseite“ eine karge Strukturierung. Möglicherweise ist die Testperson in einer wenig einfühlsamen Familie aufgewachsen und konnte deshalb ihre Gefühle nicht voll entwickeln.

Beim „Baumtest“ handelt es sich um einen „projektiven Persönlichkeitstest“. „Projektive Tests“ können aber nur einen vagen Hinweis auf die real vorhandenen „Ich-Strukturen“ geben. Den strengen Ansprüchen der wissenschaftlichen Testtheorie kann dieser Test nicht genügen. Trotzdem lässt die Zeichnung in **Abb. 34** ein mentales Defizit vermuten.

Der „Baumtest“ zeigt noch ein weiteres wichtiges Phänomen, das hier von besonderem Interesse ist:

Die Gestalt des Baumes gleicht – abgesehen vom breiten Wurzelstock – einer auf den Kopf gestellten Pyramide. Sie erinnert an die Gestalt der „Entwicklungsmatrix“ und lässt damit einen nicht zu übersehenden phänomenologischen Zusammenhang mit einem „dynamisch gewachsenen Entwicklungsprozess“ erahnen.

7.5.2 „Scenotest“ von Geshild von Staabs

Auch beim „Scenotest“ handelt es sich um ein „projektives Verfahren“, das den wissenschaftlichen Ansprüche kaum genügen kann.

Bei diesem Test sollen sich die Testpersonen anhand eines standardisierten Spielkastens mit zahlreichen „vermenschlichten“ Spielfiguren, Pflanzen, Gegenständen des täglichen Lebens und Bauklötzchen auseinandersetzen.

In der Regel stellen die Versuchspersonen, in erster Linie die Kinder, spielerisch und unbewusst ihre persönliche „Lebensgeschichte“ dar, wobei sie symbolisch auch die Stärken und Schwächen der zwischenmenschlichen Beziehungen zum Ausdruck bringen.

Erstes Beispiel:

Abb. 35 zeigt mehrere menschliche Spielfiguren, die sich im Zentrum des Spielfeldes befinden. Auf der rechten Seite steht ein kleines Wäldchen, in dem sich verschiedene Tiere aufhalten. Ein Sonnenschirm schützt die Erwachsenen vor der Sonneneinstrahlung. Ein einzelner Mann reitet auf einer Kuh, und die Großmutter sitzt isoliert in einer Ecke. Im Vordergrund befindet sich ein Kinderwagen. Das Kleinkind liegt auf einer blauen Matte und das Mädchen sitzt auf einer grünen Platte. In der linken oberen Ecke befindet sich ein von blauen Spielklötzchen eingezäuntes Krokodil.

Abb. 35: Beispiel für das Ergebnis einer „normal-strukturierten“ Testperson

Im Interview gibt die Testperson folgende Erklärung ab:

> *Die Familie befindet sich in freier Natur. Es gibt ein kleines Wäldchen, in dem sich Tiere befinden. Das gefährliche Tier ist eingezäunt. Die Ente schaut neugierig über den Zaun. Ihr passiert nichts. Die Großmutter schaut zu den Kindern.*
>
> *Auf der Milchkuh sitzt ein gut angezogener „Banker“. Das ist ein „Gag“ und bedeutet im Gegensatz zur dargestellten „heilen Welt“ auch etwas „Aufmüpfiges“.*

Interpretation:

Abb. 35 zeigt eine lebhafte Darstellung einer differenziert komponierten „Familienidylle“ mit Vater, Mutter, Oma und mehreren Kindern. Es ist deutlich zu erkennen, dass die Familienmitglieder miteinander kommunizieren und dass sie untereinander in Beziehung stehen. Nur die „Großmutter“ sitzt etwas abseits und ist nicht in das Familiengeschehen einbezogen.

Die menschlichen Figuren stehen im Zentrum der Spielanlage und unterstreichen die Wichtigkeit des familiären Zusammenlebens.

Das Krokodil, das möglicherweise die „Aggression“ der Testperson repräsentiert, ist zwar vorhanden, ist aber gut abgesichert hinter einer markanten Abzäunung gefangen. Die Aggression ist unter Kontrolle. Der Mann, der auf der Kuh reitet, genießt eine Sonderrolle. Die Szene unterstreicht Witz und Kreativität, gibt aber der Szene zusätzlich eine rebellische Note. Das unterstreicht die Bereitschaft, sich auch (konstruktiv) aggressiv mit der Umgebung auseinanderzusetzen.

Zweites Beispiel:
Die Spielanlage in **Abb. 36** zeigt zwei mit Klötzchen gebaute Ringstrukturen. Die Zwischenräume dienen als Verkehrsadern für die Eisenbahn und für ein Automobil. Im Zentrum der inneren Ringstruktur steht eine Tanne. Außerhalb der Ringe befinden sich verschiedene Tiere. Das Schweinchen steht in einem abgegrenzten Bereich. Auf dem ganzen Tableau sind keine menschlichen Figuren zu sehen.

Abb. 36: Beispiel für eine „defizitär-strukturierte" „Scenotest"-Spielanlage

Interpretation:
Die „ich-strukturellen Defizite" sind in der Spielanlage deutlich zu erkennen (**Abb. 36**). Die „Ich-Grenze" wird in der Regel durch das Aneinanderreihen von Klötzchen symbolisiert. Lücken in der Abgrenzung weisen auf Lücken in der „Ich-Funktion der Abgrenzung" hin. Leerstellen oder wenig strukturierte Stellen in der Spielanlage weisen auf entsprechende „ich-strukturelle Defizite" in der Gesamtpersönlichkeit hin. Das Schwein, das möglicherweise für „Unreinheit" oder „Sexualität" steht, ist eingezäunt, was eine Hemmung der „Ich-Funktion der Sexualität" bedeuten könnte.

Die wenigen beziehungsweise fehlenden „menschlichen" Figuren könnten unter anderem ein Defizit in den Objektbeziehungen und in der menschlichen Kommunikation signalisieren.

7.5.3 „Ich-Gestalt-Test" nach Oehler (IGTO)

Das dritte Testbeispiel bezieht sich auf eine eigene Testentwicklung (OEHLER, 2001). Dieser Test baut auf der Hypothese auf, dass die Menschen ihre „Ich-Grenze" spüren und zeichnerisch projektiv darstellen können. Auf die Bedeutung der „Ich-Grenze" und dem damit verbundenen „Ich-Gefühl" hatte schon der Wiener Arzt Paul FEDERN (1978) hingewiesen.

Die erste Aufgabe der Testbearbeitung besteht darin, mittels eines Zeichenstifts die eigene „Ich-Grenze" auf ein Blatt Papier, das den eigenen Lebensraum darstellt, zu zeichnen (**Abb. 37**). Dabei kann die „Ich-Figur" frei gewählt werden. Als Hilfestellung dienen verschiedene zeichnerische Vorlagen, zum Beispiel ein „Kreis", eine „Acht", ein „Dreieck", ein „Viereck", ein „Strichmännchen", ein „S-Figur", ein einzelner „Strich" u. a. m.

Abb. 37: Testblatt des „Ich-Gestalt-Tests" (IGTO) mit gezeichneter „Ich-Grenze"

In der Regel werden „normal-gesunde“ Testpersonen eher „kreisartig geschlossene“ „Ich-Figuren“ zeichnen, während depressiv reagierende Personen eher „starr-geometrische“, psychosomatisch reagierende Personen eher „konkretistisch-figürliche“, psychotisch reagierende Personen eher „unregelmäßig-offene“ und drogenabhängige Testpersonen eher „uneinheitlich-chaotische“ „Figuren“ zeichnen (OEHLER, 2001).

Im Rahmen der zweiten Aufgabe müssen siebenundsechzig kleine Symbolbildchen (**Abb. 38**), die Bezugspersonen, Tiere, Gefühle, Interessen, Tätigkeiten, Gegenstände und Lebenssituationen darstellen, in den Innenraum der gezeichneten „Ich-Figur“, ins sogenannte „Ich“, auf die „Ich-Grenze“ oder ins sogenannte „Nicht-Ich“ geklebt werden. Die Inhalte der Symbolbilder orientieren sich an den Persönlichkeitsfaktoren des „16-PF“ (Schneewind u. a. 1984). Klebeetiketten, die aus unterschiedlichen Gründen nicht gewählt werden, werden in das sogenannte „Restfeld“ abgelegt.

Abb. 38: Klebeetiketten zum „Ich-Gestalt-Test“ (IGTO)

Im Rahmen der dritten Aufgabe werden die Bedeutungen der Bildsymbole zu den einzelnen Bildsymbolen hinzugeschrieben.

Das erste Beispiel (**Abb. 39**) zeigt das Ergebnis einer Testperson mit geschlossener „Ich-Grenze“ und differenziert hingeklebten Bildsymbolen.

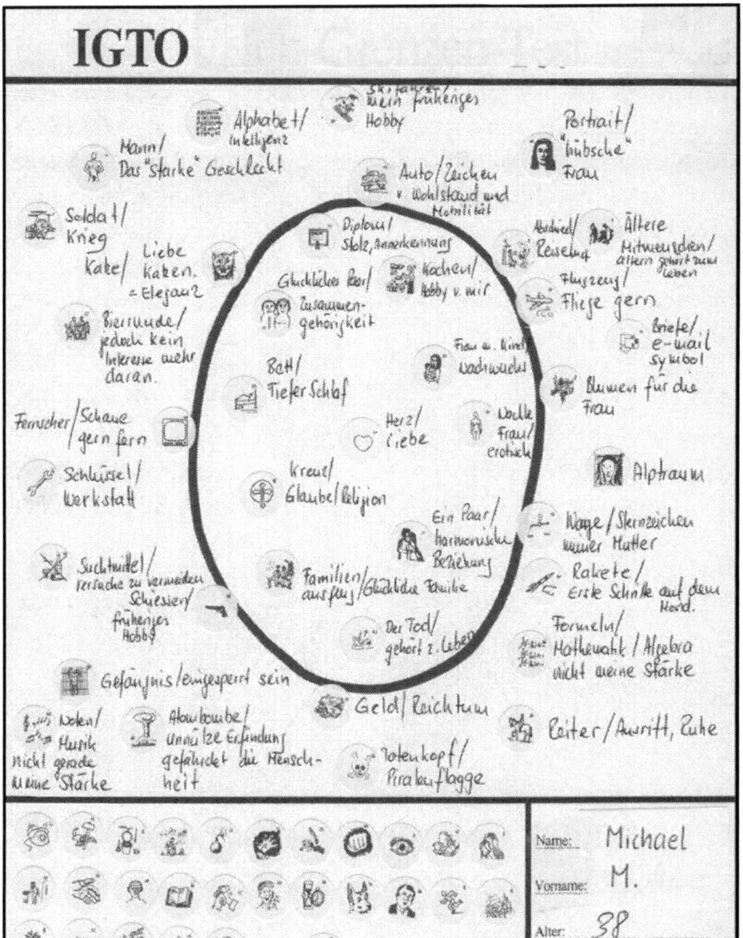

Abb. 39: Testergebnis von Michael M., Elektromechaniker, 38 Jahre alt

Symbolisch f. Ungelebtes Leben

Die Testperson zeichnet ins Zentrum des Testblattes eine geschlossene ovale Grenzlinie. In den „Innenraum" werden 15%, auf die „Grenze" selber 15%, in das „Umfeld" 27% und in das „Restfeld" 43% der Bildsymbole geklebt.

Interpretation:
Die geschlossene Grenzlinie bedeutet eine relativ gute Entwicklung der „Ich-Funktion der Abgrenzung".

Die nahezu gleichmäßige Verteilung der Bildsymbole weist auf eine relativ ausgeglichene, das heißt, „runde" Persönlichkeit hin. Die Mehrheit der Bilder befindet sich im sogenannten „Restfeld", das ein „ungelebtes Leben" bedeutet.

Das Testergebnis bestätigt, dass sich Michael M. mit relativ wenigen „Objekten" identifizieren kann. Er ist trotz vieler Sozialkontakte innerlich einsam geblieben. Zu den verinnerlichten Objekten gehören Symbole, die menschliche Beziehungen und starke Gefühle darstellen. Michael M. klebt zum Beispiel die Symbole für die „Liebe", den „Tod", den „beruflichen Erfolg" und für die „Sexualität" ins Innere der „Figur" hinein.

Das Testergebnis als Ganzes zeigt trotz seines wenig strukturierten „Innenlebens" ein relativ entwicklungsfähiges Bild. Tatsächlich begab sich Michael M. später in psychotherapeutische Behandlung, in deren Rahmen er seine Handlungsweise reflektieren und einige seiner „ich-strukturellen Mängel" erfolgreich korrigieren konnte.

Das zweite Beispiel (**Abb. 40**) zeigt das Ergebnis einer Person mit großen „ich-strukturellen" Defiziten (Frühfassung des IGTO).

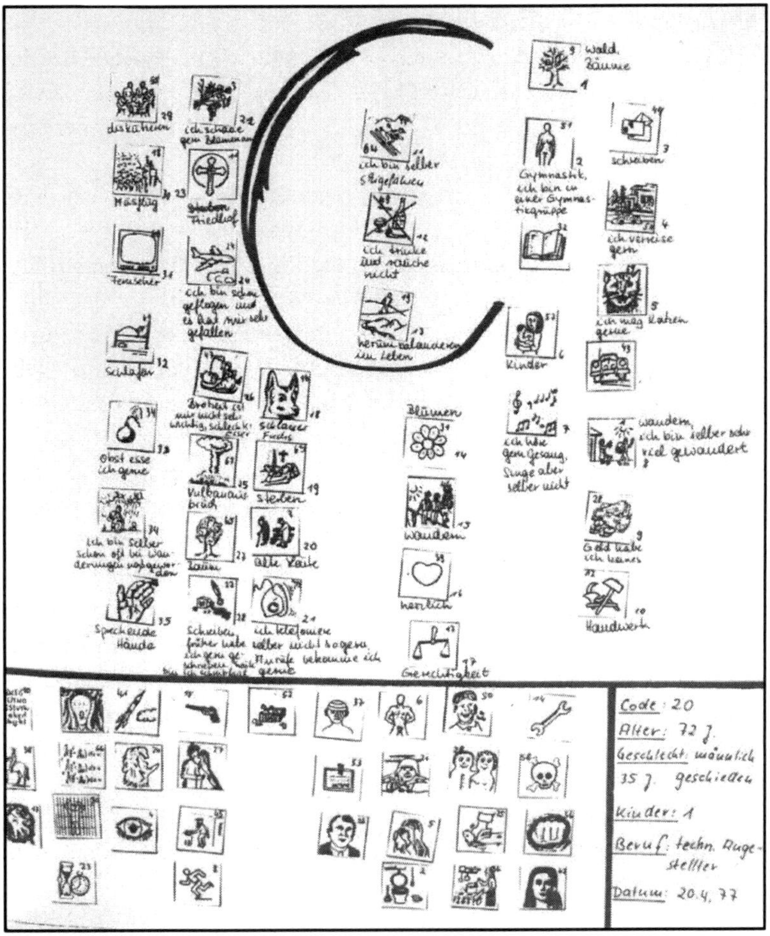

Abb. 40: Testergebnis einer Person mit einem großen „Ich-Struktur-Defizit“ (Frühfassung des Bildmaterials)

Abb. 40 zeigt eine offene „Ich-Grenze“. Nur 5% der Bildsymbole sind im „Innenraum“ angeordnet. 50% der Bildsymbole kleben im „Umfeld“ und 45% im sogenannten „Restfeld“. Die Bildsymbole „konstruktive“ bzw. „destruktive Aggression“ wurden entweder ins „Umfeld“ oder ins sogenannte „Restfeld“ geklebt.

Die Bildchen im sogenannten „Nicht-Ich“ zeigen eine auffällige Tendenz zur Systematisierung.

Interpretation:
Anscheinend konnte die Testperson nur wenige Objekte in ihr „Ich" integrieren. Sie spürt vermutlich, dass sich das Leben weniger in der Beziehung zu ihr selbst, sondern eher „um sie herum" abspielt. Das Restfeld repräsentiert das verdrängte beziehungsweise „ungelebte" Leben.

Die Tendenz zu einer systematischen Anordnung könnte auf eine zwanghaft-neurotische „Persönlichkeits-Störung" hinweisen. Die Testperson scheint mit dieser Systematisierung das „ich-strukturelle Chaos" zwanghaft kontrollieren zu wollen.

Die offene „Ich-Grenze" deutet auf ein großes strukturelles Defizit in der „Ich-Funktion der Abgrenzung" hin und unterstreicht den Mangel an „Ich-Identität" beziehungsweise „Ich-Integration". Insgesamt handelt es sich bei dieser Person um eine psychisch stark gefährdete Persönlichkeit, bei der jederzeit mit einer psychotischen Reaktion gerechnet werden muss. Letztere Annahme wird durch das Symbolbild „Seiltanz" im „Innenraum" noch unterstützt.

Bei den bis jetzt vorgestellten Testverfahren handelt es sich ausnahmslos um „projektive" beziehungsweise teilquantifizierte (IGTO) Verfahren, die im Hinblick auf ihre Aussagekraft und Interpretationsmöglichkeiten ein großes Unsicherheitspotential beinhalten. Sie können deshalb nur in beschränktem Umfang oder in Kombination mit standardisierten beziehungsweise statistisch gesicherten Verfahren angewendet werden.

Aus diesen Gründen wird nachfolgend ein statistisch gesichertes Verfahren vorgestellt. Dieses bezieht sich auf den „Ich-Struktur-Test" von Günter Ammon (ISTA) (AMMON, 1989).

7.5.4 „Ich-Struktur-Test" von Günter Ammon (ISTA)

In diesem Test müssen 213 Fragen zur Persönlichkeit mit „stimmt", „Fragezeichen" oder „stimmt nicht" beantwortet werden, die anschließend im Hinblick auf die nachfolgend aufgeführten zentralen „Ich-Funktionen" statistisch ausgewertet werden.

Der Test erfasst folgende Persönlichkeitsfaktoren:

- *„Ich-Funktion" der Aggression:*
  „konstruktive Aggression", „destruktive Aggression" und „defizitäre Aggression"
- *„Ich-Funktion" der Angst:*
  „konstruktive Angst", „destruktive Angst" und „defizitäre Angst"

- *„Ich-Funktion" der Abgrenzung:*
  „Abgrenzung nach Innen" und „Abgrenzung nach Außen"
- *„Ich-Funktion" des Narzissmus:*
  „konstruktiver Narzissmus", „destruktiver Narzissmus" und „defizitärer Narzissmus"
- *„Ich-Funktion" der Sexualität:*
  „konstruktive Sexualität", „destruktive Sexualität" und „defizitäre Sexualität"

Folgende Fragen müssen zum Beispiel mit „stimmt", „Fragezeichen" oder „stimmt nicht" beantwortet werden:

- *„Ich erzähle gerne anderen von meiner Arbeit."*
  Wer diesem Item zustimmt, hat vermutlich einen hohen Wert auf der Skala „konstruktiver Narzissmus" beziehungsweise „Selbstwertgefühl".
- *„Wenn mir der Kellner kaltes Essen bringt, lasse ich es zurückgehen."*
  Die Zustimmung weist auf eine Testperson hin, die einen hohen Wert auf der Skala „konstruktive Aggression" zeigt.
- *„Ich werde manchmal so wütend, dass ich etwas zerschlage."*
  Dieses Item weist auf geringe „Frustrationsregulation" und hohe „destruktive Aggression" hin.
- *„Wenn mich jemand enttäuscht, ziehe ich mich zurück."*
  Dieses Item bezieht sich auf eine geringe „Frustrationsregulation" und zusätzlich auf einen hohen Wert bei der „defizitären Aggression".
- *„Ich liebe das Spiel mit der Gefahr."*
  Diesem Item wird eher von Testpersonen zugestimmt, die einen hohen Wert auf der Skala „destruktive Angst" zeigen.
- *„Ich kann Meinungsverschiedenheiten nicht vertragen."*
  Testpersonen, die diesem Item zustimmen, haben einen geringen Wert in der „Frustrationsregulation" und in der „Gruppenfähigkeit".
- *„Ich habe oft das Gefühl, dass andere Leute erraten, was ich denke."*
  Die Zustimmung zu diesem Item weist auf eine geringe „Abgrenzung nach außen" hin.

Abb. 41 zeigt beispielhaft die „Ich-Struktur" einer „normalen" Persönlichkeit:

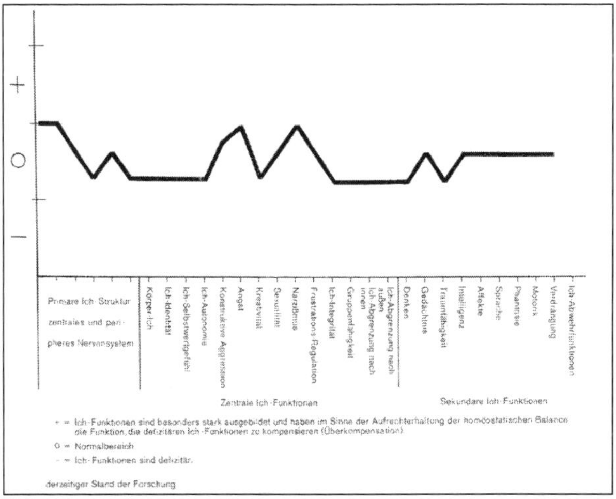

Abb. 41: Darstellung der „Ich-Struktur" einer „normal-gesunden" Persönlichkeit (aus AMMON, 1989).

Zu den *„primären Ich-Funktionen"* zählen die erbgenetische Entwicklung des Körpers einschließlich der Bewegungsorgane und des zentralen beziehungsweise peripheren Nervensystems.

Zu den *„zentralen Ich-Funktionen"* werden die Fähigkeiten gerechnet, die im Rahmen der Gruppendynamik der Familiengruppe als auch den umgebenden Sozialstrukturen erworben werden. Sie sind für die Bewältigung des Alltagslebens von großer Bedeutung.

Zu den *„sekundären Ich-Funktionen"* zählen die mentalen Fähigkeiten, zum Beispiel das Denken, das Gedächtnis, die Intelligenz und die Kulturtechniken wie Lesen, Schreiben und Rechnen.

Neben den zentralen Ich-Funktionen könnten auch „seelische Strukturen" definiert werden (OEHLER, 2005). Zu diesen zählen zum Beispiel die „Liebesfähigkeit", die „Bindungsfähigkeit", die „Kommunikationsfähigkeit", die „Verantwortungsbereitschaft", die „Motivation zum Leben" usw.

Sowohl die *„primären", „sekundären"* als auch die *„zentralen Ich-Funktionen"* sind relativ gut entwickelt und liegen innerhalb des definierten Toleranzbereichs.

Das zweite Beispiel (**Abb. 42**) zeigt die defizitäre „Ich-Struktur" einer sogenannten „Borderline-Persönlichkeit" mit einem sogenannten „Loch im Ich".

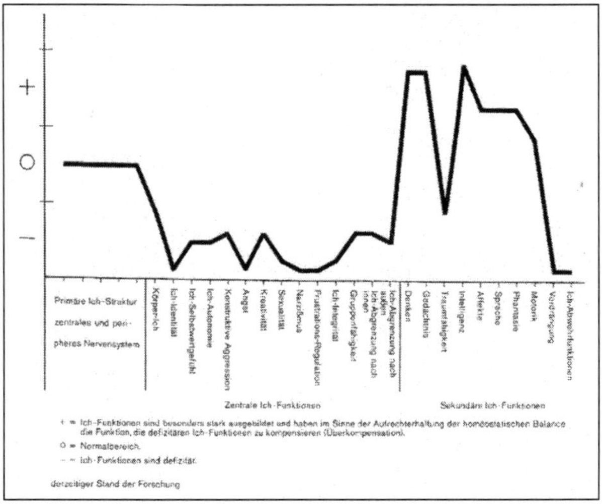

Abb. 42: Darstellung der „Ich-Struktur" einer „Borderline-Persönlichkeit" mit einem sogenannten „Loch im Ich" in den „zentralen Ich-Funktionen"

Abb. 43 zeigt eine normale Entwicklung in den *„primären Ich-Funktionen"*, ein großes Defizit in den *„zentralen Ich-Funktionen"* und eine strukturelle „Überkompensation" in den *„sekundären Ich-Funktionen"*. Das Defizit in den *„zentralen Ich-Funktionen"* könnte einem sogenannten „Loch im Ich" entsprechen.

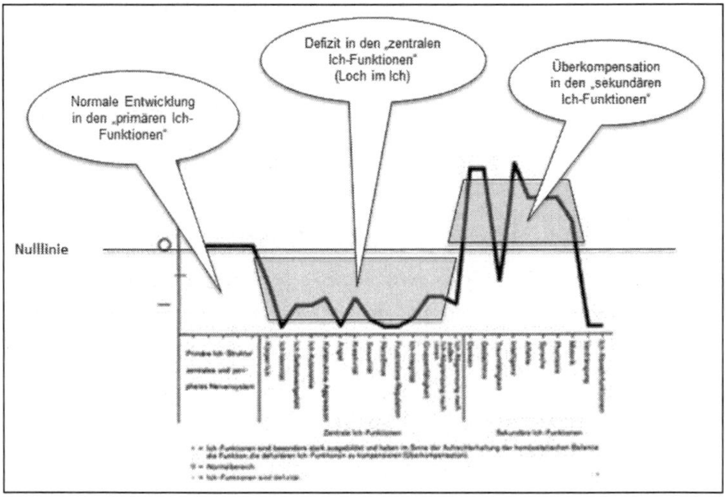

Abb. 43: Grafische Darstellung eines sogenannten „Loch im Ich"

Das Phänomen der Überkompensation in den „sekundären Ich-Funktionen“ ist vor allem für das Krankheitsbild des „Borderline-Syndroms“ charakteristisch (siehe auch Seite 55 und **Anhang C**).

Möglicherweise handelt es sich bei diesem Beispiel um einen Menschen, der im Bereich der „sekundären Ich-Funktionen“ hervorragende Leistungen erzielt, in der zwischenmenschlichen Beziehung aber vollkommen versagt. Er mag zwar ein hervorragender Professor, Politiker, Manager oder Kunstmaler sein. Nicht selten ist es aber seine Familie, die unter den „ich-strukturellen“ Mängeln leidet und schließlich daran zerbricht. Die Symptomträger der defizitären Familiendynamik sind meistens die Kinder.

Die Darstellung der verschiedenen Testverfahren zeigt, dass es durchaus Möglichkeiten gibt, „ich-strukturelle Defizite“, die im Rahmen einer unbefriedigenden Sozialisation erworben wurden, testpsychologisch zu erfassen. Damit eröffnet sich im Hinblick auf Diagnostik und Therapie ein weites Spektrum an praktischen und theoretischen Anwendungsmöglichkeiten:

- *Erstens können bestehende Tests angewendet oder neue Testverfahren entwickelt werden, die es ermöglichen, früh in der Kindheit entstandene „ich-strukturelle Mängel“ testmäßig differenziert zu erfassen und für therapeutische Anliegen nutzbar zu machen.*
- *Zweitens können im Hinblick auf das „Predictive Policing“ für die Prognose von abweichendem Sozialverhalten ganz gezielt wertvolle Daten gewonnen werden.*
- *Drittens lässt sich anhand der differenzierten Erfassung der wichtigsten „Ich-Funktionen“ die Voraussetzung für eine gezielte „ich-strukturelle Korrektur“ gewinnen (siehe Kapitel „Ich-strukturelles Arbeiten als therapeutisches Arbeitsprinzip“).*

Anhand der vorgestellten Testverfahren konnte der Nachweis erbracht werden, dass es sich beim Begriff „Loch im Ich“ nicht nur um eine psychologisch interessante Arbeitshypothese handelt, sondern um ein wichtiges und wissenschaftlich fundiertes Denk- und Arbeitsmodell.

7.6 Weiterführende wissenschaftliche Untersuchungen

Wie oben erwähnt, kann das „Loch im Ich“ in der Regel nicht als einheitliche Gestalt aufgefasst werden. Das „Loch im Ich“ in der einheitlichen Gestalt gibt es kaum. Der Begriff „Loch im Ich“ steht als Symbol für eine Vielzahl von kleineren „ich-strukturellen Defiziten“. Es ist aber möglich und wurde oben bestätigt, dass man die einzelnen „ich-strukturellen Defizite“ anhand zahlreicher Persönlichkeitstests wissenschaftlich nachweisen kann.

Im Anhang sollen zum Begriff „Loch im Ich“ weitere wissenschaftlich fundierte Untersuchungsergebnisse vorgestellt werden, die das Vorhandensein von „ich-strukturellen Defiziten“ bei verschiedenen Testgruppen signifikant bis hochsignifikant bestätigen [siehe **Anhang E**]. Dabei zeigen die Untersuchungen von PFAMMATTER (1990) anhand von 161 Versuchspersonen und eigene Untersuchungen (OEHLER, 2001) anhand von 660 Versuchspersonen, dass in den Testgruppen „schizophrene Erwachsene“ und „verwahrloste Jugendliche“ (PFAMMATTER, 1990) beziehungsweise in den Testgruppen „Lernbehinderte“, „Legastheniker“, „Rechenschwache“, „Sprachgestörte“, „Kriminelle“, „Psychosomatiker“, „Depressive“, „Schizophrene“ und „Drogenabhängige“ (OEHLER, 2001) signifikant bis hochsignifikant mehr „ich-strukturelle Defizite“ im sogenannten „Innenraum“ der IGTO-Testergebnisse nachgewiesen werden konnten als bei entsprechenden (unauffälligen) Kontrollgruppen.

8 Wie geht der Mensch mit seinem „Loch im Ich“ um?

Die bisherigen Ausführungen haben gezeigt, dass viele Menschen unglücklich und unzufrieden sind, und dass dieses Unglücklichsein in der Regel die Folge von unbewussten „ich-strukturellen“ Mängeln ist. Die Beeinträchtigungen werden aber kaum als eigenes Gebrechen wahrgenommen. Meistens werden die Leiden beschönigt, abgewehrt, vertuscht oder die Schuld daran anderen Menschen in die Schuhe geschoben.

Die Menschen wollen nicht leiden. Sie brauchen deshalb Abwehrmechanismen, die es ihnen erlauben, in einer komplexen Umwelt zu überleben. Sie wehren sich gegen ihr Leiden. Sie wollen nicht unglücklich und unzufrieden sein. Das bringt sie in ein Dilemma:

> *„Ich leide und fühle mich unglücklich. Ich möchte aber nicht leiden und nicht unglücklich sein!“*

Wie löst man dieses Dilemma?

Im Hinblick auf den Umgang mit dem eigenen „Loch im Ich“ werden in den nachfolgenden Kapiteln drei Verhaltensstrategien vorgestellt:

1. Die mehr oder weniger erfolgreichen Bemühungen, die Wahrnehmung des „Loch im Ich“ zu vermeiden, abzuwehren beziehungsweise zu verdrängen.

2. Die weniger erfolgreichen Bemühungen, das „Loch im Ich“ mit Ersatzstrukturen zu füllen.

3. Der etwas mühsamere, aber nachhaltigere Weg, das „Loch im Ich“ zu rekonstruieren.

8.1 Die mehr oder weniger erfolgreichen Bemühungen, die Wahrnehmung des „Loch im Ich“ zu vermeiden, abzuwehren beziehungsweise zu verdrängen

Im Folgenden werden mehrere Vermeidungs- beziehungsweise Abwehrstrategien vorgestellt:

8.1.1 Vermeidung

Verständlicherweise reagieren nicht alle Menschen gleichermaßen auf bedrohliche Inhalte. Unangenehme Empfindungen, die zum Beispiel durch ein „Loch im Ich“ verursacht werden, können auf vielfältige Weise abgewehrt werden.

> *SCOTT (1956) hat in seinen Untersuchungen zum Vermeidungsverhalten bei Konfrontation mit bedrohlichen Inhalten seine Versuchspersonen in zwei Gruppen eingeteilt, in sogenannte „Vermeider“ beziehungsweise „Nichtvermeider“. Die „Vermeider“ neigten dazu, bedrohliche Inhalte in ihrer Fantasie zu verleugnen, umzudeuten, zu beschönigen oder abzuwehren. Bei seinen Untersuchungen wurden 17% der Versuchspersonen der Gruppe der „Vermeider“ zugezählt, während in eigenen Untersuchungen (OEHLER, 1975) bis zu 43% der Testpersonen als „Vermeider“ eingestuft werden mussten.*

Der Unterschied in den Untersuchungsergebnissen wurde auf die Intensität der Konfrontation mit bedrohlichen Inhalten zurückgeführt. Das bedeutet, dass das „Vermeidungsverhalten“ umso stärker ausgeprägt ist, je stärker die Bedrohungen von den Testpersonen erlebt werden.

Das ist nicht erstaunlich. Umso erstaunlicher ist aber, dass es überhaupt möglich ist, Menschen in sogenannte „Vermeider“ beziehungsweise „Nichtvermeider“ einzustufen, und dass diese Einteilung vermutlich mit der Größe der verborgenen „ich-strukturellen Mängeln“ zusammenhängt. Je größer die Defizite entwickelt sind, desto weniger stehen „ich-strukturelle“ Instrumente zur Verfügung, um mit bedrohlichen Inhalten adäquat umzugehen.

8.1.2 Verleugnung

Bei der „Verleugnung“ wird das Vorliegen eines mentalen Defizits bestritten. Auf Nachfrage lautet die Antwort: „Ich habe keine Probleme.“

Der Co-Pilot L. musste seine Pilotenausbildung wegen eines angeblichen „Burnouts" für sechs Monate unterbrechen. Obwohl eine „schwere depressive Episode" und eine „Selbstmordgefährdung" diagnostiziert wurden, konnte er seine Ausbildung nach wenigen Wochen fortsetzen. Beim Wiedereinstieg bescheinigte man ihm eine „100-prozentige Flugtauglichkeit, ohne Einschränkungen und Auflagen".

Auch die ehemalige Freundin von Andreas L. erhärtete den Verdacht auf eine schwere „narzisstische Störung". Die 25-jährige Stewardess schilderte ihre Angst vor Andreas L., „der regelmäßig ausrastete, nach außen jedoch einen makellosen Eindruck" hinterließ.

Laut Aussagen von Psychologen, Psychiatern und eines Flugkapitäns würden „Depressionen, Alkoholprobleme, chronische Müdigkeit und Überarbeitung" von Piloten regelmäßig totgeschwiegen. Einen offenen Umgang mit psychischen Krankheiten gibt es nicht. Stattdessen herrsche ein Klima von Verdrängung und Karriereangst.

Sowohl „Depressionen" als auch eine akute „Suizidalität" können, wie oben angedeutet, auf verborgene „ich-strukturelle Mängel" hinweisen. Es ist deshalb eine Illusion zu glauben, dass eine vollständige Genesung in wenigen Wochen möglich sei. Solche Defizite sind in der Regel in den „Ich-Strukturen" tief verankert und können nicht einfach eliminiert werden. Im Gegenteil. Die „ich-strukturellen Defizite" können gegebenenfalls nur im Rahmen eines länger andauernden Rekonstruktionsprozesses korrigiert werden. Aus diesen Gründen muss angenommen werden, dass die Ermöglichung der Wiederaufnahme der Pilotenausbildung von Andreas L. auf einem unbewussten, möglicherweise gar fahrlässigen „Nicht-wahr-haben-Wollen" beruhte.

8.1.3 Verschiebung

Bei der „Verschiebung" werden die Probleme auf andere Umstände verschoben. Die Antwort lautet dann: „Die Probleme liegen anderswo."

Eine ähnliche Technik, mit dem „Loch im Ich" umzugehen, besteht in der Möglichkeit, andere Menschen für das eigene Unglück verantwortlich zu machen. Das bedeutet: „Andere Menschen sind für mein Unglück verantwortlich."

Der Mechanismus der „Verschiebung" konnte im Fallbeispiel „Judith" deutlich beobachtet werden. Auch sie verstand es vorzüglich, von ihren Defiziten abzulenken und ihr verstecktes Leid mit perfider Konsequenz an ihre Arbeitskolleginnen zu delegieren. „Narzisstische“ Menschen tragen niemals eigene Schuld! Schuld sind immer die anderen.

8.1.4 Verdrängung

Bei der Verdrängung werden die mentalen Schmerzen weder bewältigt noch auf andere Menschen übertragen. Sie werden einfach vergessen.

Zu diesem Mechanismus gehören auch die Möglichkeiten, die schmerzlichen Empfindungen durch Alkohol, Drogen oder übermäßigem Essen zu bekämpfen.

8.1.5 Die Flucht aus dem Leben

Man kann auch mit dem „Loch im Ich“ umgehen, ohne es verdrängen oder korrigieren zu wollen. Das bedeutet, dass man den Herausforderungen, denen man sich nicht gewachsen fühlt, einfach aus dem Wege geht. Das heißt, dass sich die Menschen aus einem anforderungsreichen Leben in einer komplizierten Umwelt zurückziehen.

Beispiele für solche Strategie stellen Einsiedler, Asketen, möglicherweise auch Mönche oder Nonnen dar. Obwohl letztere für die Gesellschaft wichtige Leistungen erbringen, verzichten sie auf ein unabhängiges Leben in einer komplizierten Gesellschaft und ziehen sich in eine mehr oder weniger gesicherte „Lebensnische“ zurück.

8.2 Die weniger erfolgreichen Bemühungen, das „Loch im Ich“ mit Ersatzstrukturen zu füllen

8.2.1 „Loch im Ich“ mit Hilfsstrukturen füllen

Was bedeutet der Begriff „Loch im Ich“? Er bedeutet, dass im „Ich“ gewisse Strukturen fehlen, die eigentlich notwendig wären, um den Aufgaben eines anforderungsreichen Lebens zu genügen.

Die Defizite in den „Ich-Strukturen“ vermindern das Wahrnehmungs- und Beurteilungsvermögen, das Orientierungsvermögen in der Umwelt und beeinträchtigen die allgemeine Handlungskompetenz. Sie vergrößern die Konflikte sowohl im Beruf als auch in den zwischenmenschlichen Beziehungen und vermindern die Fähigkeit einer Person, die Probleme situationsgerecht zu lösen.

Das Fehlen dieser Fähigkeit kann ausgeglichen werden, indem man den Mangel an Handlungskompetenz mit „Ersatzstrukturen“ kompensiert.

Nach Aussagen eines Psychologen fühlt sich ein „narzisstisch strukturierter" Mensch wie der Co-Pilot Andreas L. ständig bedroht, „von einem tiefen Loch verschlungen zu werden, einer Leere, die in der Regel durch einen frühen Liebesmangel ausgelöst wird und durch nichts wieder ausgefüllt werden kann.

Die Fliegerei wird so zur Obsession, als Verheißung darauf, die klaffende Lücke mit etwas Großartigem zu füllen."

Für eine „narzisstische Person" ist diese Obsession keine Bagatelle, sondern tödlicher Ernst. Ein Freund zitiert Andreas L. mit folgenden Worten: „Ich wäre gestorben, wenn ich meine Flugprüfung nicht bestanden hätte."

8.2.2 Reaktions- und Symptombildung

Die innere Leere kann auch im Rahmen einer schweren psychischen Erkrankung durch unbewusste Reaktionen und Symptome wie Sucht- bzw. Zwangsverhalten, „Ich-Spaltung", „Stimmen hören" usw. bewältigt werden. Im Rahmen der Zwangshandlungen spüren die Betroffenen ihre Leiden nicht mehr. Sie sind aber pausenlos mit ihren Zwängen beschäftigt.

Die schmerzlichen Empfindungen können auch innerpsychisch abgespalten werden. Dann bin nicht „ich" es, der leidet, sondern ein „ungeliebter Teil" in mir.

Schließlich kann die innere Leere auch durch „Stimmen hören" abgewehrt werden. Es sind dann die inneren „Stimmen", die fortwährend mit einem reden, einen beobachten, verfolgen oder zurechtweisen. Wer innere Stimmen hört, fühlt sich nicht mehr einsam.

8.2.3 „Nationalistisch-rassistische Ideologien", „fundamentalistisch-religiöse Überzeugungen", „esoterisch-irrationale Fantasien" und „extremistisch-aggressive Theorien"

Ersatzstrukturen stellen auch „berufliche Utopien", „nationalistisch-rassistische Ideologien", „esoterisch-irrationale Fantasien", „fundamentalistisch-religiöse Überzeugungen" und „extremistisch-aggressive Theorien" dar.

Religionen und politische Ideologien stellen Menschen, die geistig und gefühlsmäßig orientierungslos sind, ein in sich geschlossenes Werte- bzw. Orientierungssystem zur Verfügung, das aber oft durch unrealistische Fantasien, rigide Wertvorstellungen, strenge Handlungsanweisungen oder übersinnlich begründete Sinnzusammenhänge charakterisiert ist.

8.2.4 Strukturen borgen auf Gegenrecht

Das „Loch im Ich" kann auch kompensiert werden, indem man sich mit einem Partner verbindet, der an entgegengesetzt strukturierten Defiziten leidet. Die Betroffenen erhoffen sich so, die persönlichen Stärken und Schwächen gegeneinander aufrechnen zu können. Zusammengenommen resultieren daraus „symbiotische Liebesbeziehungen".

Leider funktionieren solche Verbindungen nur selten befriedigend, weil die gegenseitigen Abhängigkeiten den persönlichen Selbständigkeitsbestrebungen fundamental entgegenstehen.

In diesem Zusammenhang soll an das „Kugelmenschen-Gleichnis" des griechischen Philosophen Platon erinnert werden:

> *Dem Mythos des Aristophanes zufolge entschied Zeus, die Kugelmenschen in zwei Hälften aufzuteilen. Die Menschen litten unter dieser Trennung. Sie umschlangen einander in der Hoffnung, wieder zusammenwachsen und ihre ursprüngliche Gestalt wieder zurückgewinnen zu können. In der Folge suchten die halbierten Kugelmenschen nach ihren verlorenen Kugelhälften.*
>
> *Die Sehnsucht nach der verlorenen Ganzheit zeige sich in Gestalt des erotischen Begehrens, das nach Wiedervereinigung strebe.*
>
> *Besondere Beachtung schenkte Aristophanes denjenigen erotischen Beziehungen, die sich durch besondere Intensität auszeichneten. Die extreme Stärke solcher Bindungen führte er auf die Tatsache zurück, dass sich die beiden Halbkugeln tatsächlich gefunden hätten. Sie würden durch Verschmelzung mit der anderen Kugelhälfte den ursprünglichen Urzustand zurückgewinnen.*
>
> *Solche Begegnungen seien aber selten. Wenn sich die Menschen aber durch besondere Frömmigkeit ihre Götter zu Freunden machten, bestehe die Hoffnung auf Wiedererlangung der ursprünglichen Kugelgestalt. Mit Eros' Hilfe sei dieses Ziel erreichbar. Wenn es jedem Menschen gelänge, die zu ihm gehörende Kugelhälfte zu finden, wäre die Menschheit nach Aristophanes' Überzeugung glücklicher und für alle Zeiten geheilt.*

Die Vorstellung, dass man bei der Suche nach dem „richtigen" Partner nur nach der verlorenen Kugelhälfte suchen müsse, entspricht dem Modell der „symbiotischen Partnerbeziehung". Zwar wusste Platon sehr genau, dass es eine totale Entsprechung niemals geben könne. Er forderte die Menschen deshalb auf, sich aneinander zu reiben und am Charakter zu feilen, bis die

Passung endlich stimme. Er machte besonders darauf aufmerksam, dass man nicht am Charakter des Geliebten beziehungsweise der Geliebten feilen müsse, sondern am eigenen.

Das Gleichnis steht für die Utopie, dass eine „symbiotische Liebesbeziehung" die ideale zwischenmenschliche Beziehung darstelle. Nach heutiger Auffassung lässt sich aber eine ideale Partnerschaft weniger als eine Wiedervereinigung zweier voneinander getrennter Halbkugeln, sondern eher als ein freiwilliges Nebeneinanderherrollen zweier voneinander unabhängiger Ganzkugeln vorstellen.

In diesem Zusammenhang ist auch an das Phänomen des „Stalkens" zu erinnern. „Stalker" sind in der Regel verlassene „narzisstische" Liebhaber beziehungsweise Lebenspartner, die wie eine verletzte Halbkugel die Trennung von der anderen Halbkugel nicht verkraften können.

8.2.5 Ultimativer Kick im Extrem- und Leistungssport

Was treibt die Hochleistungssportler zu ihren Höchstleistungen? Viele Extrem- beziehungsweise Leistungssportler machen ihr Leistungsstreben zu ihrem wichtigsten Lebensziel.

Die ganze Aufmerksamkeit ist auf dieses Ziel hin ausgerichtet. Sowohl der Tagesablauf, die Ernährung, das Trainingsritual, der Kollegenkreis und nicht zuletzt die wichtigsten Lebensaufgaben fokussieren auf diese Erwartungen.

In einer inoffiziellen und anschließend nicht veröffentlichten Untersuchung zur „Ich-Struktur" von Hochleistungssportlern, die sich 1972 für die „Olympischen Sommerspiele in München" vorbereiteten, mussten in mehreren Fällen schwere „ich-strukturelle Mängel" festgestellt werden. Die Ergebnisse schienen die vorgängig formulierte Hypothese zu bestätigen, dass das forcierte Engagement einiger Hochleistungssportler auch dazu dienen könnte, „ich-strukturelle Defizite" zu kompensieren.

8.2.6 Übertriebenes Machtstreben

Macht macht süchtig! Zumindest übertriebenes Machtstreben. Hinter dem Machtstreben vieler „Machtmenschen" lassen sich meistens psychische Defizite feststellen.

Herr G. hatte schon früh nach Macht gestrebt. Schon in der Schule griff er nach den Schalthebeln der Macht. Er organisierte Schulausflüge und stellte

Wettkampfmannschaften zusammen. Dabei entwickelte er ein feines Gespür für den Umgang mit Macht.

Später ruhte er nicht, bis er es an die Spitze des Betriebes geschafft hatte. Wenn die Entscheidungen nicht in seinem Sinne ausfielen, spann er Intrigen. Er entwickelte ein ausgeklügeltes Intrigen-System, was den Eigentümer der Firma schließlich in den Selbstmord trieb.

Im privaten Kreis zeigte Herr G. sein wahres Gesicht. In Wirklichkeit war er ein „öder Langweiler", ohne jegliches Interesse für Menschen und Kultur.

Das „Löcher stopfen" durch übertriebenes Machtstreben spielt auch in der Politik eine wichtige Rolle. Vermutlich lässt sich bei vielen „Machtmenschen" hinter den vordergründig redlichen Absichten ein machtpolitisches Kalkül erkennen, das in Wirklichkeit weniger der Lösung der wirklichen Probleme als dem Stopfen von „ich-strukturellen Löchern" dient.

Seien es nun rechts- oder linksnationalistische Agitatoren, immer geht es um das gleiche Bestreben: die Demokratie zu zerstören, indem folgende Ziele verfolgt werden:

> *die Macht zu usurpieren, das Verfassungsgericht auszuschalten, die Gewaltenteilung zu beseitigen, die Opposition zu entmutigen, Rivalen zu ermorden, die Amtszeitbegrenzung auszuhebeln, die freie Meinungsäußerung einzuschränken, die Medien zu kontrollieren, die Pressezensur einzuführen, die Wahlen zu manipulieren, die Angst der Bevölkerung zu schüren, Sündenböcke zu installieren, den Personenkult zu zelebrieren, die Armee aufzurüsten und Kriege anzuzetteln.*

In der Regel kann ein solcher Plan nur dann realisiert werden, wenn es gruppendynamisch gesehen der sogenannten „Krankheitspartei" gelingt, die „Gesundheitspartei" zu überwältigen. Hinter diesen Machenschaften steht immer das gleiche unausgesprochene Streben: den Machttrieb zu befriedigen und das „Loch im Ich" zu stopfen.

8.2.7 Der östliche Weg

Es gibt noch einen weiteren Weg, seelischem Leiden zu begegnen. Der östliche Weg besteht darin, das Leiden der Menschen als gegeben hinzunehmen. Das Leiden könne aber überwunden werden, indem man richtig lebe und mit seinen Bedürfnissen richtig umgehe.

Der Kern von Buddhas Lehre besteht aus den vier „Edlen Wahrheiten".

- *Diese bestünden erstens in der Wahrheit vom Leiden. Die erste „Edle Wahrheit" besagt, dass der ganze Daseinskreislauf letztendlich leidvoll sei. Die Geburt sei leidvoll, das Altern sei leidvoll, die Krankheiten seien leidvoll, zu sterben sei leidvoll, mit nicht geliebten Menschen vereint zu sein, sei leidvoll, von lieben Menschen getrennt zu sein, sei leidvoll, und wenn man etwas, das man sich wünsche, nicht bekomme, sei das ebenfalls leidvoll. Die erste Wahrheit besagt deshalb, dass alle weltlichen Daseinsformen ungenügend seien und uns niemals vollständig befriedigen könnten. Sie seien allesamt leidvoll. Das Leiden sei deshalb die wichtigste Diagnose unseres Daseins.*
- *Die zweite „Edle Wahrheit" beinhaltet die Ursachenanalyse. Diese besagt, dass die Ursache des Leidens die Gier, der Hass und die Verblendung seien. Die Ursache des Leidens sei deswegen in unserem Geist zu finden: im Begehren. Die Gier, die von Freude und Leidenschaft begleitet sei, die Gier nach Sinneslust, die Gier nach dem Werden, die Gier nach der Entfaltung und dem Vergehen sollten überwunden werden.*
- *Die dritte „Edle Wahrheit" ist die Wahrheit von der Aufhebung des Leidens. Wenn die Ursachen des Leidens erlöschen, so erlösche auch das Leiden. Das Leiden könne beseitigt werden, wenn die Gier durch völlige Leidenschaftslosigkeit, durch das Aufgeben, das sich Entäußern, das sich Loslösen, das sich Befreien oder durch das völlige Unabhängigwerden gelöscht würde. Die dritte Wahrheit lehrt deshalb, dass es durch Erlöschung des Begehrens notwendigerweise zur Erlöschung des Leidens komme.*
- *Und schließlich macht die vierte „Edle Wahrheit" Aussagen zum Weg zur Aufhebung eben dieses Leidens. Zur Aufhebung des Leidens führe der „Edle achtgliedrige Pfad". Dieser bestehe in der rechten Ansicht, in der rechten Gesinnung, in der rechten Rede, im rechten Handeln, im rechten Lebensunterhalt, in der rechten Anstrengung, in der rechten Achtsamkeit und in der rechten Sammlung.*

Die letzte „Edle Wahrheit" beschreibt den praktischen Weg, der zur Leidensüberwindung führt. Praktisch hat die Lehre Buddhas, der er sich fünfundvierzig Jahre seines Lebens gewidmet hatte, mit diesem „achtfachen Pfad" zu tun. Er stellt eine praktische Wegleitung zur vollständigen Leidensaufhebung, dem sogenannten „Nirwana" dar. Dabei müsse das Leben dem Leiden untergeordnet werden.

Was ist das für ein Leiden, von dem hier gesprochen wird? Wer hat es verursacht und wer ist für dieses Leiden verantwortlich? Ist es tatsächlich, wie oben angedeutet, ein ganz normales Leiden von ganz normalen Menschen? Sind die Gier, der Hass und die Verblendung tatsächlich ganz normale Leidensverursacher?

Es muss einen Grund geben, dass die Beseitigung dieses Leidens als vordringlicher erachtet wird, als das Auskosten des täglichen Lebens. Möglicherweise beeinträchtigt dieses Leiden, das Buddha meint, die Lebensqualität eines Menschen viel zu stark, als dass es einfach ignoriert werden könne.

Vermutlich ist dieses Leiden ein ganz besonderes Leiden, das nicht zum normalen Alltag gehört. Vermutlich handelt es sich bei diesem Leiden um ein Leiden, das wie das „Loch im Ich" tief in den Strukturen der Persönlichkeit verankert ist.

Es stellt sich deshalb die Frage, ob dieses Leiden über den sogenannten „Edlen achtgliedrigen Pfand" wirklich beseitigt werden kann. Vermutlich braucht es für diese Art von Leiden schärfere, eher westlich geprägte Waffen. Denn nur so kann verstanden werden, dass der buddhistische Weg, der zum Nirwana führt, so lange dauern muss, wie es der ehrwürdige Mönch mit seinem Gleichnis zu verstehen gibt, wenn er meint, dass der Weg zum ewigen Glück über so viele Leben und Wiedergeburten führen müsse, wie ein Baum an Blättern zähle.

Der westliche Weg geht eher von einer Leidensbewältigung aus, die viele Möglichkeiten offen lässt. Der westlich geprägte Mensch will sein Leben auskosten und nimmt dabei ein gewisses Leiden mit in Kauf. Nur wenig Menschen sind wirklich dazu bereit, auf die Annehmlichkeiten eines „westlich geprägten Lebens" zu verzichten.

Im Gegenteil: Der offene Ausdruck der Gefühle und die ungehinderte Befriedigung der Bedürfnisse werden in der Regel als wünschenswert und leidensvermindernd angesehen. Vermutlich ist der „westlich geprägte" Mensch zu wohlhabend und zu gut versorgt, als dass er sich mit einem „verzichtvollen Leben" im Sinne von Buddhas „Edlem achtgliedrigem Pfad" begnügen würde. Deshalb wird im „Westen" das Leben nicht dem Leiden untergeordnet, sondern eher umgekehrt, das Leiden dem Leben.

8.2.8 Sexualisierung

„Don Juan" gilt als Modell für junge Männer, die ihre innere Unzufriedenheit mit immer neuen Eroberungen zu bekämpfen suchen. Wenn sie schließlich eine Frau erobert haben, erlischt die Faszination sofort. Der emotionale Kitzel, der in der Frage begründet liegt, ob die Eroberung gelingen möge, verblasst augenblicklich. Zudem unterliegt der Drang einem inneren Zwang und kann nicht einfach beseitigt werden.

Viele Menschen haben Sehnsüchte und leben das ganze Jahr hindurch mit unbefriedigten Bedürfnissen. Sie träumen davon, die Sehnsüchte im Rahmen von besonderen Ereignissen zu befriedigen. Die entsprechenden Erlebnisse können aber nie ganz befriedigen, weil die Eroberung eines Sexualpartners das „Loch im Ich" nicht dauerhaft stopfen kann.

8.2.9 Defizit vergegenständlichen …

Das „Loch im Ich" ist in erster Linie ein mentales Defizit. Es besteht aber die Möglichkeit, dieses Defizit zu vergegenständlichen und als materiellen Mangel aufzufassen. Das nährt die Illusion, den Mangel zum Beispiel durch einen materiellen Hinzugewinn, durch einen materiellen Erwerb, durch reales Essen oder durch kriminelles Vorgehen auszugleichen.

Das sogenannte „konkretistische Denken" stellt nach PIAGET (2000) eine mentale Entwicklungsstörung dar. Das „konkretistische Denken" fußt auf materiell-konkretistischen Vorstellungen:

- *Geistiges Eigentum wird zu materiellem Eigentum,*
- *der Hunger nach Liebe zum Griff nach der Flasche beziehungsweise in den Kühlschrank,*
- *gefühlte Liebe zu sexueller Liebe,*
- *freundschaftliche Treue zu sexueller Treue,*
- *psychische Leiden zu körperlichen Leiden,*
- *seelischer Schmerz zu körperlichem Schmerz,*
- *geistige Arbeit zu Arbeit mit den Händen und*
- *innerer Reichtum zu materiellem Reichtum.*

Alles läuft über den Körper. Um seelische Wunden zu heilen, läuft man zum Arzt, um die Sehnsucht nach Liebe zu stillen, greift man zur Flasche oder in den Kühlschrank. Der Wunsch nach Liebe wird mit sexuellem Verlangen gleichgesetzt und mit kurzfristigen sexuellen Abenteuern befriedigt. Mit dem Gefühl von „echter Liebe", mit „innerem Reichtum" oder mit „geistiger Arbeit" hat das nichts mehr zu tun.

8.2.10 … und auf Kosten anderer füllen

Das „konkretistische" Denken passt auch zu Diebstahl und Raub. Die mentalen Defizite können in den Augen der Täter durch die gestohlenen Güter aufgewogen werden.

8.2.11 Jede Form von Extremismus beziehungsweise Fanatismus

Jeder Extremismus beziehungsweise Fanatismus, sei er „grün", „rot", „braun" oder „schwarz" gefärbt, bedeutet ein „Zuviel" an „destruktiver Aggression". Jedes „Zuviel" nach links oder nach rechts neigt zum Extremismus und jeder Extremismus ist eine Kompensation von inneren „Defiziten".

8.2.12 Die „Gotteskrieger"

Ein besonderes Kapitel stellen die „Gotteskrieger" dar. Mit einer muslimischen Gesellschaft im Rücken, mit dem Koran in der Hand, mit einer patriarchalischen Familie im Herzen, mit einer westlich geprägten Umwelt um sich herum und schließlich im Rahmen des Nachahmungsbedürfnisses beziehungsweise einer politischen Indoktrination ist es schwer, ein „normaler" Staatsbürger zu sein.

Ein gut ausgebildeter und „ich-strukturell" normal entwickelter Muslim ist in der Regel nicht in der Lage, in den „Dschihad" ziehen.

Hinter der Entwicklung zum „Dschihadisten" steht meistens nicht die Religion. Am Anfang der Radikalisierung steht meistens keine religiöse „Erweckung", sondern ein krimineller Lebenslauf:

> *Die Attentäter, die 2016 in Paris und Brüssel zuschlugen, Khalid und Ibrahim El Bakraoui, stammen aus Laken, einem nördlich an Molenbeek anschließenden Brüsseler Stadtteil (KIRCHNER, 2016). Khalid, geboren 1989, … bekommt vor zehn Jahren die ersten Probleme mit der Polizei, wegen Diebstahls und Dealerei … Nach einem missglückten Autodiebstahl erhält (er) … fünf Jahre Haft. Sein Bruder überfällt 2010 ein Wechselbüro und verletzt auf der Flucht einen Polizisten mit mehreren Schüssen. Das bringt ihm zehn Jahre Haft ein.*
>
> *„Beide kommen 2014 vorzeitig auf freien Fuß" und wirken nicht radikalisiert. Den belgischen Behörden waren die Brüder „als Kriminelle, aber nicht als potentielle Extremisten oder Dschihadisten bekannt". Khalid lernt in der Folge seine Frau kennen und wird Vater. Erst im Sommer des Jahres 2015 „lässt Khalid Frau und Kind zurück und taucht plötzlich (unter)". Er*

„fasste den Entschluss zum neuen Leben ganz unvermittelt, ohne längere Indoktrinierungs- und Radikalisierungsphase“. (KIRCHNER, 2016)

Um „Vergewaltiger“ oder „Gotteskrieger“ zu werden, braucht es mehr als religiöse Überzeugungen, nämlich eine auf einem „Loch im Ich“ basierende „innere Verstümmelung“. Diese „Verstümmelung“ ist oft ein inhärenter Bestandteil der muslimischen Erziehung. Jedes Jahr werden in maghrebinischen und arabischen Staaten ganze Heerscharen von „sexgierigen, hasserfüllten und zur Kriminalität neigenden Monstern“ erzogen.

Was bedeutet das konkret? Wie kann man „Monster“ erziehen?

Von Anfang an lernen die Knaben, dass sie mehr wert sind als die Mädchen. Das können sie bei ihren Eltern beobachten. Die Frauen sind Eigentum der Männer. Deshalb müssen die muslimischen Männer ihre eigenen Frauen vor fremden „Monstern“ schützen.

Die frühe Geschlechtertrennung in der muslimischen Gesellschaft bewirkt, dass die Kinder nicht lernen können, miteinander respektvoll umzugehen. Die Knaben lernen nicht, wie man sich mit Mädchen ungezwungen und liebevoll unterhält. Besonders nicht über Gefühle. Sie wissen nicht, wie man sich verliebt, wie man mit einer Ablehnung umgeht, wie man sich einer Frau annähert, wie man mit jungen Frauen flirtet und sie gegebenenfalls verführt. Sie haben nie gelernt, wie man Liebeskummer oder Enttäuschung verkraftet. Wie sollten sie auch? Für diese Männer bestehen Frauen nur aus Körper und Sexualität.

Mangels befriedigender Lebensperspektiven sind die fanatisch engagierten Dschihadisten sogar bereit, das eigene Leben zu opfern.

Das Problem der „Gotteskrieger“ ist, dass sie aus einem defizitär strukturierten und archaisch rückständigen Kultur- und Familienkreis stammen, in dem sowohl die traditionellen Erziehungstechniken als auch die rudimentär ausgestatteten Bildungsinstitutionen die Entwicklung von „ich-strukturellen Defiziten“ begünstigen. Viele stammen aus einem patriarchalisch geprägten Elternhaus mit prügelnden Vätern und gedemütigten Müttern.

Diese Haltung wird von den Mullahs zusätzlich unterstützt, wenn zum Beispiel der iranische Chefprediger Ajatollah Jussef Tabatabeinedschad für die Frauen ein totales Arbeitsverbot fordert. Er meint, dass finanziell unabhängige Frauen für die muslimische Gesellschaft eine große Gefahr darstellten.

Der palästinensische Psychologe Ahmad Mansour, der in Berlin als Eltern- und Kinderberater arbeitet, bringt es auf den Punkt:

„Jeder zweite muslimische Jugendliche hat in seinem Kopf Dinge, die problematisch sind."

Zu den „problematischen Dingen" zählen:

- *Tabuisierung der Sexualität*
- *Minderwertigkeit der Frau (Frauen sind weniger wert als Männer)*
- *Angstpädagogik (Angst vor der Strafe „Allahs")*
- *Falsche Versprechungen (Märtyrer kommen ins Paradies)*
- *Abwertung anderer Religionen (Tod den Ungläubigen)*
- *Exklusivitätsanspruch (Beanspruchung der absoluten Wahrheit)*
- *Ablehnung von Demokratie und Rechtsstaatlichkeit (Primat der Scharia)*

Diese „Dinge", die nicht Ausdruck von psychischer Stärke, sondern von psychischer Schwäche sind, lassen sich im Schaubild „Entwicklungsmatrix" wie folgt darstellen (**Abb. 44**):

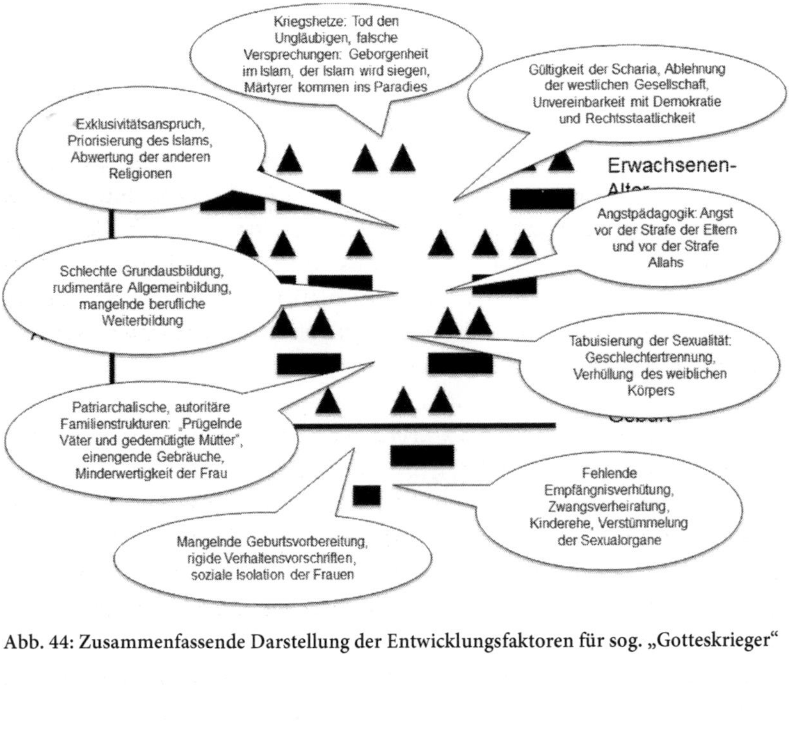

Abb. 44: Zusammenfassende Darstellung der Entwicklungsfaktoren für sog. „Gotteskrieger"

Die patriarchalischen Werte werden von den Migrantenkindern trotz westlich geprägter Umwelt in ihre „Ich-Strukturen" integriert. Diese „Innenwelt" steht der westlich geprägten „Außenwelt" unvereinbar gegenüber. Dieses Dilemma führt zu unlösbaren Konflikten, die das „Ich" der muslimischen Jugendlichen zu zerreißen droht. Es bleiben nur zwei miteinander unvereinbare Alternativen: Entweder wendet man sich von den eigenen Eltern ab und versucht, sich durch Anpassung in die westliche Gesellschaft einzuordnen, oder man identifiziert sich mit den islamistischen Werten und stellt sich gegen die „westlich geprägte Gesellschaft". Das galt vermutlich auch für die beiden „Dschihadistenbräute" Sabina und Samra.

Heinz BUSCHKOWSKI, der ehemalige Bürgermeister des Bezirks „Berlin-Neukölln" meint zu diesem Problem, dass zwanzig Prozent der islamistischen Jugendlichen die Schulen und die Ausbildungsinstitutionen „lebensunfähig" verlassen:

> *„Sie können nicht rechnen, sie können nicht schreiben und sie können nicht lesen. Sie haben in dieser Gesellschaft … keine Chance. Deswegen sind sie anfällig für …"*

Er sagt weiter, dass die Jugendlichen wie „leere Köpfe" seien. Die Anwerber für den „Heiligen Krieg" benötigten aber „leere Köpfe"!

Das Unglück ist, dass die orientierungslosen Jugendlichen in der Parallelgesellschaft ein kriegerisch-aggressives Glaubensgebäude finden, mit dem sie sich vorbehaltlos identifizieren können. Dieses Wertesystem gibt den angehenden „Dschihadisten" beziehungsweise „Dschihadistenbräuten" die Möglichkeit, ihre durch die „ich-strukturellen Defizite" bedingten Aggressionen im Rahmen einer sich weltgeschichtlich rechtfertigenden destruktiven Wertegemeinschaft scheinbar sinnerfüllt auszuleben.

Die Vorgänge in der Silvesternacht 2015 auf dem Kölner Bahnhofsvorplatz haben die Diskrepanz zwischen den „patriarchalisch tradierten" „ich-strukturellen Defiziten" und den „westlich geprägten Wertvorstellungen" unmissverständlich vor Augen geführt. Die Männer, die Frauen drangsalierten, waren keine normalen Menschen. Sie waren Kriminelle, die aufgrund ihrer Familiensozialisation und der „ich-strukturellen Defizite" ein kriminelles Potential in sich trugen.

Frauen, die sich im öffentlichen Raum des Nachts ohne Verschleierung und ohne männliche Begleitung aufhalten, genießen im arabischen Rechtsempfinden keine Rechte. Im Gegenteil! Sie sind „Schlampen“ beziehungsweise „Huren“. Sie machen sich mit ihrem offenherzigen Verhalten in den Augen der patriarchalisch geprägten Männer strafbar und dürfen entsprechend gedemütigt oder geschändet werden.

Das Machtgehabe der „arabisch beziehungsweise nordafrikanisch geprägten“ Täter zeigt deutlich beide Seiten einer Medaille. Auf der einen Seite stehen die rücksichtslosen und hochmütigen muslimischen Männer, die sich massenhaft an Frauen vergehen. Auf der anderen Seite stehen die gedemütigten und verschleierten Musliminnen, die sich verschüchtert in ihre Häuser zurückziehen. Die beiden Facetten der verhängnisvollen Abläufe passen wie „siamesische Zwillinge“ zusammen. Ohne die Macho-Typen gäbe es keine verschleierten Frauen. Und ohne verschleierte Frauen gäbe es keine Macho-Typen.

Für diesen verhängnisvollen Zusammenhang gibt es ein auffälliges Symbol: das Kopftuch! Jede Frau, die ein Kopftuch trägt, signalisiert bewusst oder unbewusst nach außen: Ich bin erstens eine schamerfüllte, gedemütigte, verängstigte und minderwertige Frau und anerkenne zweitens, dass es sexgierige, hasserfüllte, hochmütige und brutale Männer gibt, denen ich drittens hoffnungslos ausgeliefert bin …

8.3 Der etwas mühsamere, aber nachhaltigere Weg, das „Loch im Ich“ zu rekonstruieren

Wie oben angedeutet, bringt es in der Regel wenig, andere Menschen oder äußere Umstände für das innere Unglück verantwortlich zu machen. Solche Strategien können zwar einmal oder zweimal helfen. Spätestens beim dritten Mal sollte man aber merken, dass sich innere Leiden durch äußere Veränderungen nicht beseitigen lassen.

Es muss etwas Umfassenderes, Existentielleres geschehen, um psychische Leiden zu heilen.

Aber was?

Warum gibt es defizitäre Entwicklungen? Die meisten Eltern wollen nur das Beste. Sie machen trotzdem Fehler. Jeder Mensch macht Fehler. Und jeder Mensch, der Kinder in die Welt setzt, macht Fehler.

Es gibt aber Eltern, die von ihren Möglichkeiten her gar nicht in der Lage sind, Kinder zu erziehen. Sie gebären trotzdem Kinder, meistens viele Kinder, die später leiden oder Leiden verursachen werden. Wie löst man dieses Dilemma?

Was kann man tun, um psychische Leiden zu lindern, ohne professionelle Hilfe in Anspruch zu nehmen? Gibt es Alternativen?

Es gibt viele Möglichkeiten, die in der Regel unter dem Begriff „Lebenshilfe" zusammengefasst werden. Weil die Leiden schmerzhaft sind, ist das Bedürfnis nach Lebenshilfe groß. Bücher, die Lebenshilfe anbieten, finden in der Regel reißenden Absatz.

Im Hinblick auf diese Gedanken wird hier ein Kapitel „Lebenshilfe" eingeschoben. Dabei geht es weniger um professionelle Hilfen, sondern um Aktivitäten, die zum normalen Alltag gehören.

Möglicherweise kann man das, was man sowieso tut, mit anderen Augen betrachten, vielleicht auch anders bewerten. Vielleicht gibt es andere Sichtweisen, die neue Perspektiven eröffnen. Vermutlich ist es sowieso besser, dass man überhaupt etwas tut, als dass man nichts tut. Jedes Handeln führt zu neuen Einsichten.

„Ich-strukturelle Veränderungen" gibt es jeden Tag. Ohne dass man es merken würde, wird man jeden Tag mit Ereignissen konfrontiert, die einen verändern. Alles ist im Fluss. Auch der menschliche Charakter.

Die Menschen leben in Gruppen, und jede Gruppe ist Veränderungen unterworfen. Die Menschen beeinflussen diese Gruppen und werden gleichzeitig von ihnen verändert. Zwischen den Individuen und den Gruppen gibt es eine kontinuierliche Wechselwirkung. Es ist deshalb wichtig, in welchen Gruppen man sich befindet. Von guten beziehungsweise „konstruktiven" Gruppen wird man positiv beeinflusst, von schlechten beziehungsweise „destruktiven" Gruppen negativ.

Paul WATZLAWICK (1969) erzählt zu diesem Thema eine eindrückliche Anekdote:

> *In einem Kegelclub war der beste Kegler des Klubs Leiter dieses Klubs. Das war die Regel. Ein mittelmäßig spielender Teilnehmer reiste für längere Zeit nach Amerika, wo er viel kegelte. Er wurde zum exzellenten Kegler. Nach der Rückkehr in den alten Klub konnte er besser kegeln als der Leiter dieses Klubs. Was war die Folge?*
>
> *Es gab grundsätzlich zwei Möglichkeiten: Entweder wurde der Amerikareisende neuer Leiter des Klubs, oder dieser konnte nicht mehr gut kegeln. WATZLAWICK berichtet, dass der Amerikareisende nach einiger Zeit tatsächlich nicht mehr gut kegeln konnte. Die Klubmitglieder lachten*

ihn bei jedem schlechten Wurf aus und schwiegen, wenn er einen Volltreffer landete. Schließlich war der Rückkehrer dermaßen verunsichert, dass er nicht mehr gut kegeln konnte.

Was bedeutet dieses Beispiel? Es bedeutet, dass selbst die sportliche Leistung vom Verhalten der umgebenden Gruppe abhängig ist. In dieser Hinsicht kann jeder Mensch sein Verhalten beeinflussen, je nachdem, in welchen Gruppen oder in welchen Lebenssituationen er sich befindet.

Im Folgenden wird geschildert, wie man sich verändern kann, ohne therapeutische Hilfe in Anspruch zu nehmen.

8.4 Änderungsbemühungen ohne Inanspruchnahme von professioneller Hilfe

Wie kann man zum Beispiele die Defizite, die in **Abb. 45** in fiktiver Weise dargestellt werden, korrigieren? Die Vorschläge sind nicht überraschend. Im Gegenteil, sie sind selbstverständlich.

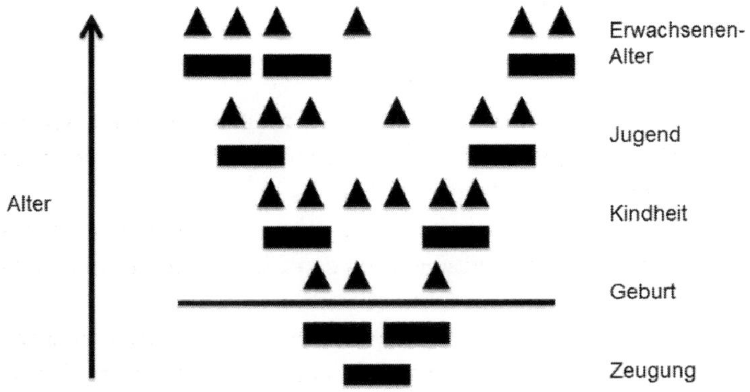

Abb. 45: „Ich-strukturelle Defizite", die durch das „aktiv Werden" im normalen Alltag wenigstens teilweise gebessert werden können

Als erfolgversprechende Maßnahmen werden unter anderem folgende „Aktivitäten" vorgeschlagen:

8.4.1 Sich selber in Frage stellen

Die wichtigste Voraussetzung für eine „ich-strukturelle" Veränderung ist die Bereitschaft, sich selber in Frage zu stellen. Dieses „Sich-selber-in-Frage-Stellen" oder „In-Frage-Stellen-Lassen" erschließt neue Wege zu tiefgreifenden Veränderungen.

> *Ein Teilnehmer einer gruppendynamischen Selbsterfahrungsgruppe verhielt sich emotional wie eine „Gummiwand". Alle Beobachtungen oder kritischen Äußerungen ließ er an sich abprallen. Irgendwann sagte der Gruppenleiter: „Du kannst ja nicht einmal Kritik annehmen.*
>
> *Diese Bemerkung traf den Teilnehmer wie ein „Blitz aus heiterem Himmel" und machte ihm bewusst, dass er sich stets als unberührbar und unangreifbar gegeben hatte: „Immer abwehren und verdrängen!" Das wollte er nun ändern …*

Ab diesem Augenblick achtete der Teilnehmer mehr auf sein Verhalten und öffnete sich für die Wahrnehmung anderer Menschen. Der Gesinnungswandel führte schließlich zu einem wegweisenden Innehalten. Das heißt, dass er sich mehr mit seinem „destruktiv aggressiven Abwehrverhalten" auseinandersetzen wollte.

8.4.2 Authentisch leben

Authentisch leben bedeutet wahr und echt leben. Das Leben in einer Lebenslüge zu verbringen, falsche Erwartungen zu hegen und ungelöste Probleme vor sich her zu schieben, ist nicht authentisch leben.

Es ist wichtig, sich rechtzeitig aus alten Verstrickungen zu lösen. Möglicherweise lassen sich weit zurückliegende Missverständnisse doch noch aufklären.

Meistens ist es schwierig, sich für begangene Fehler zu entschuldigen. Letztlich befreien eine aufrichtige Reue und eine angemessene Entschuldigung von alten Schuldgefühlen.

8.4.3 Lebenshilfe in Anspruch nehmen

Es gibt viele Bücher, die konkrete Lebenshilfe anbieten. Es heißt, dass man dieses oder jenes machen oder dieses oder jenes unterlassen sollte.

Die Publikationen gründen vielfach auf einer breiten Lebenserfahrung und sind oft das Ergebnis eines lebenslangen Entwicklungsprozesses.

Ein besonderes Beispiel ist die „Anleitung zum Unglücklichsein" von Paul WATZLAWICK (1983). Der Autor beschreibt den Fall eines Mannes, der sich von seinem Nachbarn einen Hammer ausleihen will. Auf dem Weg zum Nachbarn steigert er sich in tiefe Selbstzweifel und Aggressionen hinein, bis er schließlich an die Wohnungstüre klopft und sagt: „Behalten Sie Ihren Hammer, Sie Rüpel!"

Viele Menschen fühlen sich ertappt. Der „ich-strukturelle" Erkenntnisgewinn dieser Geschichte besteht darin, dass viele Menschen ihren Mitmenschen gegenüber unangemessen reagieren, ohne ihre Vorurteile rechtzeitig zu überprüfen. Die Einsicht, dass man auf sein eigenes Urteilsvermögen nicht restlos vertrauen kann und deshalb nicht vorschnell verurteilen soll, hilft, die „Selbstreflektion", die „Abgrenzung nach Innen und Außen" und besonders die „Gruppen- und Kommunikationsfähigkeit" zu verbessern.

8.4.4 Lesen und Schreiben

Bücher sind wie „Schatzkästchen". Erstens sind es deren Inhalte, die vielfach auf breitem Fach- beziehungsweise Allgemeinwissen beruhen. Zweitens müssen Bücher erst geschrieben werden. Meistens steckt hinter jedem Buch ein mehrmonatiger oder gar mehrjähriger Parforceritt.

Bücher werden aber nicht „einfach" geschrieben. Meistens verbergen sich hinter jedem Manuskript sowohl bewusste als auch unbewusste Inhalte.

Interessant sind zum Beispiel Kriminalromane, in denen unter anderem ortstypische Charakteristika und die verschiedenen Formen der „Aggression" abgehandelt werden. Es gibt den „konstruktiv aggressiven" Kommissar, den „destruktiv aggressiven" Einbrecher beziehungsweise Mörder und hin und wieder auch ein „defizitär aggressives" Opfer. In jedem Kriminalfilm werden die Betrachter mit wichtigen Lebensfragen konfrontiert.

Die Darstellung der „Ich-Funktion" der „Aggression" kann auch zu weiteren Überlegungen anregen. Der Wille, nicht hilflos einem Angriff ausgesetzt zu sein, stärkt den „Überlebenswillen" und nicht zuletzt das „Selbstwertgefühl". Zudem regt es zu weiteren Fragen an:

Was ist ein Menschleben wert? Bin ich mutig oder feige? Darf ich im Notfall Gewalt anwenden? Wie teuer darf ich meine Haut verkaufen? Wo sind die Grenzen der „konstruktiven" beziehungsweise „destruktiven Aggression"?

Der Jurist Gerhard G. wollte kein Feigling sein und sein Eigentum verteidigen. Er fühlte sich von der Drogenszene, die sich direkt vor seinem Haus abspielte, zunehmend bedroht.

Als er eines Nachts Geräusche hörte, griff er zur Pistole. Ein Junkie war über die Außenfassade in seine Wohnung eingestiegen. Als Herr G. überraschend dem Eindringling gegenüberstand, drückte er ab. Der Einbrecher wurde schwer verletzt ins Krankenhaus eingeliefert und der Jurist wegen unverhältnismäßigen Waffengebrauchs zu einer Gefängnisstrafe verurteilt.

Das Beispiel zeigt, dass man dreiste Gewalt nicht einfach mit roher Gegengewalt beantworten darf, oder anders ausgedrückt: dass man bei „destruktiver Aggression" nicht einfach mit einer „destruktiven Gegenaggression" reagieren kann. Es gilt auch ethische und juristische Fragen zu beachten.

Das Bücherlesen kann auch bei der persönlichen Identitätsfindung hilfreich sein:

Herr K. las viele Bücher, zum Beispiel den „Mann ohne Eigenschaften" von Robert Musil und das „Glasperlenspiel" von Hermann Hesse. Dabei zeigte sich, dass Herr K. besonders von letzterem tief beeindruckt war. Die Art und Weise der Berufung von „Josef Knecht" ins höchste Amt des Klosters schien ihn zu bewegen.

Herr K. schien einige Tage wie verstört. Er identifizierte sich mit der Romanfigur „Josef Knecht". Dieser war ohne sein eigenes Dazutun, nur Kraft seiner intellektuellen Brillanz und charakterlichen Eignung, ins höchste Amt des Klosters berufen worden.

Hatte die erstaunliche Reaktion von Herrn K. möglicherweise eine tiefere Bedeutung? Vielleicht waren seine Gefühle mit einer unbewussten Ahnung im Hinblick auf sein eigenes Leben verknüpft. Anscheinend trug er schon als junger Mann eine besondere Verheißung in sich, die sich später erfüllen würde.

Herr K. wurde in der Folge ein erfolgreicher Unternehmer, bis er in die Politik überwechselte und ähnlich wie „Josef Knecht" in ein verantwortungsvolles Regierungsamt gewählt wurde.

Welche Bedeutung hatte das „Glasperlenspiel" für den jugendlichen Leser? Dieser fühlte im Roman seine tiefsten Ahnungen widergespiegelt. Das konfrontierte ihn mit seinem eigenen „Identitätsentwurf": Wer bin ich? Wer werde ich sein? Welches ist meine Berufung?

Neben dem Lesen ist auch das Schreiben wichtig. Viele Menschen führen Tagebücher oder schreiben Autobiografien, nicht zuletzt um ihr eigenes Leben zu reflektieren.

8.4.5 Interessante Fernsehsendungen ansehen

Auf Hunderten von Kanälen wird heute ein abwechslungsreiches Programm angeboten. Man wird förmlich mit interessanten Sendungen überschwemmt.

Viele Sendungen vermitteln anspruchsvolle Inhalte. Neben Tagesaktualitäten werden auch unterhaltsame und wissenschaftliche Sendungen ausgestrahlt. Dabei können wissenschaftliche Kommentare mit erklärenden Bildern verbunden werden:

> *In einer Filmreihe wurde die Entwicklung der fossilen Amphibien wie Dinosaurier, Ichthyosaurier und Flugsaurier mittels Fotografien, Abbildungen, Grafiken, Tabellen und fantastischen Animationen dargestellt. Dabei konnten fossile Fundstücke zusammen mit den entsprechenden Fundstellen und den angewandten Präparationstechniken kombiniert werden.*

Zur normalen Entwicklung eines Menschen gehört der Aufbau von „kognitiven Karten“ (TOLMAN, 1948), in denen die soziale beziehungsweise geografische Umwelt, die Möglichkeiten des sozialen Verhaltens, wissenschaftliche Daten und Systeme usw. gespeichert werden.

8.4.6 Volkshochschulkurse belegen und Vorträge besuchen

Bildung und Ausbildung stellen einen wichtigen Teil der menschlichen Sozialisation dar. Bildungsveranstaltungen geben Anregungen für die „Identitätsfindung“ und können helfen, ein Bild vom Wesen des Menschen und der Entwicklung des „Lebens“ zu gewinnen.

> *Der Referent fragte, indem er eine Handvoll Klötzchen in die Luft warf, wie oft er diese Handlung wohl wiederholen müsse, um zufällig einen Menschen zu erschaffen.*

Die Frage war selbstverständlich ironisch gemeint. Sie sollte zu einer vertieften Diskussion über den Schöpfungsgedanken und Darwins Evolutionstheorie anregen.

8.4.7 An kulturellen Anlässen teilnehmen

Theaterstücke bringen eindrückliche Schlüsselszenen des menschlichen Verhaltens ins Bewusstsein und zwingen zu einer intellektuellen Auseinandersetzung. Nicht selten sind es politisch oder psychologisch interessante Grundthemen, die in unterhaltsamer Weise, nicht selten auf provokative Art, dargestellt werden.

Zu den eindrücklichsten Vorstellungen gehören zum Beispiel „Der Besuch der alten Dame" von Friedrich Dürrenmatt, in dem auf schockierende Weise die Macht des Geldes über die Menschlichkeit triumphiert, oder das Theaterstück „Biographie" von Max Frisch, in dem die Entscheidungsfreiheit des Menschen relativiert wird. Nicht weniger eindrucksvoll sind die griechischen Dramen, in denen die wichtigsten menschlichen Grundkonflikte auf dramatische Weise inszeniert werden.

Worin bestehen bei diesen Theaterstücken die „ich-strukturell" wirksamen Informationen? Beim „Besuch der alten Dame" geht es in erster Linie um ethische Grundwerte, um den Wert des Lebens und um die Fähigkeit, sich gegen die „destruktive Aggression" der „alten Dame" zu erwehren. Die verschiedenen Formen der „destruktiven Aggression", die „defizitäre Aggression" der Dorfbewohner, das Versagen der Moral und die „Ich-Schwäche" der verschiedenen Akteure werden einem in beinahe unerträglicher Deutlichkeit vor Augen geführt. Das Stück zwingt jeden Zuschauer zu einer eindringlichen Auseinandersetzung mit der eigenen latenten Korrumpierbarkeit.

Ähnlich konsequent werden im Stück „Biographie" von Max Frisch die Eingeschliffenheit des menschlichen Verhaltens und die Komplexität von Entscheidungsprozessen demonstriert. Man kann das Drehbuch des Lebens nicht einfach zurückdrehen. Die neuen Entscheidungen werden unter den alten Bedingungen immer wieder die alten sein.

Der Besuch solcher Inszenierungen bedeutet eine intensive Auseinandersetzung mit der „Ich-Funktion" der „Kreativität", der „Autonomie" und der „Aggression".

8.4.8 Mit dem eigenen Körper arbeiten

Es gibt viele Möglichkeiten, mit dem eigenen Körper zu arbeiten. Fitness, Gymnastik, Pilates, Yoga, Thai Chi, autogenes Training und anderes mehr, und natürlich auch die gewöhnlichen Sportarten wie Tennis, Golf, Turnen, Fahrradfahren, Ballspielen, Schwimmen, Surfen und Leichtathletik komplettieren die Palette der sportlichen Betätigungen.

Diese Maßnahmen dienen nicht nur der körperlichen Ertüchtigung. Sie haben auch einen „ich-strukturellen" Aspekt. Sie charakterisieren die Beziehung zum eigenen Körper beziehungsweise zum eigenen „Körper-Ich". In diesem Sinne hat die Beschäftigung mit dem eigenen Körper auch eine „narzisstische" Bedeutung. Jemand, der seinen Körper liebt, sein Äußeres pflegt und sportlich aktiv ist gestaltet seinen „konstruktiven Narzissmus", das heißt, eine gesunde Form der persönlichen „Eigenliebe".

Die Körperpflege hat auch einen erotischen Aspekt. Die Menschen wollen attraktiv aussehen. In diesem Sinne hat die Körperpflege auch einen Bezug zur „Ich-Funktion der Sexualität".

8.4.9 Eigenes Geld verwalten

Meistens führen Ehepartner eine gemeinsame Hauskasse. Nicht nur die regelmäßigen Einnahmen und Ausgaben, sondern auch spezielle Aufwendungen werden aus dem gleichen „Topf" bezahlt. Dieses Vorgehen stärkt das Zusammengehörigkeitsgefühl: „Wir gehören ja zusammen."

Die gemeinsame Finanzverwaltung zwingt die Ehepartner zu einer gemeinsamen Finanzplanung und zum beiderseitig kontrollierten Geldausgeben.

Man kann aber auch getrennte Kassen führen. Der Wunsch, getrennte Kassen zu führen, wird oft als Misstrauensvotum dem eigenen Partner gegenüber empfunden.

Die getrennte Kassenführung bringt aber auch Vorteile. Sie stärkt die Bereitschaft, für das eigene Vermögen die volle Verantwortung zu übernehmen und unterstützt das individuelle Autonomiestreben.

Herr und Frau N. führen seit jeher eine gemeinsame Familienkasse und erstellen gemeinsam ihre Finanzbuchhaltung. Alle Einnahmen wandern in den gleichen „Topf" und alle Zahlungen werden aus der gleichen Kasse beglichen.

Hin und wieder gibt es aber Probleme. Die Frau ist ein sparsamer „Typ", während der Mann eher dazu neigt, das Geld „zirkulieren" zu lassen.

Der Mann hasst es, wenn die Frau ein neues Parfüm, einen neuen Rucksack oder neue Schuhe kauft. „Warum schon wieder?" Während die Frau eher genervt reagiert, wenn der Mann für seine „Oldtimersammlung" größere Ausgaben tätigt. Der familiäre Zwist eskaliert vollständig, wenn der Mann einen neuen Autokauf ins Auge fasst oder wenn die Frau die Erneuerung der Heizungsanlage fordert.

Getrennte Kassen stärken die „Ich-Funktion“ der „Autonomie“, der „Abgrenzung nach Innen und Außen“ und die „Verantwortungsbereitschaft“.

8.4.10 Technische Geräte beherrschen

Durch die wachsende Technisierung der Welt werden ältere Menschen zunehmend überfordert. Plötzlich ist der Anschluss verpasst. Sei es das Fahrkartenlösen in der Bahnhofshalle, am Busbahnhof oder an der Tramhaltestelle, sei es das Bedienen eines „Bancomaten“ oder das Arbeiten mit dem Computer. Von Jahr zu Jahr steigen die Anforderungen. Wer es nicht schafft, sich das nötige „Rüstzeug“ zu verschaffen, kommt unter die Räder. Das führt zu einer zunehmenden Einschränkung der Handlungsfreiheit und führt schließlich zu Angst und Minderwertigkeitsgefühlen.

Frau R. geht nicht mehr in die Stadt. Obwohl sie erst siebzig Jahre alt ist, traut sie sich nicht mehr auf die Straße. Sie will nicht mehr Straßenbahn fahren, weil sie die Karten nicht mehr lösen kann. Auch vermeidet sie das Eisenbahn fahren wegen der komplizierten Billetautomaten. Und den Bahnbegleiter um Auskunft fragen, will sie schon gar nicht riskieren, weil sie sich schämen würde.

Selbstverständlich ist es auch mit dem Fernsehen bald vorbei. Es gibt zu viele Knöpfe, die den Geist verwirren, zu viele Sender, die sie nicht anwählen kann. Zudem gibt es Funktionsstörungen. Dann muss sie die Telefonnummer heraussuchen, den Apparat bedienen, die richtigen Worte finden und tagelang auf den Installateur warten. Da wirft sie den „Bettel“ doch gleich hin. Sie sagt: „Es geht auch ohne Bahn, Telefon und Fernsehen.“

Frau H. hat aufgegeben. Sie fühlt sich überfordert und verliert den Kontakt zur Außenwelt. Das müsste nicht sein. Es braucht besondere Anstrengungen, um mit der Umwelt in Kontakt zu bleiben. Das ist ein Akt der „konstruktiven Aggression“.

8.4.11 Sich in der Natur aufhalten

Die Stadt zu verlassen und sich in der Natur aufhalten ist ein Akt der aktiven „Abgrenzung nach innen und außen“. Einmal auf die Annehmlichkeiten der

Stadt zu verzichten bedeutet nicht nur, gesunde Luft einzuatmen und Sehenswürdigkeiten zu betrachten, sondern auch, für andere Leute und das eigene Handy nicht erreichbar zu sein.

Diese Unerreichbarkeit ist ein wichtiger „Abgrenzungsschritt nach außen", während die Nichtbeschäftigung mit den beruflichen Fragen einem „Abgrenzungsschritt nach innen" gleichkommt.

Hin und wieder ist es besser, eine Nacht lang darüber zu schlafen oder einen längeren Spaziergang zu machen, bevor man wichtige Entscheidungen trifft. Das bedeutet, dem unbewussten Verarbeitungsprozessen eine echte Chance zu geben.

Während des Schlafens beziehungsweise Träumens ist die Wahrnehmungsschwelle herabgesetzt. Dann können nebst den intuitiv erlangten Fantasien auch blockierte Gedankengänge aktiviert und in den Überlegungsprozess mit einbezogen werden. Die Berücksichtigung dieser Aktivitäten steht ganz im Dienste der „Ich-Funktion der Kreativität".

8.4.12 Hobbys pflegen und künstlerisch tätig sein

Hobbys und künstlerisches Schaffen ermöglichen nicht nur einen emotionalen Ausgleich, sondern gleichen einer Entdeckungsreise in das „Land der unbekannten Möglichkeiten". Der Bastelraum beziehungsweise das Atelier aktivieren einen sogenannten inneren „Wilden Westen". Sie öffnen Räume, in denen sich kreative Möglichkeiten entfalten.

Kunstwerke können auch provozieren. Sie sprechen Gefühle an, die sonst übersehen werden. Dabei setzen sie einen inneren Dialog in Gang.

Kontrollinstanzen werden ausgeschaltet und die Eroberung neuer Erfahrungsfelder angestoßen.

Herr J. hatte ein altes Bauernhaus gekauft und machte sich sofort an die Arbeit. Immer wieder stieß er auf unerwartete Herausforderungen: elektrische Leitungen verlegen, Dachbalken ersetzen, neue Wände einziehen, Fensterstürze montieren, Türen ablaugen beziehungsweise lackieren, Kacheln verlegen, Fugen verkitten, Zwischenräume schäumen, Wände verputzen und Armaturen verkabeln.

Bei jeder Tätigkeit war Herr J. von neuem gefordert.

Herr J. machte bei diesen Arbeiten die verblüffende Entdeckung, dass er mehr konnte als er wusste.

Im Rahmen seiner Tätigkeiten konnte Herr J. sein „Selbstwertgefühl" steigern, den „Narzissmus" stärken und seine „Identität" erweitern.

Beim künstlerischen oder handwerklichen Schaffen, zum Beispiel beim Theater spielen, Musizieren, Singen, Malen, Zeichnen, Töpfern, Basteln, Handwerkern, Weben, Sticken und Stricken findet eine intensive Wechselwirkung zwischen dem „Neugier erwecken", „etwas Neues erschaffen", „die Fantasie spielen lassen", „mit Materialien experimentieren" und „sich zum Lernen motivieren" statt. Diese Beschäftigungen können dem kreativen Schaffen neue Räume eröffnen.

Erst in der Begegnung mit der eigenen „Kreativität" kann die Antwort auf die Frage gefunden werden:

„Wer bin ich wirklich?"

8.4.13 Museen und Ausstellungen besuchen

In Museen und Ausstellungen kann man sich von Kunstwerken überraschen lassen:

Als die Frau fünfundzwanzig Jahre alt war, begegnete sie das erste Mal dem „Schrei" von Edward Munch. Es traf sie wie ein Blitz, als ob sie selber einen Schrei ausstoßen müsste. Sie wurde von tiefer Trauer befallen.

Auf das Erlebnis angesprochen sagte sie, dass kurz zuvor ihr Vater gestorben sei.

Es sind vor allem „seelische Funktionen" wie „Aufmerksamkeit zeigen", „Sensibilität entwickeln", „Anerkennung aussprechen", die durch die Kunstwerke aktiviert werden.

8.4.14 Haustiere halten

Säugetiere sind genetisch gesehen eng mit dem Menschen verwandt. Sie haben ähnliche Skelettstrukturen, ähnliche Organe, ähnliche kognitive und emotionale Fähigkeiten. – Und eine Seele!

Der Hund „Hachiko" wurde am 10. November 1923 in Japan geboren. Ab 1924 nahm ihn sein damaliger Besitzer, der Universitätsprofessor Hidesaburo Ueno, nach Tokio mit. Von da an holte „Hachiko" sein „Herrchen" jeden Tag vom Bahnhof ab.

Als der Professor am 21. Mai 1925 während einer Vorlesung starb, zog seine Witwe von Tokio weg. „Hachiko“ aber riss bei seinen „Pflegeeltern“ aus und wartete jeden Tag auf seinen „Herrn“.

Während „Hachiko“ in den ersten Jahren am Treppenaufgang als Störenfried empfunden und nur stillschweigend daselbst geduldet wurde, richtete ihm später der Bahnhofvorstand ein eigenes Plätzchen ein.

Als „Hachiko“ am 8. März 1935 in einer Straße in Shibuya starb, wurde sein Sterben landesweit betrauert.

Sein Körper wurde präpariert und im Nationalmuseum der Naturwissenschaften ausgestellt. Zur Erinnerung an ihn wurde eine Bronzestatue gegossen und an der Stelle seines letzten Ausharrens platziert.

„Hachiko“ galt schon zu seinen Lebzeiten als Inbegriff der Treue. Er war aber nicht nur ein Symbol für die Treue eines Hundes, sondern für die Treue schlechthin.

Hunde sind aber nicht nur treu, sie sind auch sensibel.

Anlässlich einer gruppendynamischen Tagung hielt sich eine Selbsterfahrungsgruppe im umliegenden Garten auf. Während der ersten Sitzung herrschte eine gedrückte Stimmung. Niemand wollte etwas sagen. Plötzlich kam ein kleiner Dackel angelaufen, kringelte sich unter dem Stuhl einer Teilnehmerin zusammen und begann erbärmlich zu jaulen.

Der Gruppenleiter hielt inne und fragte, was das zu bedeuten habe. In diesem Augenblick begann auch die Teilnehmerin zu weinen. Sie sei verzweifelt, fühle sich verlassen und sehne sich nach Hause. Im Anschluss an dieses Ereignis wurde ausführlich über das augenblickliche Hiersein und die momentane Trennung vom Zuhause gesprochen.

Die Teilnehmerin beruhigte sich, und der Dackel lief befriedigt davon.

Die Beziehung zu einem Haustier kann die Beziehung zu einem Menschen ersetzen. Der Hund sei der „beste Freund“ des Menschen, heißt es, und die Katze sein wichtigstes Kuscheltier.

Beziehungsfähig sind aber auch Vögel, zum Beispiel Kanarienvögel.

Herr O. kaufte sich einen Kanarienvogel und nannte ihn „Hansi“. Er sei ein liebes Tier, meinte der Händler.

Nach wenigen Wochen war „Hansi“ handzahm. Er landete auf dem Finger oder auf dem Kopf. Er hüpfte auf den Rand der Zeitung und wippte genüsslich auf und ab, als ob es ihm Spaß machen würde. Dann drehte er über den Köpfen seine Runden und landete von neuem auf dem Finger von Herrn O.

Die Beziehung zu einem Tier kann das Fehlen einer Beziehung oder den Verlust eines Menschen kompensieren. Gleichzeitig bedeutet die Gestaltung einer Mensch-Tier-Beziehung eine besondere Form der „Beziehungsfähigkeit".

8.4.15 Eigene Wünsche erfüllen

Träume sind da, um verwirklicht zu werden. Und Wünsche sind „heilig". Warum nicht einmal ausspannen oder etwas Verrücktes tun, zum Beispiel die Erde umrunden, den Nordpol bereisen, eine Wüste durchqueren, in Hong Kong einkaufen gehen oder auf dem „Burj Khalifa" die Aussicht genießen?

8.4.16 Die Welt entdecken

Jede Reise bringt neue Erfahrungen. Die Entdeckung fremder Länder und der Kontakt mit der heimischen Bevölkerung gehen meistens mit außerordentlichen Erlebnissen einher:

Herr und Frau S. machten eine Reise nach Argentinien. In einem Dorf kamen sie mit der indigenen Bevölkerung in Kontakt. Dabei stellten sie mit Erstaunen fest, dass diese aus Holz und Schnitzwerkzeugen attraktive Figuren herstellten. Sie schnitzten aus verschiedenen Holzarten Affen, Löwen, Krokodile, Pferde oder andere heimische Haus- und Wildtiere.

Herr und Frau S. kamen auf die Idee, die Figuren in Europa zu verkaufen. Mit dem Erlös wollten sie im argentinischen Dorf eine Schule aufbauen. In der Folge entwickelte sich aus der originellen Idee ein profitables Gegengeschäft. Schließlich konnten im Laufe der Jahre mehrere Hunderttausend Franken in die Dorfgemeinschaft investiert und ein beachtliches Schulprojekt finanziert werden.

Das Beispiel „Schulprojekt in einem argentinischen Dorf" ist ein eindrückliches Beispiel für kreative Mitmenschlichkeit, für verwirklichte „Kreativität", für „konstruktive Aggression" und schließlich für „konstruktiven Narzissmus".

Reisen haben auch eine weitere Bedeutung:

Während den Semesterferien reiste Herr T. in die Türkei. Er flog nach Istanbul und nahm den Bus nach Ephesus, wo österreichische Handwerker eben dabei waren, die herumliegenden Steine einzusammeln und durchzunummerieren. Später sollte aus den Bruchstücken die märchenhafte Fassade der antiken Bibliothek wiederauferstehen.

Mit dem Bus ging es weiter nach Pamukkale und dem Fischerdorf Fethiye, wo mutige Männer in der Tiefe des Meeres nach frischen Schwämmen tauchten. In Pamukkale konnte Herr T. in den Kalksinterterrassen ein warmes Bad nehmen und am Abend auf einer türkischen Hochzeit mittanzen. Auf der Rückreise begegnete er einem „Schlangenfänger", der verbotenerweise einen ganzen Rucksack voller Schlangen, Kröten und anderer Reptilien auf sich trug.

Auf dem Flughafen von Istanbul, als Herr T. zum Rückflug eincheckte, geschah das Unerwartete: Herr T. hatte plötzlich das Gefühl, dass er sich auf der ganzen Erde zurechtfinden würde.

Was war geschehen? Anscheinend hatte Herr T. durch das Reisen an Selbstsicherheit und Weltgewandtheit gewonnen. Er spürte einen „Autonomieschub". Die Angst vor dem Fremdartigen war plötzlich verschwunden. Das steigerte sein „Selbstwertgefühl" und sein „Selbstvertrauen".

8.4.17 Freundschaften pflegen

Freundschaften erhöhen die Lebensqualität und das Zusammengehörigkeitsgefühl. Im Freundschaftskreis kann man interessante Gespräche führen. Das stärkt die „Kreativität", die Motivation, die Fantasie, das Energieniveau und fördert die Leistungsfähigkeit.

Günter AMMON (1973) schuf für diesen Effekt den Begriff „Sozialenergie". Tatsächlich erhöht das Eingebundensein in eine gut funktionierende Gruppe oder in einen privaten Freundeskreis das Erregungs- und Aktivitätsniveau.

Das gilt entsprechend für Nachbarschaftsbeziehungen. Eine gute Nachbarschaft wirkt wie eine Stromquelle, wie ein nie versiegender Energiespender.

Es gibt auch negative Beispiele:

Familie F. liegt mit Herrn G. seit langem im Streit. Es geht um einen Baum, der angeblich die Sicht verstellt, Feuchtigkeit verursacht und im Herbst Blätter fallen lässt. Das Gewächs schafft Ärger und Verdruss. Schließlich kommt es zum Prozess, der sich über mehrere Jahre lang hinzieht.

Der Streit endete erst, als Herr G. stirbt und Familie F. in eine andere Stadt umzieht.

Das Beispiel demonstriert die verheerende Wirkung der „destruktiven Aggression".

Vermutlich ging es nur vordergründig um einen Baum, sondern eher um weit zurückliegende Rivalitätskonflikte, die stellvertretend für andere Probleme ausagiert wurden. In der „Stellvertretungssituation" kann der ursprüngliche Konflikt nicht gelöst werden. Der Streit kann nur beendet werden, wenn es gelingt, die dahinter liegenden Grundkonflikte aufzudecken.

8.4.18 Für andere Menschen Interesse zeigen

Es gibt interessante Menschen. Viele Menschen interessieren sich aber nur für sich selber. Sie stellen keine Fragen. Anderen Menschen Fragen zu stellen erleben sie als Einmischung in fremde Intimsphären: Es heißt, „man soll anderen nicht die Würmer aus der Nase ziehen"!

Diese Ängste, die Menschen daran hindern, Interesse zu zeigen, sind unbegründet. In Wirklichkeit ist es umgekehrt. Die Menschen schätzen es, wenn man ihnen Fragen stellt.

Herr Z. ist ein erfolgreicher Unternehmer. Stundenlang kann er über sich und seine Erfolge reden. Er hat vieles erlebt und dabei ein beachtliches Vermögen verdient.

Herr Z. kommt aber nicht auf die Idee, anderen Menschen Fragen zu stellen, zum Beispiel: „Wie geht es Dir?" „Woran arbeitest Du gerade?" „Welches Buch liest Du zurzeit?" „Wie läuft es mit Deiner Beziehung?" Oder: „Wie steht es mit Deiner Gesundheit?"

Wegen dieser Selbstbezogenheit lässt Herr Z. Verdruss aufkommen. Die Gesprächspartner fühlen sich zu wenig beachtet und in ihrer Persönlichkeit herabgesetzt. Deshalb ziehen sie sich von Herrn Z. zurück.

Jeder Mensch ist interessant. Das fehlende Interesse bedeutet sowohl eine Unachtsamkeit anderen Menschen gegenüber als auch eine „destruktive Aggression". Eigentlich sollte jedes Gespräch ausgeglichen sein. Jedem Gesprächspartner steht die gleiche Aufmerksamkeit zu. Dem Gesprächspartner Interesse entgegenzubringen bedeutet sowohl ein „konstruktiv aggressives" Aufeinanderzugehen als auch eine Stärkung der zwischenmenschlichen Beziehungen. Nach einem ausgeglichenen Gespräch fühlen sich alle Beteiligten bereichert. Beide erfahren einen Zuwachs an „Sozialenergie".

8.4.19 Mit Familienangehörigen reden

Das Gespräch mit den Eltern, Geschwistern und Angehörigen ist außerordentlich wichtig. Vielfach haben Geschwister die Kindheit anders erlebt als man selber. Zudem gehören die Eltern einer anderen Generation an. Sie vertreten möglicherweise ganz andere Werte.

Als das Mädchen sieben Jahre alt war, wurde seine Mutter überraschend in ein Krankenhaus eingeliefert. Der Vater sagte: „Weil du böse gewesen bist!"

Zwanzig Jahre später kam es zur Aussprache. Die unterdessen erwachsen gewordene Frau fragte ihre Mutter, warum sie damals ins Krankenhaus eingewiesen worden war. Sie sagte, weil sie ein drittes Mal schwanger war. Sie habe überraschend einen Abort erlitten.

Die Tochter war erschüttert und fühlte sich von ihren Schuldgefühlen endlich befreit. Gleichzeitig war sie wütend, weil sie vom Vater zu Unrecht beschuldigt worden war.

Das Beispiel zeigt, dass ein klärendes Gespräch auch nach vielen Jahren von schweren Schuldgefühlen befreien kann. Gleichzeitig zeigt es, dass die direkte Aussprach als „konstruktiv aggressiv" und die damalige Bemerkung des Vaters als „destruktiv-aggressiv" bewertet werden müssen.

8.4.20 Familiengeschichte erforschen

Jeder Mensch wird durch seine Familiengeschichte geprägt. Und jede Familie entwickelt im Laufe der Jahre eine eigene Kultur. Dazu gehören zum Beispiel soziale und politische Einstellungen, familienspezifische Wert- und Verhaltensmuster und besondere Gefühls- und Kommunikationsweisen.

Herr C. war ein gefühlskalter und pessimistisch denkender Mensch. Im Rahmen der Familienrecherche konnte er folgende Begebenheiten herausfinden:

Die Ururgroßmutter väterlicherseits war schon bei der Geburt des Urgroßvaters gestorben. Dieser wuchs ohne seine Mutter auf. In ähnlicher Weise war auch die Urgroßmutter mütterlicherseits früh verschieden, wo-

rauf die jüngste Tochter, die spätere Großmutter von Herrn C., in eine gewalttätige und hartherzige Bauernfamilie verdingt wurde.

In der Folge konnte in allen nachfolgenden Generationen eine gefühlskalte Familienatmosphäre festgestellt werden. Diese übertrug sich später auch auf Herrn C.

Das Beispiel zeigt, dass sich bestimmte Familienschicksale über viele Generationen hinweg tradieren. Es ist wichtig, dass man seiner Familiengeschichte bewusst wird. Solche Recherchen können lange zurückliegende Schicksalsschläge endlich aufklären und einer inneren Verarbeitung zugänglich machen.

8.4.21 An einer Familienaufstellung teilnehmen

Die Familienaufstellung bezeichnet ein psychologisches Verfahren, das auf gruppendynamischen und feldtheoretischen Gesetzmäßigkeiten beruht. Es geht um eine räumliche Anordnung von Teilnehmern, die stellvertretend für die Familienmitglieder stehen. Damit können bestimmte Beziehungsmuster innerhalb einer Familie aufgedeckt werden.

Dieses Verfahren gründet auf der Hypothese, dass Beziehungen und Gefühle im Gehirn abgespeichert, von anderen Menschen anhand feinster Indikatoren wahrgenommen und schließlich nach außen kommuniziert werden können.

Eine Familienaufstellung kann kurzfristig auch einen therapeutischen Effekt bewirken. Dieser Effekt kann aber nur erhalten bleiben, wenn es gelingt, die neuen Erkenntnisse in das eigene Leben zu integrieren. Das bedeutet, dass eine „Entscheidung“ endlich getroffen, eine „Abgrenzung“ wirklich vollzogen, eine „Trennung“ tatsächlich riskiert und ein „Entschluss“ vollständig umgesetzt wird. Das ist meistens nur im Rahmen einer therapeutischen Beziehung möglich.

8.4.22 An einer „gruppendynamischen Selbsterfahrungsgruppe“ teilnehmen

Es braucht Mut, an einer gruppendynamischen Selbsterfahrung teilzunehmen. Man weiß nie genau, was einem aus der Tiefe der eigenen Seele begegnet.

Therapeutische Gruppen beziehungsweise gruppendynamische Selbsterfahrungsgruppen haben unterschiedliche Aufgaben. Sie unterscheiden sich in ihrer Zielsetzung:

In therapeutischen Gruppen werden Krankheiten geheilt, in Selbsterfahrungsgruppen werden das eigene Verhalten in Gruppen und die gruppendynamischen Prozesse studiert.

Herr M. war Dozent und lehrte an der Universität. Er fühlte sich von seinen Studenten bedroht. Er hatte stets das Gefühl, dass sie ihm feindselig gegenüberstanden oder irgendwelche Fehler nachweisen wollten.

An einem Selbsterfahrungswochenende konnte Herr M. erkennen, dass er sich nicht nur in seinem Seminar, sondern auch in der Selbsterfahrungsgruppe bedroht fühlte und dass seine Ängste in seiner Kindheit begründet lagen. Zudem konnte er verstehen, dass die Menschen ihre Gefühle den Eltern gegenüber auch auf andere Menschen, zum Beispiel auf Lehrer und Vorgesetzte übertragen. Misstrauische Gefühle haben deswegen weniger mit den anwesenden Menschen als mehr mit den eigenen Eltern zu tun.

Ab diesem Augenblick fühlte sich Herr M. weniger bedroht. Die Selbsterfahrung hatte ihm geholfen, seine Ängste besser zu verstehen. Er wurde selbstsicherer und gewann an Selbstvertrauen. Damit wurden die „Ich-Funktion" der „Gruppenfähigkeit" und das „Selbstwertgefühl" gestärkt.

8.4.23 An einer „berufsspezifischen Selbsterfahrungsgruppe" teilnehmen

Selbsterfahrungsgruppen sind nicht nur für Privatpersonen geeignet, sondern auch für besondere Berufspersonen wie Ärzte, Pflegepersonen, Lehrer, Psychologen und Sozialarbeiter. Solche Selbsterfahrungsgruppen nennt man „berufsspezifische Selbsterfahrungsgruppen" beziehungsweise „Balintgruppen".

Die „berufsspezifische Selbsterfahrungsgruppe" arbeitet mit dem sogenannten „Spiegelungsphänomen", das heißt, dass sich während der Durcharbeitung eines „Falles" sein ganzes Beziehungsfeld in der Selbsterfahrungsgruppe widerspiegelt. Deshalb können die Menschen des Berufsfeldes in der Selbsterfahrungsgruppe stellvertretend „angesprochen" und „zur Rede gestellt" werden. Dabei können ähnlich wie bei „Familienaufstellungen" überraschende Einsichten gewonnen werden.

Die „berufsspezifische Selbsterfahrungsgruppe" kann sowohl für die Gruppenmitglieder als auch für die entsprechenden Schüler, Patienten, Klienten, Mitarbeiter und Kunden entscheidende Verbesserungen bringen.

Im Hinblick auf die Veränderung von „Ich-Strukturen" bedeutet das, dass mit der Teilnahme an einer „Selbsterfahrungsgruppe" der „Mut, sich selber in Frage zu stellen", die „Einsicht in das eigene Sozialverhalten", die „konstruktive Aggression", die „konstruktive Angst", die „Gruppenfähigkeit", das „Selbstwertgefühl", die „Ich-Abgrenzung", die „Ich-Stärke" und schließlich auch die „Ich-Integration" verbessert werden.

8.4.24 Beziehungsnetz überprüfen

Als Ergebnis der vorgeschlagenen Bemühungen kann man sein ganzes Beziehungsnetz überprüfen und gegebenenfalls neu organisieren.

Sind meine Vorstellungen bezüglich Freundschaft und Partnerschaft noch angemessen? Habe ich meine Beziehungen richtig positioniert? Lebe ich mit dem richtigen Partner zusammen? Wie stehe ich zu meinen Eltern?

Das sind Fragen, auf die man möglicherweise neue Antworten finden muss. Vielleicht ist es wichtig, eine bestehende Freundschaft in Frage zu stellen. Vielleicht bin ich mir der Wichtigkeit meiner Beziehungen noch nicht bewusst. Vielleicht ist es besser, wenn ich mich von Freunden, meinem augenblicklichen Partner oder von meiner Familie trenne. Vielleicht muss ich sogar eine Scheidung erwägen.

Vielfach stellt sich das Problem, dass man zur bestehenden Beziehung noch gar nicht richtig „Ja" beziehungsweise „Nein" gesagt hat. Möglicherweise ist es besser, ein „Ende mit Schrecken" als ein „Schrecken ohne Ende" zu erwägen.

Selbstverständlich gilt das auch für den Beruf. Möglicherweise müssen eine Kündigung, eine neue Stelle, eine andere Ausbildung oder eine Weiterbildung erwogen werden.

Im Hinblick auf die Bedeutung solcher Vorgänge gilt allgemein Folgendes:

Das Herangehen an die aktuellen Probleme ist meistens ein Akt der „konstruktiven Aggression".

Entscheidungen, die sich aus solchen Überprüfungen ergeben, zum Beispiel eine schmerzliche Trennung oder eine überfällige Kündigung, bedeuten Abgrenzungsschritte sowohl nach „innen", wenn man die Schuldgefühle und Ängste in Betracht zieht, als auch nach „außen", indem man sich von bestimmten Aufgaben oder Menschen trennt.

Mit solchen Entscheidungen verbindet sich möglicherweise eine Stärkung der „Ich-Funktion der Autonomie", der „Integration" und der „Identität". Möglicherweise führt die Erneuerung des Beziehungsnetzes auch zur Verbesserung der „Auseinandersetzungsfähigkeit" beziehungsweise der „Gruppenfähigkeit".

Alle diese Maßnahmen können in der „Entwicklungsmatrix" wie folgt zusammengefasst werden (**Abb. 46**):

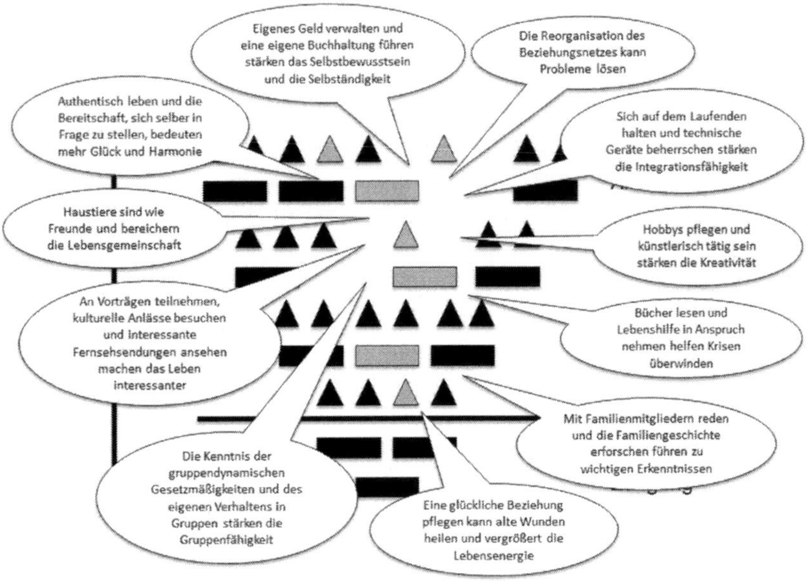

Abb. 46: Die Wirkung von normalen Aktivitäten ohne Inanspruchnahme von professioneller Hilfe

8.4.25 Schlussfolgerung

Die meisten der oben erwähnten Maßnahmen beruhen auf einem eigenen Aktivwerden. Jede Aktivität löst weitere Prozesse aus und regt zu weiteren Aktionen an.

Es gibt aber auch Situationen, in denen ein eigenes Aktivwerden nicht mehr ausreicht. Dann braucht es einen Anstoß von Außen oder die Hilfe eines Spezialisten, zum Beispiel eines Therapeuten.

8.5 Änderungsbemühungen unter Inanspruchnahme von professioneller Hilfe

8.5.1 Verabreichung von Psychopharmaka

Wie im nachfolgenden Kapitel gezeigt werden wird (siehe **Abb. 49**), sind bei schweren „Ich-Krankheiten" eher Behandlungen mit Psychopharmaka angezeigt, während bei leichteren Defiziten vermehrt psychotherapeutische Maßnahmen zur Anwendung kommen. Mit Psychopharmaka werden die Symptome direkt angegangen, indem deren Effekte blockiert, gedämpft oder verstärkt werden. Dabei werden die „ich-strukturellen Defizite" in der Tiefe der „Ich-Strukturen" nicht verändert (siehe **Abb. 47**).

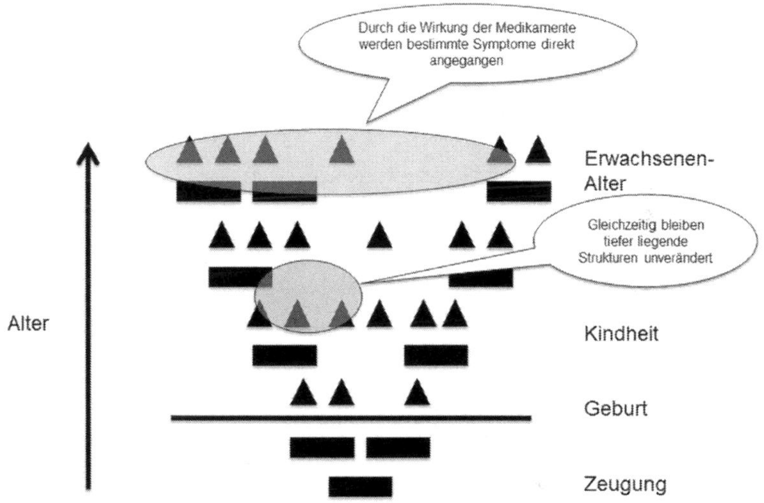

Abb. 47: Die Wirkung von Psychopharmaka auf Prozesse und Symptome

Im Gegensatz dazu werden beim „ich-strukturellen Arbeiten" hinter den Symptomen die tieferliegenden „Ich-Strukturen" korrigiert (**Abb. 48**).

8.5.2 Psychotherapie

Es gibt viele Arten von Psychotherapie, zum Beispiel „verhaltenstherapeutische", „kognitiv-behavioristische", „humanistisch-existenzielle", „systemische", „körperorientierte", „psycholytische", „gesprächstherapeutische" und „tiefenpsychologisch-psychodynamische" Methoden. Unter letztere fallen zum Beispiel die „psychoanalytisch orientierte Einzeltherapie" und die „psychoanalytisch orientierte Gruppentherapie". Obwohl diese Methoden in ihrer Durchführung sehr unterschiedlich sind, ist doch allen gemeinsam, dass sie das gleiche Ziel erfolgen, nämlich die psychischen Krankheiten zu heilen.

Eine weitere Möglichkeit, psychische Leiden zu lindern, besteht deshalb in der Heilung beziehungsweise Besserung durch psychotherapeutische Maßnahmen. Dabei werden die „ich-strukturellen Defizite" nicht einfach ignoriert beziehungsweise durch Psychopharmaka beeinflusst, sondern in einem länger dauernden therapeutischen Vorgehen rekonstruiert. Das bedeutet, dass die defizitären „Ich-Strukturen" im Rahmen einer „ich-strukturellen Nachentwicklung" nach und nach korrigiert werden (**Abb. 48**).

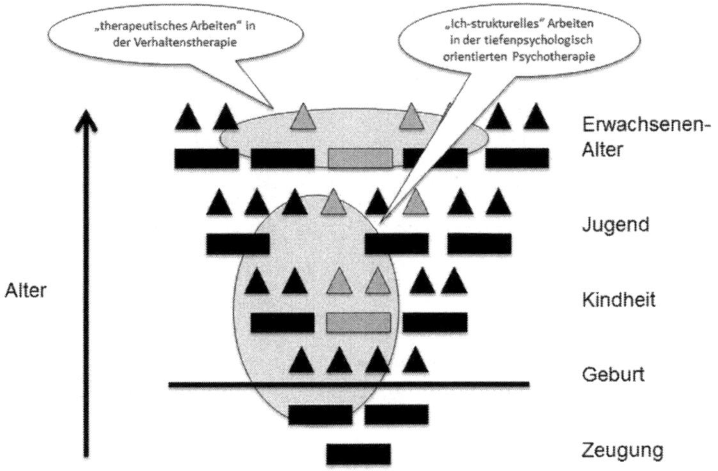

Abb. 48: „Verhaltenstherapeutisches" und „ich-strukturelles Arbeiten" in der Psychotherapie

8.5.3 Psychische Krankheit und Gesellschaft

Selbstverständlich können nicht alle Krankheiten mit psychotherapeutischen Maßnahmen behandelt werden. Nicht alle Menschen eignen sich für eine Psychotherapie.

Die psychischen Krankheiten lassen sich nach AMMON (1979) in Abhängigkeit vom Schweregrad der Erkrankung beziehungsweise der Größe der „ich-strukturellen Defizite" auf einem gleitenden Spektrum anordnen. Dieses Kontinuum reicht von den leichtesten psychischen Reaktionen bis zu den schwersten chronischen Psychopathien.

Dieses Spektrum mit der dazugehörigen Kategorisierung und den entsprechenden Erläuterungen wird in **Abb. 49** und **50** dargestellt:

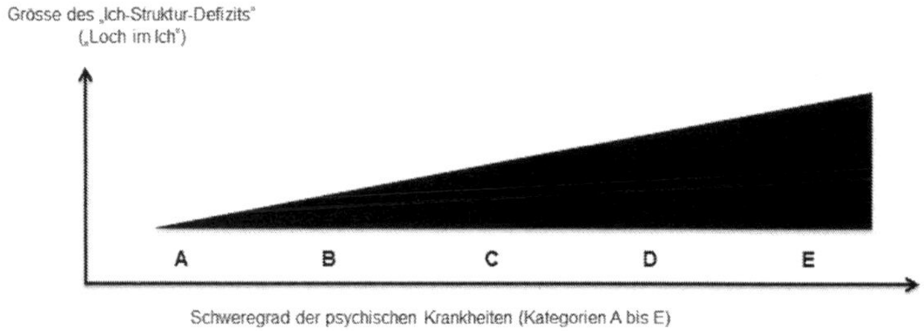

	A	B	C	D	E
Defizit	sehr klein	klein	mittelgroß	groß	sehr groß
Krankheits-zustand	gesund	Reaktionen	Neurosen	Borderline-Syndrom	Schizophrenie
Behandlung	Beratung	psychotherapeutische Behandlung		psychiatrische Behandlung	stationäre Behandlung

Abb. 49: Schweregrad der psychischen Krankheiten in Abhängigkeit vom „ich-strukturellen Defizit" („Loch im Ich")

Kategorie A
Es gibt Menschen, die keine Therapie benötigen. Sie haben möglicherweise eine gute Kindheit in einer konstruktiven Familienatmosphäre erlebt

Kategorie B
Die zweite Gruppe zeigt kleinere Defizite. Diese Menschen bedürfen hin und wieder guter Ratschläge von guten Freunden oder in Einzelfällen einer gezielten Beratung durch einen Spezialisten

Kategorie C
Zur dritten Gruppe gehören Menschen, die der psychotherapeutischen Hilfe bedürfen. Sie haben mittelschwere Defizite, die sich unter anderem in Beziehungsproblemen, Berufsproblemen oder in „reaktiven Depressionen" äußern. Sie sind in der Regel gut motiviert, an ihren Problemen zu arbeiten. Sie wollen wieder „gesund" werden und verfügen über einen starken „intrinsischen Gesundheitswillen"

Kategorie D
Zur vierten Gruppe gehören Patienten, die schwere „ich-strukturelle Mängel" aufweisen, die mit psychotherapeutischen Methoden nur beschränkt behandelbar sind. Dazu gehören zum Beispiel schwere „depressive Reaktionen", Angstreaktionen, Zwangskrankheiten, Phobien, das „Borderline-Syndrom" beziehungsweise der sogenannte „Narzissmus".

Diese Menschen lassen sich in der Regel neben der symptomspezifisch orientierten Verhaltenstherapie nur selten zu einer „psychoanalytisch orientierten Psychotherapie" motivieren. Sie spüren intuitiv, dass man ihnen mit therapeutischen Gesprächen kaum helfen kann. Sie gehen lieber in eine Verhaltenstherapie oder zum Psychiater, wo sie unter anderem mit Medikamenten behandelt werden.

Kategorie E
Zur fünften Gruppe gehören Patienten, die an Psychosen, schweren „manisch-depressiven Episoden", „schwerster Kriminalität", „psychosomatischen Krankheiten" oder schweren Suchtkrankheiten wie Drogenabhängigkeit beziehungsweise Alkoholismus leiden. Sie lassen sich regelmäßig oder bei chronischem Verlauf über längere Zeit in psychiatrische Kliniken oder speziell in Suchtkliniken (beziehungsweise Gefängnisse) einweisen.

Abb. 50: Charakterisierung der Kategorien A bis E

Selbstverständlich ist in den einzelnen Kategorien nicht immer die gleiche Anzahl Menschen vertreten. **Abb. 51** zeigt in Annäherung eine „Glockenkurve", nach der sich die Menschen auf die einzelnen Kategorien verteilen. Der Kategorie A gehören nur wenige Menschen an. Das gleiche gilt für die schwersten psychischen Krankheiten (Kategorie E). Die meisten Personen zählen zu den mittleren Kategorien (kleines, mittleres bis großes psychisches Defizit).

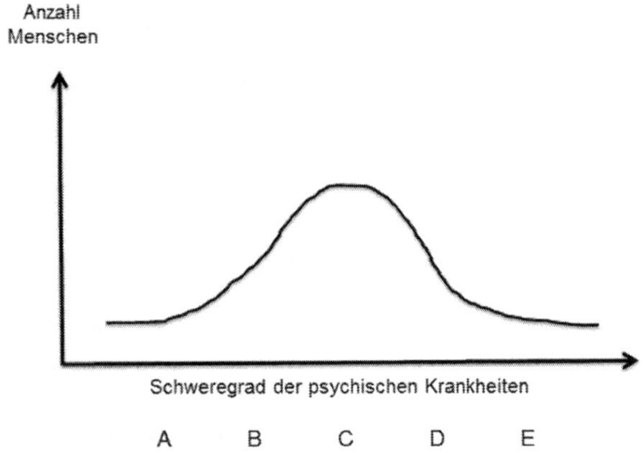

Abb. 51: Verteilung der Menschen auf die einzelnen Krankheitskategorien

Selbstverständlich hat die Verteilung in jeder Kultur ein anderes Gesicht. Es gibt Gesellschaften, in denen die Bevölkerung stärker beziehungsweise schwächer von psychischen Leiden betroffen ist. Das psychische Leiden ist unter anderem abhängig von kulturellen Traditionen, die unterschiedlich auf das Erziehungsverhalten und die Bildungsprozesse einwirken. Aus diesen Gründen gibt es für jede Gesellschaft ein anderes Profil.

In **Abb. 52** sind in Abhängigkeit von den kulturellen Bedingungen unterschiedliche Krankheitsprofile eingezeichnet.

Die Kurve I zeigt eine Verteilung, deren Maximum weit links, in Richtung der „psychischen Gesundheit", liegt, während die Kurve II beziehungsweise III in Richtung „psychische Krankheiten" verschoben sind.

Vermutlich können die westlichen Gesellschaften, in denen eine liberale und kindorientierte Erziehung vorherrscht, und in denen ein differenziert ausgebautes Gesundheitswesen zur Verfügung steht, eher der Kurve I beziehungsweise II zugeordnet werden, während archaisch rückständige und patriarchalisch geprägte Gesellschaften eher den Kurven II beziehungsweise III entsprechen würden.

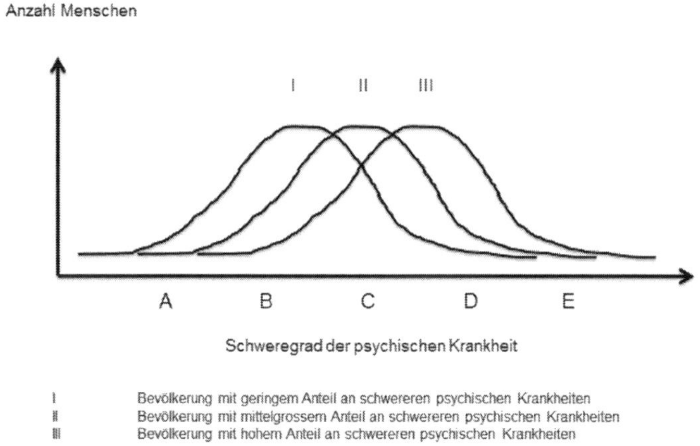

Abb. 52: Der Einfluss der kulturellen Bedingungen auf die psychische Gesundheit eines Volkes

8.5.4 Grenzen der Psychotherapie

Leider ist es nicht möglich, psychische Krankheiten in jedem Fall zu heilen. Viele Defizite lassen sich nicht korrigieren, weil sie zum Beispiel mit fest verankerten Ergebnissen der persönlichen Lebensgeschichte verbunden sind.

Solche Verknüpfungen können zum Beispiel in einer bereits beendeten Berufsausbildung, in einem einmal fest gewählten und institutionalisierten Beruf, in einer seit längerem bestehenden Beziehung beziehungsweise dem Vorhandensein von Familie und Kindern liegen. Auch das Ableben bestimmter Personen, einmalige Unglücksfälle oder besondere Schicksalsschläge können Folgen zeitigen, die nicht mehr korrigiert werden können. Solche Umstände lassen möglicherweise eine umfassende Infragestellung beziehungsweise Änderung der betreffenden Strukturen nicht mehr zu. Jeder Mensch muss deshalb akzeptieren, dass viele Beeinträchtigungen nie mehr gebessert werden können. Die Erfolgsaussichten einer psychotherapeutischen Behandlung werden damit erheblich eingeschränkt.

Insofern stellt sich die Frage, ob dem Co-Piloten Andreas L. mit psychotherapeutischen Mitteln hätte geholfen werden können. Nach Angaben der Düsseldorfer Staatsanwaltschaft war Andreas L. bereits vor mehreren Jahren, noch ehe er die Fluglizenz erhielt, in psychotherapeutischer Behand-

lung. Diese Informationen lassen vermuten, dass sein „Borderline-Syndrom“ angesichts der Schwere der Erkrankung mit therapeutischen Mitteln kaum hätte geheilt werden können. Zudem haben „schwerste Depressionen“ in der Regel eine schlechte Prognose. Das muss Andreas L. gespürt haben. Dieser Umstand hat möglicherweise dazu beigetragen, seinen schicksalshaften Entschluss, Suizid zu begehen, in die Tat umzusetzen.

Andererseits gibt es auch optimistische Ergebnisse:

Niels BIRBAUMER (2015) schreibt, dass die „deutlich verringerten Rückfallquoten und die in allen demokratischen Ländern mit humanem Strafvollzug … sinkende Schwerstkriminalität mit der Wirksamkeit von Lern-, Trainings- und Rehabilitationsmaßnahmen im Strafvollzug“ positiv korrelieren.

Im Folgenden konzentriert sich die Aufmerksamkeit auf die „psychoanalytisch orientierten Verfahren“, weil sich an diesen das gezielte Arbeiten an „defizitären Ich-Strukturen“ besser aufzeigen lässt. Bei diesen Verfahren werden die „ich-strukturellen Defizite“ Schritt für Schritt analysiert beziehungsweise im Rahmen des „ich-strukturellen Arbeitens“ korrigiert.

9 „Ich-strukturelles Arbeiten“ als therapeutisches Arbeitsprinzip

9.1 „Analytisch orientierte“ Psychotherapie

Die „psychoanalytisch orientierte“ Psychotherapie wird in der Regel von psychoanalytisch geschulten Fachärzten beziehungsweise Fachpsychologen durchgeführt und findet entweder in der „psychoanalytisch orientierten Einzeltherapie“ oder in „psychotherapeutischen Gruppen“ statt. Der Ausbildungskatalog der Psychotherapeuten umfasst in der Regel ein abgeschlossenes Hochschulstudium in Medizin oder Psychologie und eine vier- bis fünfjährige Zusatzausbildung, die klinische Erfahrungen und im Falle der Psychoanalytiker eine eigene „Lehranalyse“ einschließen.

Die „psychoanalytisch orientierte“ Behandlung ist zeitaufwändig. Sie dauert in der Regel mindestens ein Jahr und zieht sich nicht selten über mehrere Jahre hin.

Der Grund für die lange Zeitdauer ist der Umstand, dass der Verinnerlichungsprozess beziehungsweise die Verankerung des therapeutisch wirkenden Milieus mit seinem komplexen Beziehungsnetz in Verbindung mit all seinen Einstellungen, Wertmustern und Gefühlskomponenten in der Regel viel Zeit beansprucht.

Die „psychoanalytisch orientierte“ Behandlung stellt durch die enge Beziehung zwischen den Klienten und den Psychotherapeuten oder durch das Beziehungsnetz der Gruppe ein intimes Behandlungsfeld dar.

9.2 Hinter den Symptomen arbeiten

Zu Beginn der Behandlung wird den auffälligsten Symptomen wie Depressionen, Niedergeschlagenheit, Verlassenheitsängsten, Zwängen und Suchthandlungen usw. wenig Beachtung geschenkt. Die auffälligsten Symptome lenken eher von den tiefer liegenden „Mängeln“ ab. Sie verstellen den Blick auf die entscheidenden Ursachen. Erst nach und nach werden während des therapeutischen Arbeitens hinter den Symptomen (siehe **Abb. 53**) die vorliegenden Entwicklungsdefizite offengelegt und im Rahmen der „nachholenden Ich-

Entwicklung“ korrigiert. Dabei werden neue Motivierungen (Dreiecke) und neue Lernelemente (Rechtecke) in die „defizitären Strukturen“ eingebaut.

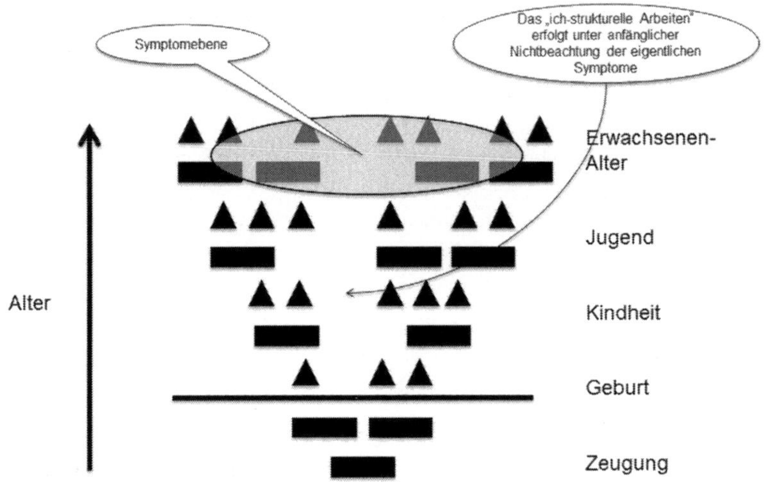

Abb. 53: Darstellung des „ich-strukturellen Arbeitens“, das anfänglich unter Nichtbeachtung der Symptome erfolgt

Das bedeutet, dass die „analytisch orientierte“ Psychotherapie neben dem

- *rein analytischen Aspekt immer auch einen*
- *zwischenmenschlichen beziehungsweise vertrauensbildenden und einen*
- *„ich-strukturell“ aufbauenden beziehungsweise korrigierenden Teil*

beinhaltet.

9.3 Selbstheilungskräfte in Anspruch nehmen

Das psychoanalytische Vorgehen baut in der Regel auf den dem menschlichen Organismus innewohnenden Selbstheilungskräften auf. Während in der „Verhaltenstherapie“ die Psychotherapeuten im Rahmen der mit den Klienten zusammen erarbeiteten Behandlungspläne eine steuernde Funktion ausüben, geht die psychoanalytische Theorie eher von einem sich „selbst organisierenden Heilungsprozess“ aus.

Dabei verläuft das Erlernen beziehungsweise der Aufbau der „Ich-Strukturen“ selten spektakulär. Es handelt sich eher um ein „Staunen“ darüber, dass der Therapeut beziehungsweise die Therapeutin oder die Gruppenmitglieder anders reagieren als man erwartet, um ein „Beeindrucktsein“ von der Offenheit und Ehrlichkeit des therapeutischen Gesprächs, um ein betroffenes „Erschrecken“, wenn plötzlich direkte und aggressive Auseinandersetzungen stattfinden, um ein „Überwältigtsein“, wenn man realisiert, dass man in seiner einmaligen Persönlichkeit unerwartet verstanden beziehungsweise angenommen wird und um ein entspannendes „Glücklichsein“, wenn man spürt, dass man um seiner selbst willen von anderen Menschen geliebt und geachtet wird.

9.4 Die „ich-strukturelle Nachentwicklung“

Im Folgenden wird das „ich-strukturelle Arbeiten“ anhand der oben dargestellten „Entwicklungsmatrix“ Schritt für Schritt aufgezeigt:

Die erste Abbildung (**Abb. 54**) zeigt den möglichen Ausgangspunkt einer „psychoanalytisch orientierten Psychotherapie“. Die dargestellte (fiktive) „Ich-Struktur-Matrix“ zeigt mehrere „Ich-Defizite“. Dabei verteilen sich die einzelnen Beeinträchtigungen über den ganzen Entwicklungsverlauf, wobei die frühesten Beeinträchtigungen vor oder gleich nach der Geburt entstanden sein könnten.

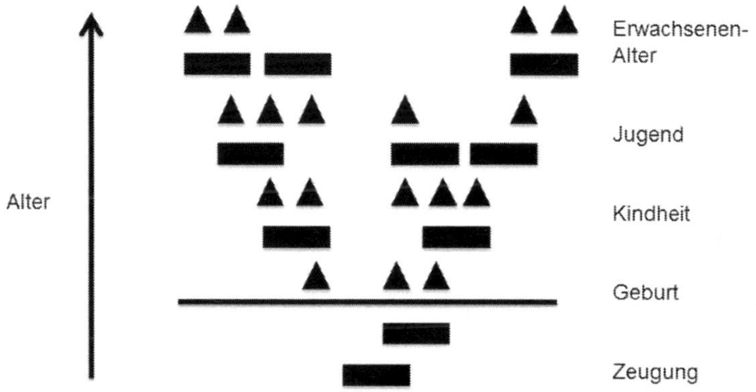

Abb. 54: Ausgangspunkt: Darstellung einer (fiktiven) „Entwicklungsmatrix“ mit verschiedenen vor- und nachgeburtlichen Beeinträchtigungen („Loch im Ich“)

Was ist das für eine Person, auf die diese „Entwicklungsmatrix“ exemplarisch zutreffen könnte? Wie könnten sich die betreffenden „Defizite“ als konkrete Symptome darstellen?

- *Die vorgeburtlichen Beeinträchtigungen könnten sich zum Beispiel als existenzielle Verunsicherung und als tiefe Depressionen manifestieren.*
- *Die frühkindlichen Defizite würden sich möglicherweise als tiefgreifendes Misstrauen und als symbiotische Kontaktwünsche offenbaren.*
- *Während der Jugendzeit könnten sich die Defizite vielleicht in quälenden inneren Spannungen, leichtsinnigen, latent suizidalen Handlungen oder in selbstzerstörerischen Aktionen äußern.*
- *Im frühen Erwachsenenalter würde sich die Person möglicherweise scheuen, Verantwortung zu übernehmen und ein unabhängiges Leben zu führen.*
- *Schließlich könnten sich die multiplen „Ich-Struktur-Defizite“ im Erwachsenenalter als berufliche Orientierungslosigkeit und als fehlendes „Identitätsgefühl“ niederschlagen.*

Die (fiktiven) Symptombilder lassen sich in **Abb. 55** wie folgt darstellen:

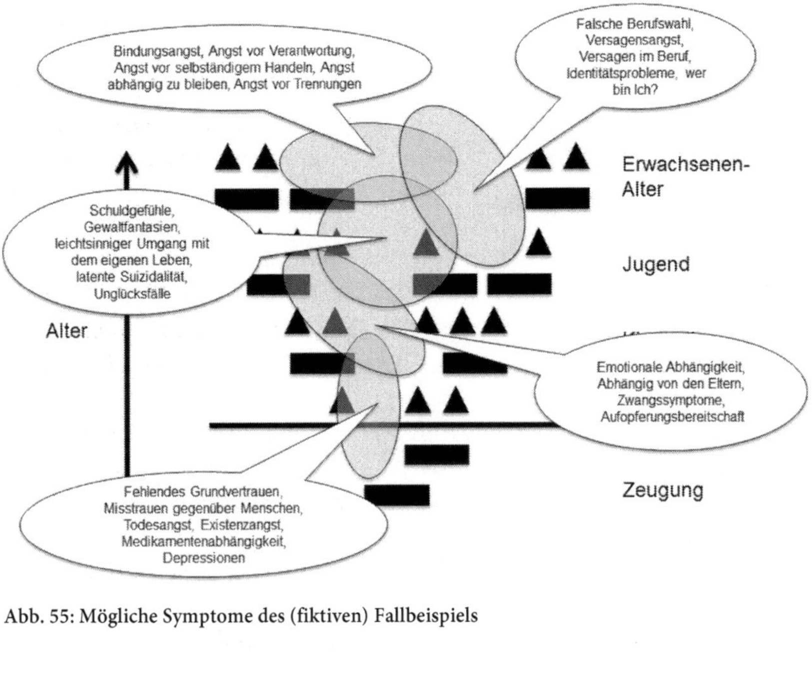

Abb. 55: Mögliche Symptome des (fiktiven) Fallbeispiels

Die „ich-strukturelle Nachentwicklung“ bedeutet im Einzelnen, dass im Rahmen der Psychotherapie die fehlenden „zentralen Ich-Strukturen“ rekonstruiert und die „seelischen Strukturen“ gestärkt beziehungsweise ergänzt werden. Zu den Grundprinzipen des „ich-strukturellen Arbeitens“ gehören zum Beispiel folgende Inhalte:

9.4.1 Vertrauen schaffen

Der erste Schritt besteht in der Regel darin, hinter den auffälligsten Symptomen eine stabile therapeutische Beziehung aufzubauen. Diese entwickelt sich in der Regel in einem vertrauensvollen therapeutischen Milieu. Dieses muss besonders zu Beginn der Behandlung zuverlässig, tolerant, bedingungslos annehmend sein und eine „konstruktive Symbiose“ zulassen. Im Rahmen der „konstruktiven Symbiose“ kann die Basis für eine stabile Vertrauensbeziehung gelegt werden.

Nach einiger Zeit können die Klienten die „konstruktive Symbiose“ wieder aufgeben und eine „konstruktive Auseinandersetzung“ in Gang setzen, in deren Rahmen „konstruktive Aggression“, „Abgrenzung nach innen und außen“, „Ich-Autonomie, „Sozialkompetenz“ und „Frustrationstoleranz“ gelernt werden.

Der Aufbau der Vertrauensbasis ist von grundlegender Bedeutung und dauert erfahrungsgemäß mindestens ein Jahr.

Möglicherweise können in einer gut funktionierenden Gruppe sogar vorgeburtlich entstandene Defizite korrigiert werden (**Abb. 56**). Dabei kann die emotionale Geborgenheit im therapeutischen Setting beziehungsweise im „Kreis der Gruppenmitglieder“ symbolisch als „heilender Uterus“ erfahren werden.

Frau N. hatte schwere Schicksalsschläge zu verkraften. Sowohl ihr Vater, ihr Bruder als auch ihr Ehemann hatten Suizid begangen. Im vierten Jahr der psychoanalytisch orientierten Einzeltherapie erzählte sie folgenden Traum:

„Ich schwimme in einem dunklen Raum und halte etwas ‚Warmes‘ in meinen Armen. Plötzlich wird mir das ‚Warme‘ aus den Armen gerissen. Es wird plötzlich hell und kalt. Ich bin traurig und fühle mich unendlich verlassen.“

In der darauffolgenden Sitzung wird der Traum thematisiert. Der Therapeut wird stutzig. Was könnte dieser Traum wohl bedeuten? Könnte er eine konkrete Erinnerung an ein längst vergessenes Erlebnis darstellen?

Er fordert die Klientin auf, ihre Mutter nach den näheren Umständen der Geburt zu fragen.

Nach längerem Zögern erzählt die Mutter, dass Frau N. vorgeburtlich einen Zwillingsbruder gehabt habe. Dieser sei bei der Geburt gestorben.

In der Folge wird für Frau N. der Zusammenhang zwischen den vorgeburtlichen Erfahrungen, den überraschenden Trauminhalten, den charakterlichen Prägungen und den späteren Schicksalsschlägen zur inneren Gewissheit. Die Einsicht erlaubte Frau N. eine innere Ablösung von den verhängnisvollen Verstrickungen und veränderte ihr Leben fundamental.

Dieses Beispiel (OEHLER, 1987) lässt vermuten, dass das ungeborene Kind schon im Uterus intensiv wahrnehmen und empfinden kann. Zudem macht es deutlich, dass durch Träume selbst vorgeburtliche Erfahrungen an die Oberfläche des Bewusstseins gespült werden können. Das bedeutet weiter, dass solche Erfahrungen oder durch mögliche Geburtskomplikationen verursachte Beeinträchtigungen im Rahmen einer Psychotherapie wiedererlebt und korrigiert werden können.

Stanislav GROF (1978) schreibt zu diesem Thema, dass das menschliche Unbewusste „Elemente von Erfahrungen der eigenen embryonalen Entwicklung sowie der genetischen Entwicklung menschlicher und tierischer Vorfahren“ enthalten kann.

Abb. 56 zeigt unter anderem die Korrektur von vorgeburtlich erworbenen „Ich-Defiziten“. Dabei könnte das „weiße Rechteck“ das Erlebnis der bedingungslosen und liebevollen Akzeptanz und das „weiße Dreieck“ eine verstärkte Motivation zu einem schöpferisch gestalteten Leben repräsentieren.

Mit dem Aufbau des Grundvertrauens kann die Basis für weiterführende therapeutische Erfahrungen gelegt werden.

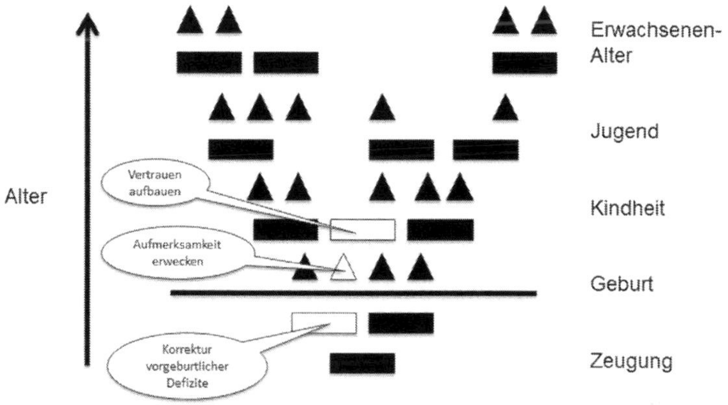

Abb. 56: Die Korrektur vorgeburtlicher beziehungsweise frühkindlicher „Ich-Defizite" (dargestellt durch weiße Symbole)

9.4.2 Abgrenzung nach Innen und Außen

Wie kommt es zu Defiziten in der „zentralen Ich-Funktion der Abgrenzung"? Die Defizite sind meistens die Folge von unbewussten „Symbiosewünschen" von Seiten der Kinder oder der Eltern. Möglicherweise waren die Eltern nicht bereit, ihre Kinder ihrem psychischen Reifegrad entsprechend rechtzeitig „loszulassen".

Frau M. hatte jahrelang ihre bettlägerige Mutter gepflegt. Sie lebte mit ihr in einem gemeinsamen Haushalt zusammen. Dabei verzichtete sie auf ein eigenständiges Leben und weigerte sich konsequent, ihren langjährigen Freund zu heiraten.

Nach mehreren Jahren des ungeduldigen Wartens trennte sich der Freund von ihr, worauf sich Frau M. in therapeutische Behandlung begab.

Dort musste sie erkennen, dass sie sich widerstandslos den Erwartungen ihrer Mutter unterworfen und dieser viele Jahre ihres Lebens „geopfert" hatte.

Nach heftigen Emotionen und einer tiefgreifenden Auseinandersetzung mit der Mutter organisierte Frau M. einen Heimpflegeplatz und zog in eine eigene Wohnung. Dieser Abgrenzungsschritt ermöglichte Frau M., sich emotionell von der Mutter abzulösen und ein eigenverantwortliches Leben zu führen.

Worin besteht in diesem Fall das „ich-strukturelle Arbeiten“? Es besteht in der intensiven Diskussion über die entsprechenden Werte. Die Pflege der behinderten Mutter stellt einen „hohen ethischen Wert“ dar und genießt allgemein großen Respekt. Diesem Wert steht aber ein anderer „hoher Wert“ entgegen: zum Beispiel das Recht der Tochter, ein eigenständiges Leben in eigener Verantwortung zu führen. Diese und andere Werte sind gegeneinander abzuwägen und gegebenenfalls zu korrigieren („weißes Rechteck“) (siehe **Abb. 57**).

Die „Ich-Funktion der Abgrenzung“ ist für die psychische Gesundheit von zentraler Bedeutung:

> *Eine Testuntersuchung hat gezeigt (WOODY u. a., 2015), dass Testpersonen, die sich länger mit den Gefühlen andere Menschen beschäftigen, eher mit „Depressionen“ reagieren. Das könnte bedeuten, dass Menschen, die zu „depressivem Verhalten“ neigen, sich weniger gut von den Gefühlen anderer Menschen abgrenzen können.*

Die intakte beziehungsweise flexible „Abgrenzung nach Innen und Außen“ stellt eine wichtige Voraussetzung für den Aufbau der eigenen „Ich-Grenze“ beziehungsweise für das ganzheitliche Erleben der eigenen Persönlichkeit dar.

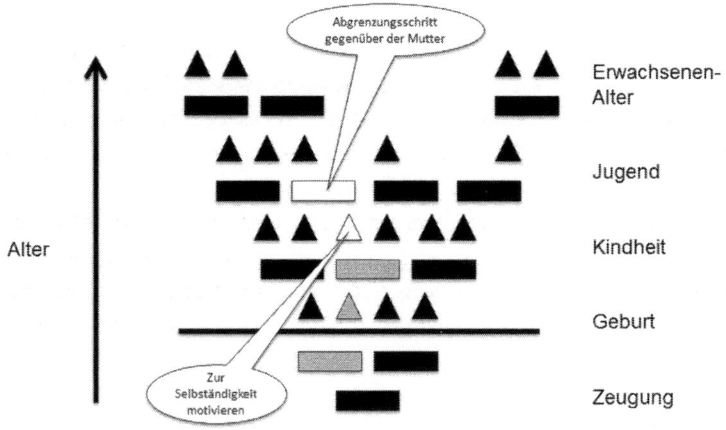

Abb. 57: Der Aufbau der „zentralen Ich-Funktion der Abgrenzung nach Innen und Außen“

9.4.3 Umgang mit Angst

Ähnliches gilt für die „Ich-Funktion der Angst“. Nicht selten zeigen Klienten ein großes Defizit in der Wahrnehmung der „konstruktiven Angst“.

BIRBAUMER (2015) fand bei Schwerverbrechern „keinerlei emotionale Angst", also „kein Angstgefühl vor den negativen Konsequenzen des eigenen Handelns", ... „(Sie) sind daher oft draufgängerisch, werden oft als kaltblütig oder im positiven Sinne als ‚mutig' erlebt; sind ... häufig auf der Suche nach exzessiver Reizung und ‚sensationellen Erlebnissen'."

Die Angst ist ein wichtiger Sensor zum Erkennen von Gefahren. Ohne „konstruktive Angst" können Menschen unerwartet in lebensbedrohliche Situationen hineingeraten.

Herr K. war Motorradfahrer und genoss es, mit seinem Motorrad sowohl zur Arbeit als auch durch die Landschaft zu fahren. Hin und wieder machte er mit seinem Freund, der ebenfalls Motorradfahrer war, längere Ausflüge.

Nach einem lustigen Abend mit mäßigem Alkoholgenuss raste Herr K. hinter seinem Freund her quer durch die Innenstadt, ohne auf Kreuzungen und Ampeln zu achten. Der Freund schaffte es gerade noch, während Herr K. voll in die Breitseite eines korrekt von rechts heranfahrenden Autos krachte. Glücklicherweise konnte er trotz einer schweren Beinverletzung relativ unbeschadet überleben.

In der Therapie konnte Herr K. erkennen, dass er mit seinem Leben leichtsinnig umging und die aufkommenden Ängste konsequent verdrängte. Er konnte verstehen, dass er mit seinem latent suizidalen Verhalten innere Aggressionen ausagierte und mit diesem Verhalten sein Leben und dasjenige anderer Menschen gefährdete.

Durch die stete Auseinandersetzung mit dem Gefühl der „Angst", durch das fortwährende Gespräch und durch das Aufzeigen möglicher Konsequenzen konnte Herr K. die Ursachen seiner latenten Suizidalität erkennen und konkrete Verhaltensänderungen herbeiführen („weiße Symbole") (siehe **Abb. 58**).

9.4.4 Aufbau des Selbstwertgefühls

Indem die Klienten als wichtige und wertvolle Menschen behandelt werden, verinnerlichen sie diese Wertschätzung zu ihrem eigenen „Selbstwertgefühl" („weiße Rechtecke") (siehe **Abb. 58**). In der Regel ist das Anwachsen des Selbstwertgefühls auch die Folge von Erfolgen, die sich im Rahmen der durch die Therapie bewirkten beruflichen beziehungsweise privaten Veränderungen regelmäßig einstellen.

Das gesteigerte „Selbstwertgefühl" motiviert möglicherweise zu weiteren Entwicklungsschritten („weiße Dreiecke").

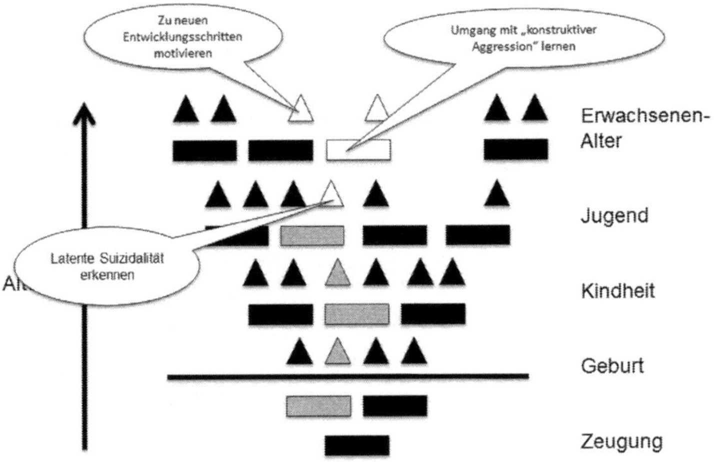

Abb. 58: Korrektur der „zentralen Ich-Funktionen" der „Angst" beziehungsweise des „Selbstwertgefühls"

9.4.5 Gruppenfähigkeit erlernen

Klienten, die wenig sprechen und sich in Auseinandersetzungen eher zurückhalten, können in der Therapie lernen, ihre Gefühle besser zu kommunizieren.

Jeder Mensch trägt in seinem Kopf eine verinnerlichte „Gruppendynamik". Diese wurde durch die Gruppendynamik der Elternfamilie geprägt.

> *Wer als Kind zum „Stellvertreter der Eltern", zum „Prügelknaben" oder zum „Außenseiter" gemacht wurde, wird sich später auch in anderen Gruppen als „Stellvertreter", „Prügelknabe" oder „Außenseiter" fühlen. Die „Gruppendynamik der Familie" wird so zur eigenen „Psychodynamik" internalisiert.*

Die „Psychodynamik" der Menschen wird in der Regel in alle Gruppen des Lebens hineinagiert – auch in die therapeutische Gruppe. Im psychotherapeutischen Setting kann die „Psychodynamik", die verinnerlichte „Gruppendynamik im Kopf" erkannt, gestoppt, analysiert und korrigiert werden („weiße

Rechtecke"). Damit verbessert sich die Fähigkeit beziehungsweise die Motivation („weißes Dreieck"), sich in anderen Gruppen erfolgversprechender zu verhalten (siehe ebenfalls **Abb. 58**).

9.4.6 Umgang mit Aggression

Die Aggression lässt sich nach AMMON (1979) in drei Faktoren aufteilen:

- *Die „konstruktive Aggression" führt zu direkten Kontakten und verbessert die Beziehungen.*
- *Bei der „destruktiven Aggression" kommt es zu inadäquaten aggressiven Reaktionen, die Kontakte zerstören und Beziehungen verschlechtern.*
- *Bei der „defizitären Aggression" kann die Aggression weder gespürt noch geistig verstanden werden. Anstelle der aggressiven Gefühle treten Spannungen oder psychosomatische Reaktionen, zum Beispiel Muskelschmerzen, rheumatische Beschwerden oder andere Körpersymptome.*
- *Es gibt noch eine vierte Form der „Aggression". Die „strukturelle Aggression" ist in die sozialen Strukturen eingebettet, zum Beispiel in ungerechte Gesetze oder feindselige Einstellungen.*

In der Regel leiden Klienten anfänglich unter „unterdrückten" beziehungsweise „defizitären Aggressionen". Das therapeutische Arbeiten mit der „defizitären Aggressionen" beginnt in der Regel mit der Aufforderung, über die „aggressiven Gefühle" zu reden. Die Klienten werden ermutigt, das therapeutische Setting in Frage zu stellen und auf besondere Vorkommnisse, zum Beispiel auf das Zuspätkommen der Therapeuten zu achten. Immer wieder gibt es Möglichkeiten, die Klienten dazu anzuhalten, ihre Wahrnehmungen zu thematisieren und ihre Gefühle, besonders die „aggressiven Gefühle", auszusprechen.

Klienten, die sich anfangs eher zurückhalten, können im Rahmen des „ichstrukturellen Arbeitens" langsam erkennen, dass sie auch „aus der Haut fahren" dürfen. Die Klienten können dabei lernen („weißes Viereck"), dass sie in der Therapie wegen ihres „aggressiven Reagierens" nicht abgelehnt, sondern im Gegenteil eher ermutigt werden.

Die Klienten werden im Rahmen des „ich-strukturellen Arbeitens" immer wieder in „aggressive" Situationen hineingeführt, in denen „konstruktiv aggressives" Verhalten eingeübt werden kann („weiße Rechtecke"). Dabei verwandelt sich die „defizitäre Aggression", das Vermeiden der aggressiven Gefühle, vorerst in „destruktive Aggression". Es war ja in erster Linie die „destruktive Aggression", die in der Primärfamilie verboten wurde. Es ist deshalb eher die „destruktive“ Form der Aggression, die unvermittelt aus dem Unterbewussten auftaucht und entsprechend bearbeitet werden kann. Es gibt vermutlich kein „ich-strukturelles Arbeiten“ und damit auch keine nachhaltige psychotherapeutische Veränderung ohne das vorübergehende Zulassen und Bearbeiten der „destruktiven Aggression“.

In der zweiten Phase der Bearbeitung des „aggressiven Verhaltens“ genügt es nicht mehr, einfach „aus der Haut zu fahren“. „Konstruktive Aggression“ bedeutet etwas anderes. Anhand der therapeutischen Vorbilder können nach und nach erfolgversprechendere Formen der Auseinandersetzung und somit auch neue Formen der „konstruktiven Aggression“ gelernt werden („weiße Rechtecke“). Bei der „konstruktiven Aggression“ werden die Kontakte nicht mehr abgebrochen und die Beziehungen nicht mehr zerstört. Im Gegenteil! „Konstruktive Aggression“ bedeutet im Sinne des lateinischen „ad gredi“ ein direktes aufeinander Zugehen und eine aussichtsreichere zwischenmenschliche Kommunikation. Diese kann zum Beispiel darin bestehen, dass Klienten lernen, eigene Fehler einzugestehen, von ihren hohen Erwartungen abzurücken, konstruktive Vorschläge zu machen und zweckmäßigere Kompromisse zu schließen.

9.4.7 Autonomie

Die „ich-strukturellen Defizite“ der Klienten zeigen sich anfangs in relativ hilflosen Reaktionen und einer persönlichen Gehemmtheit. Das bedeutet für die Psychotherapeuten, dass sie mindestens zu Beginn der Therapie die „gruppendynamische Leitung“ übernehmen müssen. Das führt nicht selten zu einem vorübergehenden Abhängigkeitsverhältnis.

Im Hinblick auf das „ich-strukturelle Arbeiten“ heißt das, dass die Therapeuten die anfängliche Abhängigkeit der Klienten freundlich annehmen und deren Selbständigkeitsstreben zunehmend unterstützen. Den Klienten wird in der Folge mehr und mehr erlaubt, sich mit den „gruppendynamischen Leitern“ auseinanderzusetzen, bis sie anhand ihres gestärkten Selbstvertrauens und des gewachsenen Autonomiestrebens in der Lage sind, sich von den Therapeuten gefühlsmäßig abzulösen („weißes Rechteck“) (siehe **Abb. 59**).

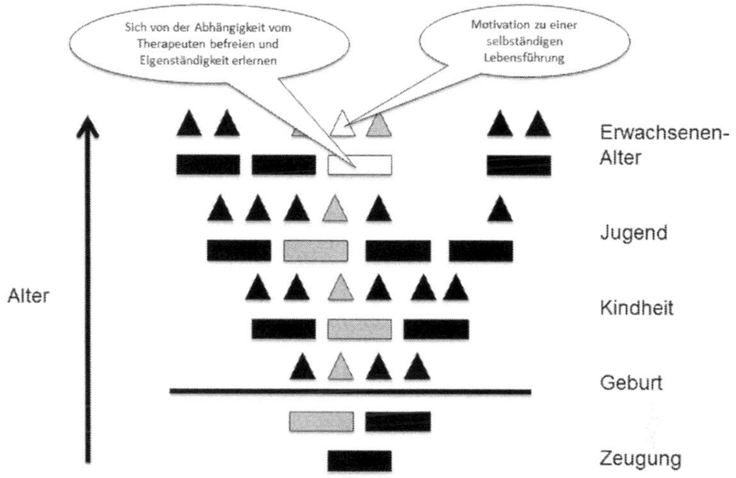

Abb. 59: Motivierung und Erlernen einer selbständigen Lebensführung

9.4.8 Resilienz

Unter „Resilienz" versteht man die psycho-physische Widerstandskraft. Diese wächst gleichzeitig mit der besseren Wahrnehmung der „Angst", mit steigender „Ich-Stärke", mit besserem Umgang mit „konstruktiver Aggression", mit verbesserter „Abgrenzungsfähigkeit", mit steigendem „Selbstvertrauen" und mit der Stärkung der restlichen „Ich-Funktionen".

Zudem gilt, dass im Rahmen der Therapie die Eigenverantwortlichkeit gestärkt wird, indem die Klienten zur Übernahme von bestimmten Aufgaben motiviert werden.

Anscheinend führen soziale Isolation und zahlreiche weitere Faktoren, vermutlich auch „ich-strukturelle Defizite", zu emotionalem Stress. Und Stressreaktionen schwächen das Immunsystem. Mit der Verminderung der „Resilienz" vergrößert sich die Wahrscheinlichkeit, an körperlichen Krankheiten zu erkranken.

Es gilt aber auch das Gegenteil. Während emotionaler Stress die Immunität verringert, führen gute Gefühle und die Bereitschaft, sich mit schwierigen Situationen auseinanderzusetzen, zur Stärkung der psycho-physischen Widerstandskraft.

9.4.9 „Schwierige" Themen

Es ist schwierig, über Neid, Eifersucht, Rivalität, Sexualität, Scham und Aggression zu reden. Diese Themen werden in der Gesellschaft nach wie vor tabuisiert. Aus diesen Gründen reagieren viele Menschen gehemmt, wenn sie über schwierige Themen reden müssen. Erst nach und nach kann in der Psychotherapie die Diskussion auf „schwierige" Themen gelenkt werden. Im Rahmen des „Ich-strukturellen Arbeitens" werden schließlich auch die hartnäckigsten Tabus durchbrochen und die Diskussion auf die „schwierigen" Themen gelenkt.

Herr A. war in einem pietistisch-religiösen Milieu aufgewachsen, in dem Aggressionen feindselig und sexuelle Themen ängstlich vermieden wurden. Aggression und Sexualität galten als „Teufelswerk". Sie waren etwas, was zwar nachweislich vorhanden, aber tunlichst zu vermeiden war.

Als Herr A. erwachsen wurde, konnte er sich nicht einmal vorstellen, dass Sexualität etwas „Schönes" sein könnte. Er erlebte sein Sehnen als etwas Anstößiges und Widerwärtiges. Er war deshalb sehr erstaunt, als er feststellte, dass auch Frauen Vergnügen an Sexualität haben konnten.

Das Therapiemilieu muss einen kreativen Raum eröffnen, in dem auch die „schwierigsten" Themen besprochen werden können.

9.4.10 Identität

„Identität" ist das wichtigste Ziel des therapeutischen Prozesses! Sie bedeutet, dass die angeborenen Anlagen, die erlernten Fähigkeiten und das berufliche Arbeiten miteinander in Deckung gebracht werden können. Diese Übereinstimmung kann nur im Rahmen einer anhaltenden Auseinandersetzung in einer gut funktionierenden Familie oder später in einem konstruktiv funktionierenden therapeutischen Milieu gelingen.

Herr L. war Sekundarlehrer und unterrichtete an einer Gesamtschule.

Das Unterrichten fiel ihm schwer. Die Schüler waren undiszipliniert und störten den Unterricht. Ihr Gebaren wirkte sich auch auf andere Schulstunden aus. Schließlich kam es sowohl von Seiten der Kollegen als auch von Seiten der Eltern zu Beschwerden. Als Herrn L. gekündigt wurde, entschloss er sich zu einer Therapie.

Nach mehreren Vorgesprächen wurde Herr L. in eine laufende therapeutische Gruppe aufgenommen, die sich zweimal pro Woche zu einer zweistündigen Sitzung traf.

Herr L. war anfangs sehr zurückhaltend. Er wirkte ängstlich und gehemmt. Im Rahmen der Therapie wurde langsam deutlich, dass Herr L. von Seiten seiner Eltern kaum Aufmerksamkeit erfahren hatte. Seine Talente blieben weitgehend unentdeckt.

In einer Therapiesitzung erzählte Herr L. von seinen Interessen für „Mathematik und Physik". Er habe mit großem Engagement an einem anspruchsvollen Fernkurs teilgenommen. Die entsprechenden Unterlagen bestätigten, dass Herr L. alle Aufgaben mit größter Hingabe bearbeitet und allesamt richtig gelöst hatte. Alle Lektionen wurden mit der Note „sehr gut" bewertet.

In der Folge wurde die Diskrepanz zwischen den Erfolgen im Fernkurs und den Misserfolgen in der Schule offenkundig. Herrn L. wurde nahegelegt, den Lehrerberuf aufzugeben und „Mathematik und Physik" zu studieren. Noch in der gleichen Woche meldete sich Herr L. an der Universität an.

Nach fünf Jahren konnte er sein Studium in „Mathematik und Physik" erfolgreich abschließen und im Rahmen einer Dissertation an einem anspruchsvollen Forschungsprojekt teilnehmen.

Was bedeutet dieses Beispiel? Es zeigt, dass Herr L. während seiner Kindheit und im Rahmen seiner Familien seine wirklichen Begabungen weder entdecken noch frei entfalten konnte. Vermutlich fand im Rahmen seiner Familie keine motivierende Auseinandersetzung über Begabung und Schulungsmöglichkeiten statt. Herr L. blieb bezüglich seiner „Identitätsentwicklung" ohne Hilfestellung, weswegen er sich für einen „falschen" Beruf entscheiden sollte.

Im Rahmen der Psychotherapie wurde seine damalige Berufswahl anhand der überzeugenden Indizien aus dem Fernkurs in Frage gestellt und eine berufliche Neuorientierung angeregt. Damit konnte Herr L. mit Unterstützung seiner Gruppe sein „Identitätsproblem" sehen („weißes Rechteck") und im Rahmen eines Zweitstudiums erfolgreich korrigieren (**Abb. 60**).

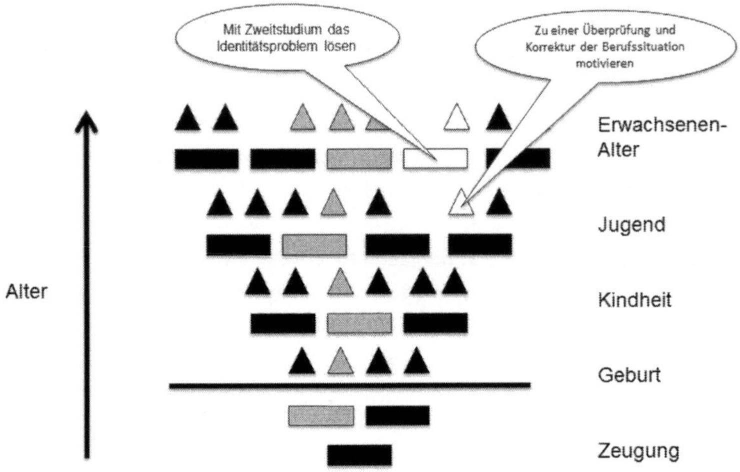

Abb. 60: Überprüfung und Korrektur der beruflichen Situation

9.4.11 Seelische Funktionen

Die Korrektur der „seelischen Funktionen" wie „Authentizität", „Verantwortungsbereitschaft", „Integrität", „Liebesfähigkeit" usw. erfolgt im Rahmen der ganzheitlich ausgerichteten Psychotherapie.

9.4.12 Abschluss der Therapie

Nach und nach kündigt sich sowohl in der Einzel- als auch in der Gruppentherapie das Ende der Behandlung an. Anhand zahlreicher Indizien kann man den nahenden Abschluss erahnen. Man erkennt ihn zum Beispiel an folgenden Anzeichen:

- *Die Gesichter der Klienten wirken zunehmend entspannter und werden allgemein als schöner empfunden.*
- *Die Augen beginnen zu strahlen.*
- *Während des Verlaufs des therapeutischen Prozesses können sich die betreffenden Teilnehmer immer besser in die laufenden Gespräche einfühlen. Die Beiträge der Klienten werden authentischer und gewinnen an emotioneller Tiefe.*
- *Langsam verändern sich auch die Gruppenrollen. Der Teilnehmer wächst zunehmend in die „Leiterassistentenrolle" oder gar „Leiterrolle" hinein.*
- *Die betreffenden Teilnehmer äußern mehr und mehr den Wunsch, die Gruppe verlassen oder die Therapie beenden zu können.*

- *Die anderen Gruppenmitglieder sehen den Fortschritt und spüren das nahe Ende der Therapie. Dem Austrittswunsch wird von Seiten der Therapeuten und der anderen Gruppenmitglieder kein Widerstand mehr entgegengesetzt.*
- *Im Gegenteil, die Teilnehmer werden trotz Trennungsschmerz ermuntert, die Gruppe (endlich) zu verlassen.*

Das Ergebnis der (fiktiven) Behandlung kann in der „Entwicklungsmatrix" wie folgt zusammengefasst werden (**Abb. 61**):

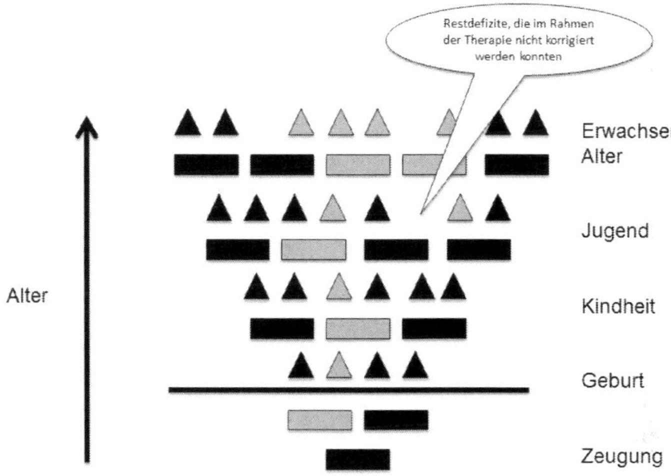

Abb. 61: Darstellung einer erfolgreichen (fiktiven) psychotherapeutischen Behandlung.

Mit Ausnahme von wenigen Restdefiziten konnten im Rahmen der (fiktiven) Therapie fast alle Mängel behoben werden.

10 Kasuistik: Ein konkreter Fall

10.1 Die „ich-strukturelle Nachentwicklung“ am Beispiel einer konkreten psychotherapeutischen Behandlung

Im Folgenden soll die Wirkung der „psychoanalytisch orientierten Psychotherapie“ anhand eines realen Beispiels dargestellt werden.

Ich vorliegenden Fall handelt es sich um eine 29-jährige, verheiratete Verwaltungsangestellte mit mittelschweren Depressionen. Im Vorgespräch sagte sie, dass sie sehr verzweifelt sei und an einem quälenden Gefühl der „inneren Leere“ leide.

Die Behandlung fand anfangs im Rahmen einer „psychoanalytisch orientierten Einzeltherapie“ im Sitzen, einmal pro Woche fünfzig Minuten, und anschließend in einer „psychoanalytisch orientierten Gruppentherapie“, zweimal pro Woche einhundert Minuten, statt.

Die Klientin war am Anfang der Therapie sehr wortkarg und pessimistisch. Sie beklagte sich über die Beziehung zu ihrem Mann, über ihre Berufskolleginnen und war mit der Arbeit als Verwaltungsangestellte unzufrieden.

10.1.1 Erstes Testergebnis vom 25.10.1978

Die Behandlung begann im Oktober 1978. Die Klientin zeigte in einer Frühfassung des „Ich-Gestalt-Tests (IGTO)“ folgendes Testergebnis (**Abb. 62**):

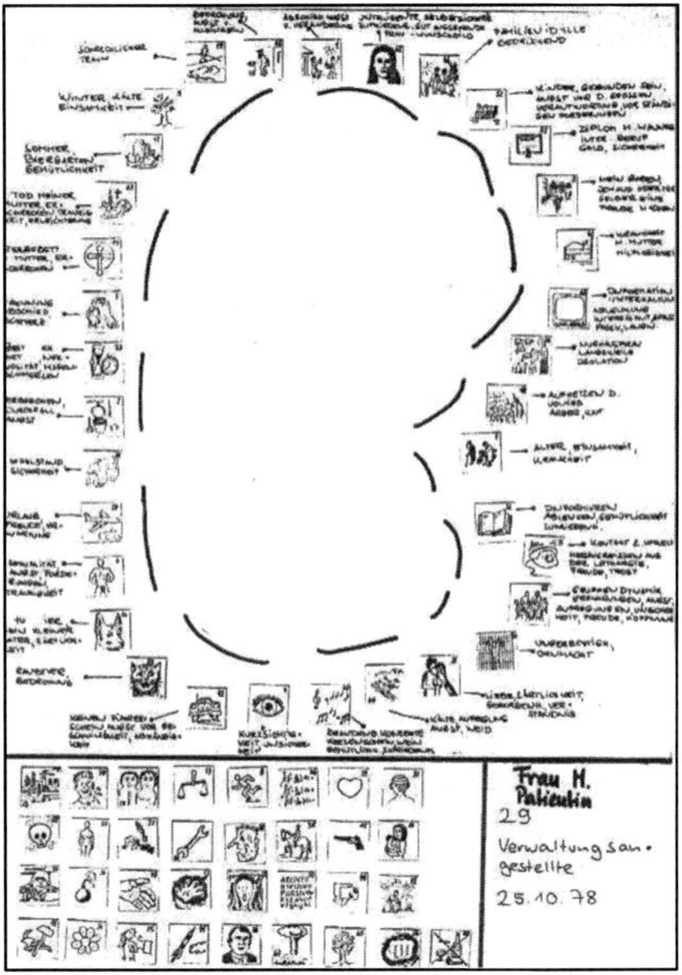

Abb. 62: Das erste „IGTO"-Testergebnis von Frau M. am 25. Oktober 1978 (Frühfassung des Bildmaterials)

Testergebnis:

Frau M. zeichnete als „Ich-Grenze" eine unvollkommen geschlossene, nierenförmige „Ich-Gestalt", die auf dem Testblatt relativ viel Platz beansprucht. Im „Innenraum" der Figur befinden sich keine Bildsymbole. 51% der Bildchen wurden in einer geschlossenen Reihe um die Grenze herum angeordnet, und 49% wurden ins „Restfeld" geklebt. Dabei befinden sich fast alle Bildsymbole, die negative Gefühle ausdrücken, im sogenannten „Restfeld" (unter dem Strich).

Interpretation:
Das Testergebnis zeigt eine nicht durchweg geschlossene, nierenförmige „Ich-Gestalt", die eine labile Lebenssituation kennzeichnet. Die Figur ist relativ groß, was ein großes Entwicklungspotential signalisiert. Die lückenhafte „Ich-Grenze" deutet auf eine psychotische Grundtendenz hin und unterstreicht ein starkes Abhängigkeitsbedürfnis. Frau M. scheint innerlich wie gefangen und kann sich vermutlich nicht ohne therapeutische Hilfe aus ihrer misslichen Situation befreien.

Die Bildsymbole befinden sich entweder im „Umfeld" oder im sogenannten „Restfeld". Im „Innenraum" kleben keine Bildsymbole. Die Anordnung unterstreicht das Gefühl der „inneren Leere" und erinnert an das Konzept des „Loch im Ich". Es erstaunt deshalb nicht, dass sich die „innere Leere" als schwere „depressive Verstimmung" nach außen manifestiert.

Die Bildsymbole im Umfeld hat die Klientin in „zwanghafter" Weise systematisch um die (leere) „Ich-Gestalt" herum angeordnet, als ob die Bezugsobjekte die mangelhaft geschlossene „Ich-Grenze" in ihrer Abgrenzungsfunktion unterstützen müssten.

Die am stärksten emotional oder negativ bewerteten Bildsymbole befinden sich im sogenannten „Restfeld", das als Ausdruck des „ungelebten Lebens" gilt. Das Ergebnis bestätigt, dass Frau M. zur Zeit der ersten Testbearbeitung kein befriedigendes beziehungsweise erfülltes Leben beziehungsweise Liebesleben gestalten kann.

Letztlich kann die gezeichnete „Nierenform", das heißt die flächenmäßige Differenz zwischen der realen „Nierenform" und der idealen „Kreisgestalt", möglicherweise darauf hindeuten, dass das ihr eigentlich zur Verfügung stehende Entwicklungspotential nicht voll ausgeschöpft werden konnte.

10.1.2 Zweites Testergebnis vom 10.12.1979

Nach über einem Jahr intensiver Einzeltherapie, in der in erster Linie die Schwierigkeiten in der Ehe, die berufliche Situation und ihre Einstellung zu den Eltern thematisiert wurden, wurde der Test am 19.12.1979 wiederholt (**Abb. 63**). Dabei konnte sich Frau M. nicht mehr an die erste Bearbeitung erinnern.

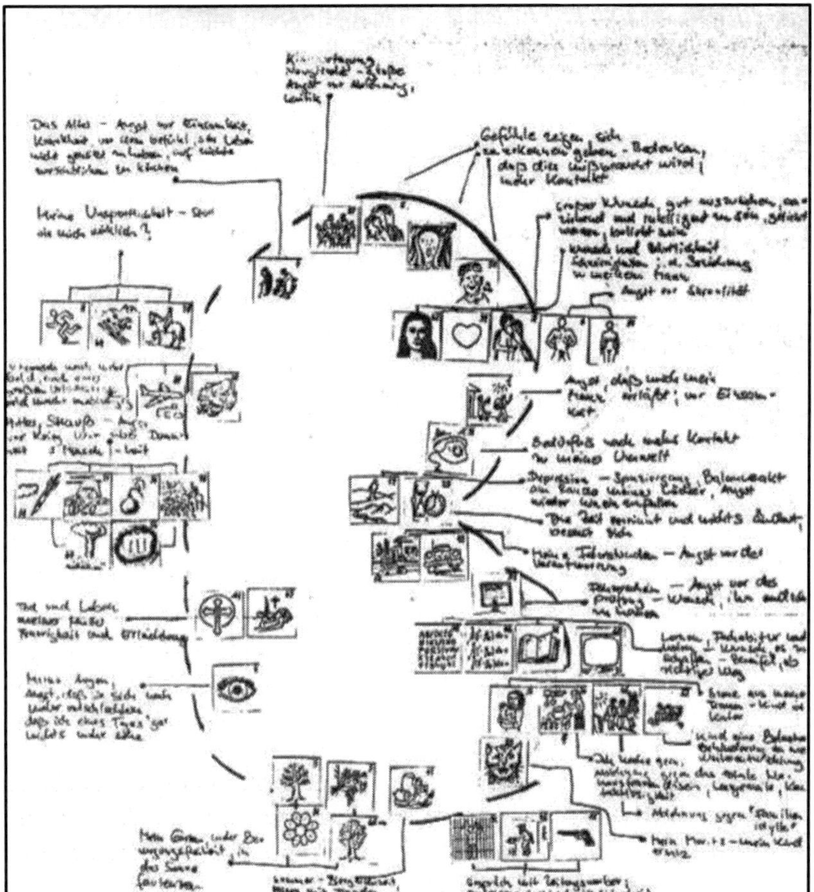

Abb. 63: Zweite Testbearbeitung von Frau M. vom 19. Dezember 1979
(Frühfassung des Bildmaterials)

Testergebnis:
Die „Ich-Grenze“ zeigt wiederum eine nierenförmige Gestalt und ist im rechten oberen Bereich zum Teil geschlossen. Gleichzeitig sind 44% der Symbolbilder, die Gefühle ausdrücken, ins Innere der „Ich-Gestalt“ gerückt. Im „Restfeld“ befinden sich nur noch 28% der Bildsymbole. Verschiedene Bildgruppen mit speziellen Inhalten wurden ins Innere der „Ich-Figur“ geklebt.

Interpretation:
Die teilweise geschlossene „Ich-Grenze“ deutet darauf hin, dass sich Frau M. besser nach innen und außen abgrenzen kann. Mit verschiedenen Gefühlen wie „Trauer“, „Angst“ und „Freude“ kann sie besser umgehen. Sie muss diese nicht mehr rigide abwehren beziehungsweise verdrängen. Das gilt auch für die Bereiche „Alter“, „Tod“ und „Leben“.

Die Bildgruppe links, die aggressive Gefühle repräsentiert, deutet darauf hin, dass die Klientin besser zu ihren aggressiven Impulsen stehen kann. Eine Bildgruppe, die als Ausdruck für sie selber als „Frau“, für „Zärtlichkeit“, „Herzlichkeit“ und „weibliche Sexualität“ gelten, hat sich rechts oben über die „Ich-Grenze“ hinweg ins sogenannte „Ich“ hineingeschoben.

Frau M. beginnt sich stärker mit ihrer Berufsidentität als Verwaltungsangestellte auseinanderzusetzen (Bildgruppe „Mathematik“, „Buch“, „Diplom“). Und die Lebensfelder „Mutterschaft“, „Hausfrau“ und „Familienleben“ (rechts unten) scheinen sie weniger zu ängstigen.

Das Testergebnis zeigt weiter, dass die Klientin mehr Bezugsobjekte in ihr Leben integrieren kann und weniger Objektbeziehungen rigide abwehren muss. Trotzdem scheint Frau M. ihr eigenes Leben nach wie vor als Balanceakt (Symbolbild „Seiltänzer“) zu empfinden.

10.1.3 Drittes Testergebnis vom 29.03.1980

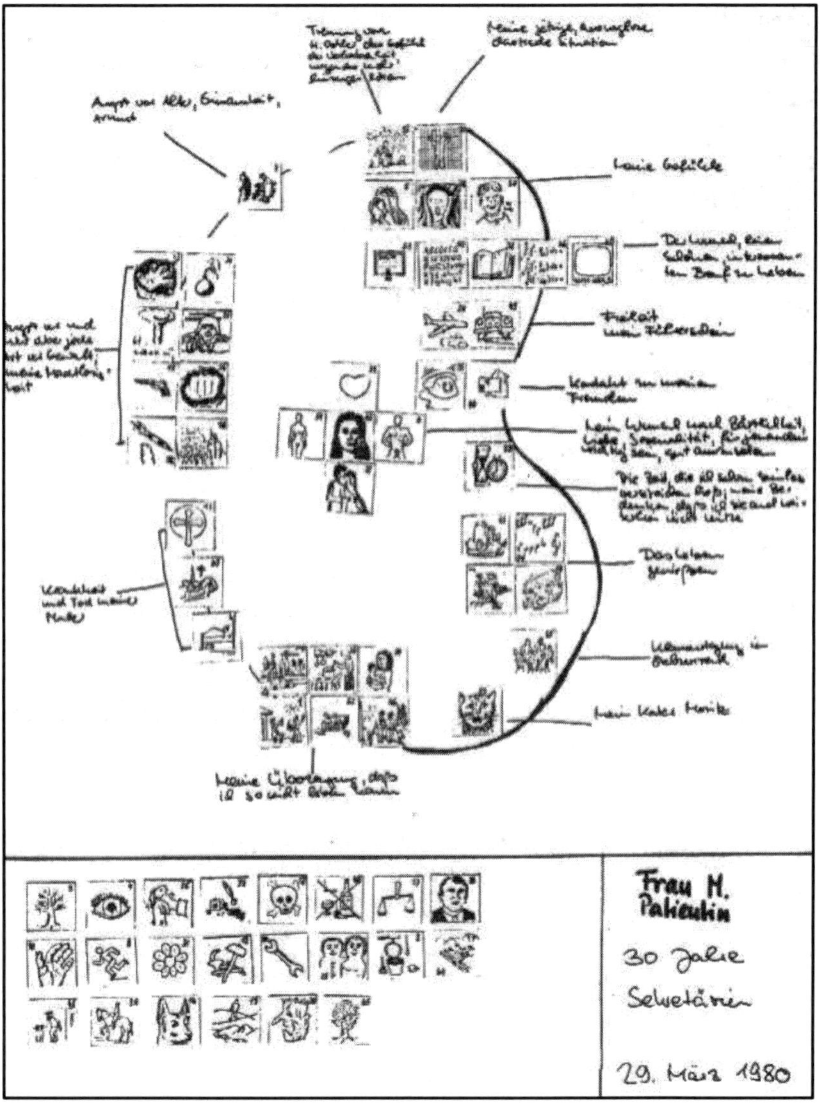

Abb. 64: Dritte Test-Bearbeitung vom 29. März 1980 (Frühfassung des Bildmaterials)

Testergebnis:
Die dritte Testbearbeitung (**Abb. 64**) nach einem weiteren Vierteljahr zeigt ein noch lebendiger wirkendes Bild. Im Zentrum der „Ich-Figur" hat Frau M. eine Bildgruppe angeordnet, die eine „Frau", einen „Mann", ein „Liebespaar", die „Liebe" und die „Sexualität" darstellen.

7% der Symbolbilder hat Frau M. vollständig in die „Ich-Gestalt", 58% in den „Grenzbereich" und 32% ins „Restfeld" geklebt. Die „aggressiven" Bilder und die Bildsymbole, die mit „Lernen", „Studium" und „Diplom" assoziiert werden, sind weiter ins Innere der „Ich-Figur" hineingerückt. Gleichzeitig hat sich die „Ich-Grenze" fast ganz geschlossen.

Interpretation:
Die auffällige Bildgruppe im Zentrum der „Ich-Figur" korrespondiert mit der Tatsache, dass sich Frau M. in der Zwischenzeit von ihrem Mann getrennt und eine neue Beziehung aufgenommen hat. Fast alle Symbolbilder, die nicht im „Restfeld" kleben, befinden sich entweder im „Innenraum" der „Ich-Figur" oder im „Grenzbereich" selber. Das bedeutet, dass sich Frau M. mit vielen Objekten besser identifizieren oder zumindest einen ambivalenten Standpunkt einnehmen kann. Sie muss nicht mehr alle Objekte rigide abwehren.

Gleichzeitig hat sich Frau M. innerlich für neue Lebensmöglichkeiten geöffnet. Die Bilder, die Gefühle ausdrücken, hat sie stärker „akzeptiert" und die Bildgruppe „Lernen", „Studium" und „Diplom" nimmt in ihrem „Ich" eine wichtige Stellung ein. Das Symbolbild „Diplom" weist im Hinblick auf die Berufsidentität auf eine starke Erwartungshaltung hin.

10.1.4 Viertes Testergebnis vom 24.02.1981

Im Jahre 1981 bearbeitet Frau M. den „Ich-Gestalt-Test" zum vierten und letzten Mal (**Abb. 65**):

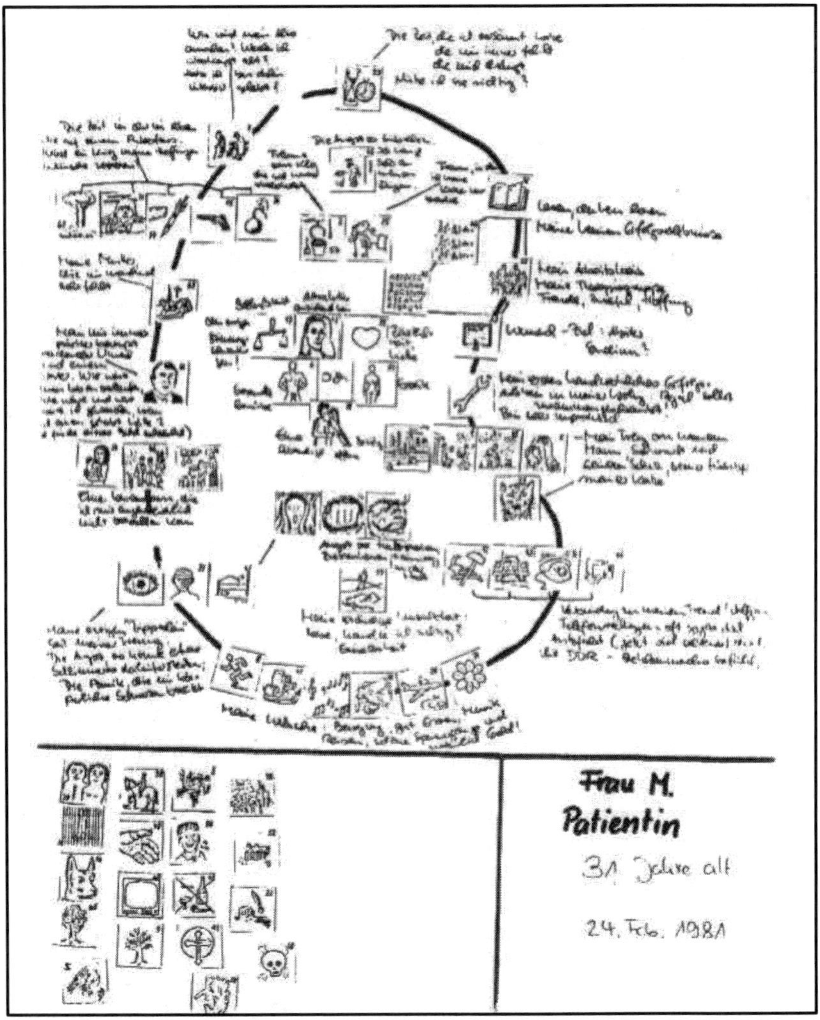

Abb. 65: Vierte und letzte Test-Bearbeitung am 24. Februar 1981
(Frühfassung des Bildmaterials)

Testergebnis:

Frau M. zeichnet wiederum eine nierenförmige „Ich-Gestalt“, die jetzt aber vollkommen geschlossen ist. Der ganze Innenraum ist mit zahlreichen Bildsymbolen besetzt. Mehrere Bildsymbole, die starke Emotionen zeigen, zum Beispiel die „Bombe“, „Pistole“, „Grausamkeit“, „Gewalt“, „Angst“ und andere wurden in den „Innenraum“ oder auf die „Ich-Grenze“ geklebt. Dem gegenüber befinden sich im „Umfeld“ nur noch wenige Bildsymbole.

Interpretation:
Der lebendig wirkende Innenraum der „Ich-Figur“ bringt ein erfüllteres Leben zum Ausdruck. Die Klientin konnte, nachdem sie sich entschieden hatte, das Abitur nachzuholen, ihre Psychotherapie nach über vier Jahren abschließen. Die „Abgrenzungsfähigkeit nach innen und außen“ ist gestärkt und konstituiert ein ausgeprägtes „Ich-Gefühl“ beziehungsweise eine klar definierte berufliche „Identität“.

Frau M. hatte sich entschieden, ihre Arbeit als Verwaltungsangestellte aufzugeben und an der Universität „Psychologie“ zu studieren. Ihr früheres Lebensumfeld erlebte sie als weniger feindselig. Ihre Lebensgestaltung wirkte sinnerfüllt und zuversichtlich.

Die Bildanordnung auf der rechten Seite der „nierenförmigen“ Gestalt weist darauf hin, dass sich Frau M. im Hinblick auf ein privates Familienleben, das Kinderbekommen und die persönliche Freizeitgestaltung, noch nicht ganz im Klaren ist.

Letztlich bestätigt das vorliegende Fallbeispiel, dass es sich bei der von der Testperson Frau M. gezeichneten Linie tatsächlich um eine emotional verhaltenswirksame Unterscheidung zwischen „ich-zugehörig“ und „nicht ich-zugehörig“, das heißt, um eine projektive Darstellung der sogenannten „Ich-Grenze“ handelt.

Epilog

Ist die Antwort zu simpel ausgefallen? Kann es wirklich sein, dass ein komplexer Sachverhalt wie das abweichende Sozialverhalten auf einen so einfachen Nenner gebracht werden kann? Vielleicht liegt es daran, dass die psychische Gesundheit in der Gesundheitspolitik lange vernachlässigt worden ist.

Weil man früher wenig von psychischen Prozessen verstand, wurden die Probleme eher dem Bereich der Mythologien zugewiesen. Man konnte sich kaum vorstellen, was in den Gehirnwindungen des Menschen tatsächlich vor sich geht. Und zu den Märchen und Mythologien gehören eben Hexen- und Gespenstergeschichten.

In der Zwischenzeit hat sich aber vieles geändert. Mittlerweile machen die Erkenntnisse in der Gesundheitspsychologie sowie der Psycho- und Sozialtherapie deutlich, dass die psychische Gesundheit nicht nur für das einzelne Individuum, sondern für die ganze Gesellschaft von „zentraler Bedeutung“ ist (SCHULER u. BURLA, 2012).

Die Feststellung der WHO *„keine Gesundheit ohne psychische Gesundheit“* wird mehrheitlich akzeptiert und wurde anlässlich der Europäischen Ministeriellen WHO-Konferenz *„Psychische Gesundheit“* in Helsinki 2005 auch in die „Europäische Erklärung zur psychischen Gesundheit“ aufgenommen (WHO Europa, 2005).

Warum hat sich vieles geändert? Vielleicht liegt es an der zunehmenden Globalisierung oder am veränderten Verständnis für Datenverarbeitung. Möglicherweise hat uns der Computer nicht nur eine gewaltige Arbeitserleichterung sondern auch ein ganz neues Verständnis für psychische Prozesse gebracht. Das Gehirn ist nicht nur ein komplexes Konglomerat von Milliarden von Nervenzellen, sondern eher ein Ort, in dem gleichzeitig eine Vielzahl von komplex vernetzten mentalen Programmen, Verhaltensalgorithmen und Speicherstrukturen interagieren.

Während die Naturwissenschaftler lange versucht haben, das Gehirn in erster Linie als sogenannte „Hardware“ aufzufassen und den mentalen Vorgängen mittels EEG und Computertomographie „zu Leibe rückten“, sind es heute vermehrt Informatiker und Psychologen, die sich für den „Software“-Aspekt der psychischen Prozesse interessieren.

Das gilt auch für das Fehlverhalten und für die psychischen Krankheiten. Es macht einen entscheidenden Unterschied, ob man die mentalen Störungen in erster Linie als biochemische oder physikalische Begebenheiten auffasst und mittels Psychopharmaka oder Elektroschocks behandelt, oder ob man sie als dynamische „ich-strukturell" gewachsene Beeinträchtigungen begreift und sie entsprechend im Rahmen „ich-struktureller Nachentwicklungen" zu korrigieren versucht.

Es wurde mehrfach betont, dass weder der „medizinische Standpunkt" noch das psychologische Verständnis allein erfolgversprechend sind. Es sind immer beide Aspekte zu beachten. Trotzdem kann man annehmen, dass sich mit der Datenverarbeitung ein grundlegend neues Denken und Menschenverständnis entwickelt hat. Vielleicht haben sich die Zeiten, ohne dass man sich dessen bewusst geworden wäre, tatsächlich von einem mehrheitlich „hardware-bestimmten" Zeitalter, in dem ein „konkretistisch-materielles Denken" vorherrschte, in ein mehr „software-bestimmtes" Zeitalter, in dem ein „abstrakt-strukturelles Denken" maßgebend ist, entwickelt.

Das vorliegende Buch stellt dem konkretistischen Denken ein neues Denken entgegen, nämlich das Denken in geistigen Strukturen. Das bedeutet, dass man die Persönlichkeit eines Menschen nicht mehr in erster Linie als das Ergebnis von Genen, Körper, Neuronen, Hormonen, Transmittern usw., das heißt, von biochemischen Prozessen auffasst, sondern mehr als das Ergebnis eines komplexen Wechselwirkungsprozesses zwischen Begabung, Lernen, Motivierungen, Erwartungen, Prägungen, Können, Wissen, Gefühlen, Haltungen, Einstellungen, Überzeugungen, Willen usw. begreift. Dieser Paradigmen-Wechsel stellt möglicherweise einen wichtigen Schritt ins neue Jahrtausend dar.

Der entscheidende Nutzen des vorgestellten Darstellungsverfahrens „Entwicklungsmatrix" ist die Veranschaulichung der Dynamik des „ich-strukturellen" Entwicklungsprozesses. Es gilt bei der „Ich-Entwicklung" nicht nur einzelne Aspekte zu beachten, die das „ich-strukturelle" Wachstum bestimmen, sondern auch dynamische Wechselwirkungsprozesse, die sich gegenseitig vorwärts, rückwärts und seitwärts beeinflussen. Die einzelnen Fähigkeiten und Beeinträchtigungen lassen sich nicht wie einzelne Fakten aneinanderreihen. Ein einzelnes Trauma führt zu weiteren Traumen, verstärkt die zukünftigen Verhaltensdefizite, löscht zuvor aufgebaute Lernsequenzen, fördert die kompensatorischen Bemühungen und moduliert den weiteren Entwicklungsverlauf bis in die konkrete Gegenwart hinein. In diesem Sinne wird das Verständnis für die Dynamik und den ganzheitlichen Charakter des menschlichen Entwicklungsprozesses erheblich erweitert.

Literatur

AMMON, G. (1979). *Handbuch der Dynamischen Psychiatrie* Bd. 1. München: Ernst Reinhard.

AMMON, G. (1989). *Ich-Struktur-Test nach Ammon (ISTA)*. Göttingen: Hogrefe.

BARON-COHEN, S. (2012). *Zero Degrees of Empathy*. Kindle Edition.

BARON-COHEN, S. et al., S. (2014). *Children with autism have elevated levels of steroid hormones in the womb*. Cambridge: University of Cambridge, Research, 03.06.14.

BAUER, J. (2015). *Selbststeuerung. Die Wiederentdeckung des freien Willens*. München: Karl-Blessing-Verlag.

BERNDT, C. (2013). *Resilienz*. München: DTV.

BESCHIN, N./DE BRUIN, A./DELLA SALA, S. (2016). „Compulsive foreign language syndrom: A clinical observation not a mystery". In: *„Cortex". A Journal devoted to the Study of the Nervous System and Behavior*.

BIRBAUMER, N. (2015). „Das Böse beginnt im Gehirn". In: *Die Zeit* vom 22.06.15.

BODENMANN, G. (2011). „Bis dass der Stress euch scheidet – oder was können Paare tun?" Bern: Referat anl. der Marriage-Week-Konferenz.

BOSS, C./HAEDERLI, A. (2014). „Lena ist vergessen gegangen". Zürich: *SonntagsZeitung* vom 08.06.14. S. 8.

BRADBURY, J. (2003). „Human Epigenome Project – Up and Running". In: *PLoS Biol.* Bd. 1. S. e82.

BRENDLER M. (2015). „Was heißt schon schizophren". In: *FAZ* vom 06.09.2015.

CHAPMAN, M. (2013). *Das Mädchen, das aus dem Dschungel kam*. Reinbeck bei Hamburg: Rowohlt Polaris.

DE GREGORIO, C. (2015). *Mi sa che fuori è primavera*. Milano: Feltrinelli.

DONATH, O. (2015). „Regretting Motherhood. A Siciopolitical Analysis". In: *Journal of Women in Culture and Society*, 2015. vol. 40. no.2. S. 343–367.

FEDERN, P. (1978). *Ichpsychologie und die Psychosen*. Frankfurt a. M.: Suhrkamp.

FREY, B. S./FREY MARTI, C. (2010). *Glück. Die Sicht der Ökonomie*. Chur: Somedia Buchverlag. Edition Rüegger.

FREUD, A. (2012). *Das Ich und die Abwehrmechanismen*. Frankfurt a. M.: Fischer Taschenbuch Verlag.

FRÖHLICH-GILDHOFF, K. u. a. (2014). *Resilienz*. Berlin: Ullstein Taschenbücher.

FYHN, M. u. a. (2004). „Spatial Representation in the Entorhinal Cortex". In: *Science Magazine* 27 August 2004. S. 1258–1264.

GRABER, G. H. (1978). *Gesammelte Schriften*. Berlin: Pinel Verlag.

GROF, S. (1978). *Topographie des Unbewussten*. Stuttgart: Klett-Cotta.

GRUEN, A. (2012). *Der Fremde in uns*. Stuttgart: Klett-Cotta.

GRUEN, A. (2014). *Wider den Gehorsam*. Stuttgart: Klett-Cotta.

HALLER, R. (2015). *Die Macht der Kränkung*. Salzburg: Verlag Ecowin.

HARTMANN, H. (1939). „Ich-Psychologie und Anpassungsprobleme". In: *Int. Zeitschrift f. Psychoanalyse und Imago* XXIV. S. 62–135, neu herausgegeben. Stuttgart: Klett (1960).

HARTMANN, H./KRIS, E./LOEWENSTEIN, R. M. (1946). „Comments on the Formation of Psychic Structure". In: *The Psychoanalytic Study of the Child.* New York: Int. Univ. Press. 1946:2. S. 11–38.

HAUTZINGER, M./DAVISON, G. C./NEALE, J. M. (Hg.) (2007). *Klinische Psychologie.* Weinheim: Beltz PVV.

HEYN, Chr. (2009). „Gestörte synaptische Plastizität". In: *Pharmazeutische Zeitung*, 51, 52, 53/2009.

HOMAN, P. u. a. (2015). „Serotonin versus catecholamine deficiency: behavioral and neutral effects of experimental depletion in remitted depression". In: *Translational Psychiatry*, 17. März 2015, e 532. DOI: 10.1038/tp.2015.25.

HERMES, G. L. (2009). „Social isolation dysregulates endocrine and behavioral stress while increasing malignant burden of spontaneous mammary tumors". *Proc NatI Acad Sci* USA, 2009 Dec 29; 106 (52): 22393–8.

KERNBERG, O. F., (1983). *Borderline-Störung und pathologischer Narzissmus.* Frankfurt a. M.: Suhrkamp.

KIRCHNER, T. (2016). „Kaum zu fassen". In: *Der Bund*, 04.04.2016. S. 7.

KOCH, K. (2014). *Der Baum-Test*, 12. Aufl. Bern, Stuttgart, Wien: Huber.

KÜNZLER A. (2006). „Ressourcen und körperzentrierte Psychotherapie". In: *Psychotherapie*, 11, 165–170.

LEIBOVICI-MÜHLBERGER, M. (2016). *Wenn die Tyrannenkinder erwachsen werden. Warum wir nicht auf die nächste Generation zählen können.* Wien: Edition-a.

LEWIN K. (1963). *Feldtheorie in den Sozialwissenschaften.* Bern/Stuttgart: Huber.

LEWIS, M. (2015). *Biology of Desire.* Amazon (Online-Ausgabe).

LIENERT G. A. (1967). *Testaufbau und Testanalyse.* Weinheim und Berlin: Beltz.

MAERCKER, A. (2014). „Traumata, Entwicklungsperioden und motivationale Fähigkeiten bei Schweizer Verdingkindern im Alter". In: *Zeitschrift für psychosomatische Medizin und Psychotherapie* Band 60, Ausgabe 2. Göttingen. S. 146–161.

McCONELL, J. (1962). „Wissen ist essbar". In: *Der Spiegel* 36/1962.

MILGRAM, S. (1963). „Behavioral Study of Obedience". In: J*ournal of Abnormal and Social Psychology*, Band 67, S. 371–378.

MINKOV, M./BOND, M. H. (2015). „A Genetic Component to National Differences in Happiness". In: *Journal of Happiness Studies.* DOI 10-1007/s 10902-015-9712-y.

MUHAMMAD IBN AHMAD RASSOUL (2014). *Der edle QUR'AN. Die ungefähre Bedeutung in deutscher Sprache.* Köln: Lies Stiftung, 21. Aufl.

NEUBAUER, K. (2013). *Schreibabys: Erste Hilfe bei Brüll-Attacken.* In: *Der Spiegel* 9/13.

OEHLER, K. T. (1975). *Die Veränderung von Einstellungen in Abhängigkeit von der emotionalen Bedeutung der wirksamen Informationen.* München: Dissertation an der Technischen Universität München.

OEHLER, K. T. (1987). „Eine pränatale Vorbestimmung eines Lebens". In: Fedor-Freybergh, P. G. (Hg.), *Pränatale und perinatale Psychologie und Medizin.* Älosjö: Saphir.

OEHLER K. T. (2007). *Der gruppendynamische Prozess. Ein Schlüssel zum besseren Verständnis sozialer Konflikte in Familie, Schule, Betrieb und Politik.* 2. überarb. Auflage, Frankfurt a. M.: R. G. Fischer.
OEHLER K. T. (2001). *Ich-Gestalt-Test nach Oehler (IGTO).* Frankfurt a. M.: R. G. Fischer.
OEHLER K. T. (2005). *Das Wesen der Seele. Eine psychologisch-naturwissenschaftliche Erörterung der Frage nach dem Wesen der Seele.* Norderstedt: Books on Demand.
OEHLER K. T. (2008). „Viele Leiden am ‚Loch im Ich'". In: *Der Bund*, 05.04.08. S. 41.
PARSONS, T. (2003). *Das System moderner Gesellschaften* (6. Aufl.). Weinheim und München: Juventa-Verlag.
PFAMMATTER, C. (1990). *Untersuchung zur projektiven Abbildbarkeit der „Ich-Grenze" als möglicher Ansatz zur Differenzierung defizitärer Ich-Bildungen.* Abhandlung zur Erlangung der Doktorwürde der Philosophischen Fakultät I der Universität Zürich. Zürich: Zentralstelle der Studentenschaft.
PIAGET, J. (2000). *Psychologie der Intelligenz*, 10. Aufl. Stuttgart: Klett-Cotta.
REICH, W. (1971). *Charakteranalyse.* Köln: KiWi-Taschenbuch.
ROHDE-DACHSLER C. (2015). *Das Borderline-Syndrom.* Bern: Hans Huber.
SCHNEEWIND, K. A./SCHRÖDER, G./CATTELL, R. B. (1984). *Der 16-Persönlichkeits-Faktoren-Test (16 PF).* Göttingen: Hogrefe.
SCHULER, D./BURLA, L. (2012). *Psychische Gesundheit in der Schweiz.* Neuchâtel: Monitoring 2012.
SCOTT, W. A. (1956). „The avoidance of threatening material in imaginative behaviour". In: *J. abnorm. soc. Psychol.*, 52, 338–346.
SINGER, W. (2015). „Es kann jedem passieren, dass sein Gehirn entgleist". In: *Der Bund* vom 23.05.2015. S. 2/3.
SINGH, J. A. L. (1964). *Die „Wolfskinder" von Midnapore.* Heidelberg: Quelle & Meyer.
v. STAABS, G. (2014). *Der Scenotest.* Bern, Stuttgart, Wien: Huber.
STEURER, J. (2014). „Zitat". In: *SonntagsZeitung*, 10.08.14. S. 41.
SVAHN, M. F. u. a. (2015). „Mental disorders in childhood and young adulthood among children born to women with fertility problems". In: *Human Reproduction* 30 (9). S. 2129–2137.
TIIHONEN, J. u. a. (2014). „Genetic background of extreme violent behavor." In: *Molecular psychiatry*, 28.10.2014. DOI: 10/1038/mp. 2014.130.
TOLMAN, E. C. (1948). „Cognitiv maps in rats and men". In: *Psychol. Rev.* 1948, 55, 189–208.
TOMASETTI, C./VOGELSTEIN, B. (2015). „Variation in cancer risk among tissues can be explained by the number of stem cell divisions". In: *Science* 2 January 2015 Vol. 347 no. 6217. pp. 78–81.
TSCHACHER, W. (1990). *Interaktion in selbstorganisierten Systemen.* Heidelberg: Asanger.
WANG et al. (2013). *Learning to Detect Patterns of Crime.* Berlin, Heidelberg: Springer: pp. 515–530.
WATZLAWICK, P. u. a. (1969). *Menschliche Kommunikation.* Bern: Huber.
WATZLAWICK, P. (1983). *Anleitung zum Unglücklichsein.* München, Zürich: Piper.

WITTCHEN, H. U. & JACOBI, F. (2005). „Size and burden of mental disorders in Europe“. In: *European Neuropsychopharmacology* 15(4). pp. 357–376.
WITTCHEN, H. U. u.a. (2011). „The size and burden disorders and other disorders of the brain in Europe“. In: *European Neuropsychpharmacology*, 21. pp. 655–679.
WOODY M. L. u. a. (2015). „Selective Attention Toward Angry Faces and Risk for Major Depressive Disorder in Woman“. In: *Clinical Psychological Science* 11 (2015). DOI: 10.1177/2167702615581580.
ZANKL H. u. BETZ K. (2014). *Trotzdem genial. Darwin, Nietzsche, Hawking & Co.* Weinheim: Wiley-VCH.

Anhang

Anhang A

Human-Strukturen

Unter dem Begriff „Human-Strukturen" werden die menschlichen „Körper-Strukturen" und „mentalen Strukturen" zusammengefasst. Zu den „Körper-Strukturen" zählen zum Beispiel der Körperbau, das Skelett, die Körperorgane usw. Den „mentalen Strukturen" werden die „Ich-Strukturen" und die „Seelischen Strukturen" untergeordnet. Die „Ich-Strukturen" sind die strukturelle Basis für die „Ich-Funktionen".

Ich-Funktionen

Bei den „Ich-Funktionen" kann man nach AMMON (1979) zwischen den „primären, sekundären und zentralen Ich-Funktionen" und nach OEHLER (2005) zusätzlich den „seelischen Funktionen" unterschieden.

Primäre Ich-Funktionen

Zu den „primären Ich-Funktionen" gehören zum Beispiel der erbgenetisch programmierte Aufbau der physischen, physiologischen bzw. psychophysischen Funktionen des Körpers, die Funktionen des Bewegungsapparates, der Organe, das System des Blutkreislaufes, des Hormonhaushaltes der Organe, des peripheren beziehungsweise zentralen Nervensystems, der Bewegungs- und Ausdrucksmuster als auch die physischen Grundlagen für die Gefühle. Alle Organe sind zentralnervös beziehungsweise peripher im Rahmen kybernetischer Regelkreise geregelt.

Zu den primären Ich-Funktionen gehören weiter die Wahrnehmungsfunktionen, die ein wirklichkeitsgetreues Adaptieren der Umwelt ermöglichen.

Sekundäre Ich-Funktionen

Die „sekundären Ich-Funktionen" entstehen auf der Basis der „primären Ich-Funktionen" und werden in erster Linie in Wechselwirkung mit der Umwelt, vor allem mit den Eltern, den weiteren Familienmitglieder, den Lehrern, Lehrmeistern usw. geprägt.

Dabei lernen die Menschen, sich in ihrer Umwelt zu orientieren, indem sie Bilder, geographische Pläne, fachtheoretische Daten usw. als sogenannte „kognitive Karten“ (TOLMAN, 1948) aufbauen und im Gehirn abspeichern.

Zu den „sekundären Ich-Funktionen“ gehören weiter die sogenannten Kulturtechniken. Unter diese fallen zum Beispiel das „Schreiben“, „Lesen“ und „Rechnen“, die grundlegenden Funktionen der Intelligenz, das Wissen über wissenschaftliche Fakten, die Begriffsbildung, sprachliche Kompetenz und Performanz, die Syntax beziehungsweise die sprachlichen Anwendungen, die mathematischen Regeln, die physikalischen Gesetze und endlich das berufsspezifische Wissen und Können.

Zentrale Ich-Funktionen

Zu den „zentralen Ich-Funktionen“ gehören die höher organisierten „Ich-Funktionen“ wie zum Beispiel der differenzierte Umgang mit den „Gefühlen“, die „Konfliktfähigkeit“, der Umgang mit „Aggression und Angst“, die „Frustrationstoleranz“, die „Kreativität“, die „Sexualität“ und das „Selbstwertgefühl“. Alle diese „Ich-Funktionen“ fügen sich in der einmaligen und unverwechselbaren „Identität“ des Menschen zusammen.

Seelische Funktionen

Die „seelischen Strukturen“ sind den zentralen „Ich-Funktionen“ strukturell übergeordnet. Zu ihnen zählen zum Beispiel die „Identität“, die „Beziehungsfähigkeit“, das „Einfühlungsvermögen“, die „Empathie“, die „Solidarität“, die „Liebesfähigkeit“, die „Verantwortungsbereitschaft“, die „Zielorientierung“, das „Gerechtigkeitsempfinden“, die „Ehrlichkeit“, die „Hoffnung“, die „Selbststeuerung“ als Ausdruck eines „freien Willens“ (BAUER, 2015) u. a. m.

Das Ich

Von einem psychisch gesunden beziehungsweise normalen Menschen wird unter anderem erwartet, dass er sich in seiner Umwelt und in der Beziehung zu seinen Mitmenschen zurechtfindet, dass er in seinem Leben Freude erlebt und weiter vermittelt. Er wird als Mensch erlebt, der eigene Ziele setzt, aktiv ist, der sich seiner Wünsche bewusst ist, sich durchzusetzen weiß und deutlich in seiner einmaligen Individualität erkennbar ist.

Es fällt immer wieder auf, dass psychisch gesunde oder normale Menschen zwischen dem, was sie wünschen oder wollen, und dem, was sie nicht wünschen oder nicht wollen, relativ sicher unterscheiden können. Der Mensch steht also immer wieder vor den Fragen:

Was wünsche ich? Was will ich? Wer bin ich? Und diese Fragen lassen sich logischerweise abgrenzen von den alternativen Fragen:

Was wünsche ich nicht? Was will ich nicht? Wer bin ich nicht?

Zwischen den Alternativen: Was wünsche ich – was wünsche ich nicht? Was will ich – was will ich nicht? Oder allgemeiner: Wer bin ich – wer bin ich nicht? liegt eine unsichtbare Grenze, an der hauptsächlich die Auseinandersetzung um die Definition des sogenannten „Ich“ stattfindet. Diese Grenze, die hier in Anlehnung an Federn (1978) als sogenannte „Ich-Grenze“ bezeichnet wird, umschließt ein psychologisches Feld, das sogenannte „Ich“, in dem der Mensch seine Erfahrungen, Ziele, Bedeutungen und Aktionen als die seinigen erlebt.

Von diesem Innenraum lässt sich ein psychologisches Außen abgrenzen, in dessen Vorstellung sich der Mensch aufhält und bewegt, in dem er aktiv ist und anhand der Objekte Erfahrungen macht. Bei diesem Außen handelt es sich nicht um die reale äußere Umwelt, sondern um die innere Vorstellung von den eigenen Beziehungen zu den äußeren Objekten, zum sogenannten „Nicht-Wünschen“, „Nicht-Wollen“ oder umfassender: um die innere Wahrnehmung des sogenannten „Nicht-Ich“.

Die „Ich-Grenze“ hat sowohl einen funktionalen als auch einen Identitätsaspekt (OEHLER, 2001). Der funktionale Aspekt bezieht sich mehr auf die Wahrnehmung von „Ich“ beziehungsweise „Nicht-Ich“, was einem Abgrenzungsschritt sowohl nach außen als auch nach innen gleichkommt. In diesem Sinne hat die „Ich-Grenze“ die Bedeutung eines mentalen Wahrnehmungsorgans.

Der Identitätsaspekt kennzeichnet die Dimension des Sicherlebens als einer von anderen Menschen abgegrenzten und autonomen Persönlichkeit, die ihre Bedürfnisse in eigenem Recht wahrnehmen kann.

Auf dem Boden der frühkindlichen Symbiose kann ein heranwachsendes Kind mit Hilfe der Familiengruppe, die als externe „Hilfs-Ichs“ fungiert, seine „Ich-Grenze“ langsam konstituieren, erweitern und sich kognitive Karten von der äußeren Umwelt aneignen. Die umgebende Gruppe muss dabei die Bedürfnisse des Kindes wahrnehmen, verstehen und artikulieren und ihm somit helfen, eine „Ich-Grenze“ einerseits gegenüber seinen inneren Bedürfnissen aufzubauen und es andererseits darin unterstützen, die Außenwelt zu erforschen, die Gefahren zu erkennen und sich gegen außen abzugrenzen. In der Weise, wie die Familiengruppe die zunehmende Selbständigkeit des Kindes unterstützt, verinnerlicht dieses das emotionale Interaktionsgeflecht der Familiengruppe zum eigenen „Ich“ und die Gruppengrenze zur eigenen „Ich-

Grenze". In Abhängigkeit davon kann es allmählich seine eigenen Bedürfnisse und Fähigkeiten besser wahrnehmen und befriedigen.

Die „Ich-Funktionen" bezeichnen den inneren Aufbau des „Ichs". Jede „Ich-Funktion" muss innerhalb ihres Bereiches koordiniert und auf bestimmte Aufgaben fokussiert werden. Diese Funktion übernimmt das „Ich".

Mit „Ich" ist deshalb das Führungsorgan, die Organisation beziehungsweise Verwaltung der menschlichen „Ich-Funktionen" gemeint. Das „Ich" identifiziert, analysiert, sortiert und reagiert nach innen und außen.

Das „Ich" eines Menschen kann entweder offen oder geschlossen, stark oder schwach, einfach oder komplex, flexibel oder starr, differenziert oder undifferenziert, beziehungsweise integriert oder zersplittert sein. Und diese Charakterisierungen entscheiden, ob sich der Mensch grundsätzlich „in seiner Haut" wohlfühlt.

In der Regel ist ein normal gesundes „Ich" nach außen eher abgeschlossen, in der Abgrenzung flexibel, in sich kohärent, stärker differenziert und integriert, während ein krankes „Ich" eher zu struktureller Einfachheit, Starrheit, Undifferenziertheit und Offenheit neigt und nicht integriert ist.

Die Seele

Unter „Seele" wird hier das zentrale Leitungsorgan der menschlichen Persönlichkeit verstanden (OEHLER, 2005). Dabei wird der Mensch als ein „halboffenes, biologisches System" angesehen. In diesem „System" erfüllt die „Seele" eine spezielle, im Rahmen der Evolution entstandene Funktion.

Die „Seele" macht den Kern der Persönlichkeit aus. In der „Seele" als übergeordneter „zentraler Ich-Funktion" werden in erster Linie die Mitmenschen und die Umwelt wahrgenommen und zur eigenen Persönlichkeit in Beziehung gesetzt. In ihr wird letztlich über die wichtigsten Lebensziele und Strategien des Handelns entschieden.

Ein klärendes Beispiel

Um das Verständnis für die Unterscheidung zwischen den einzelnen Arten der „Ich-Funktionen" zu verdeutlichen, soll hier ein konkretes Beispiel angeführt und diskutiert werden:

> *Während einer hitzigen Diskussion stößt einer der beiden Diskutanten unabsichtlich an die Kaffeetasse und leert das heiße Getränk seinem Gegenüber über die Hand.*

Der Verletzte spürt einen stechenden Schmerz. Seine Augen und die ganze Aufmerksamkeit richten sich blitzartig auf die entstandene Verletzung. Er nimmt den stechenden Schmerz wahr und zieht die Hand reflexartig zurück. Es wird ihm mit einem Schlag bewusst, dass er sich möglicherweise verletzt hat.

Die Wahrnehmung des Schmerzes und das reflexartige Zurückziehen der Hand gehört zu den „primären Ich-Funktionen". Zu diesen Reaktionen braucht es keine gedankliche Reflexion und keine weiteren Kenntnisse. Der Reflex entspricht einer mehr oder weniger angeborenen Schutzreaktion.

Auch die Aufmerksamkeitsreaktion, die Hinwendung mit dem Kopf, das Richten der Augen auf die Hand, das Fokussieren beziehungsweise das Scharfeinstellen der Augen auf die Verletzung geschieht spontan und unüberlegt.

Die „primären Ich-Funktionen" „Wahrnehmung", „Aufmerksamkeit" und „Bewusstsein" sind keine rein angeborenen Strukturen. Sie entstehen während der Kindheit im Rahmen eines erbgenetischen Aufbauprozesses, das heißt, sie werden in Wechselwirkung mit der Reifung des Nervensystems, des Körpers der Mutter und des genetischen Codes im Rahmen der sogenannten erbprogrammierten Entwicklung aufgebaut.

Der Verletzte weiß, dass die Verbrennung, wenn er nicht schnell reagiert, zu einer gravierenden Verletzung führen kann. Er rennt ins Badezimmer und hält die Hand unter den Wasserstrahl bis der Schmerz etwas nachlässt.

Dann bestreicht er die Wunde mit einer Salbe, legt ein wundheilendes Pflaster auf und verbindet die Hand mit einem Tuch.

Das Wissen darüber, wie man in einem Verbrennungsfall reagiert, gehört zu den „sekundären Ich-Funktionen". Dieses Wissen ist nicht angeboren, sondern gelernt. Auch das Wissen über die Organisation des Haushaltes, über die Aufteilung der Wohnung, die Ausstattung des Badezimmers usw. ist gelernt. Zudem glaubt der Verletzte, möglicherweise aufgrund einer Erste-Hilfe-Ausbildung, dass das Kühlen mit kaltem Wasser den Verbrennungsvorgang auf der Hand lindert oder gar stoppen kann.

Ob das Einsalben mit einer fetthaltigen Heilsalbe tatsächlich richtig oder falsch ist, entzieht sich seiner Kenntnis. Vielleicht weiß er nicht genau, ob fetthaltige Salben in diesem Falle wirklich heilend wirken. Vielleicht muss er in einem entsprechenden Sachbuch oder im Internet nachlesen. Das Wissen darüber, dass er in einem bestimmten Buch beziehungsweise im Internet unter den entsprechenden Begriffen und an einer bestimmten Stelle nachlesen kann, gehört ebenfalls zu den „sekundären Ich-Funktionen“, ebenso wie das Lesen selber und die Fähigkeit, die Hand mittels eines schützenden Tuchs abzudecken.

Der Verwundete macht sich Überlegungen zur Sterilität und zur Heilung der Wunde. Er ist besorgt. Welche Maßnahmen muss er ergreifen? Muss er möglicherweise zum Arzt gehen? Er entscheidet vorläufig, nicht zum Arzt zu gehen und den Fortschritt des Heilungsprozesses abzuwarten.

Anschließend stellt er seinen Partner zur Rede: „Warum ist das passiert? War das nur eine Unachtsamkeit oder war es etwa unbewusste Absicht?“ Er unterhält sich mit seinem Kollegen über den Vorfall, ob dieser vielleicht aus Wut reagierte oder ob er möglicherweise schon vorher ein besonderes Problem mit ihm gehabt habe.

Der Kollege bestreitet jede Absicht. Er versucht sich zu rechtfertigen. Er gibt aber zu, dass er sich während der Diskussion über eine Bemerkung aufgeregt habe und innerlich sehr erbost gewesen sei. Es bestehe durchaus die Möglichkeit, dass zwischen seiner Wut und der ungeschickten Reaktion, wenn nicht ein bewusster, so doch ein unbewusster Zusammenhang bestehen könne.

Am Anfang setze sich der Verletzte mit der Angst, dass die Verletzung vielleicht schwerer sein könnte und deshalb von einem Arzt behandelt werden sollte, auseinander. Ist die Angst berechtigt oder übertrieben? Dieser Umgang mit dem Gefühl der Angst, das Abwägen der weiteren Maßnahmen usw. gehört zu den „zentralen Ich-Funktion der Angst“.

Dann erfolgt die Auseinandersetzung um Absicht oder Unachtsamkeit des Kollegen. Er sucht das direkte Gespräch über die möglichen Ursachen, über mögliche Hintergründe. Er konfrontiert seinen Kollegen und stellt ihn zur Rede. Der Kollege zeigt sich anfänglich überfordert. Er bestreitet die Absicht und versucht sich entsprechend zu rechtfertigen. Er gibt letztlich zu, dass er vor dem Unfall zumindest wütend gewesen sei.

Diese Unterhaltung zeugt von einem gesunden Umgang mit „konstruktiver Aggression“. Die Probleme werden direkt angesprochen und es werden auch unbewusste Hintergründe diskutiert. Dieser Umgang mit „Angst“, mit „konstruktiver Aggression“, mit „Abgrenzung“ und mit dem Unbewussten gehört zu den „zentralen Ich-Funktionen“.

Der Kollege fühlt sich wegen seines Missgeschicks betroffen. Er zeigt Mitgefühl und entschuldigt sich. Obwohl es nicht seine Absicht gewesen sei, fühle er sich verantwortlich. Er bittet den Betroffenen, ihm die Rechnung für die Auslagen zuzustellen, damit er sie begleichen kann. Zudem sagt er, dass ihm an der Freundschaft viel gelegen sei und dass er diese nicht aufs Spiel setzen möchte. Er würde sich wünschen, auch in Zukunft in Kontakt zu bleiben und die Freundschaft gegebenenfalls zu vertiefen.

Der verletzte Kollege nimmt die Entschuldigung an und verzeiht das Ungemach. Auch er versichert seinem Kollegen seine uneingeschränkte Zuneigung und bestätigt ihm sein Vertrauen, das er ihm nach wie vor entgegenbringe. Auch sei er an der Freundschaft und an der Vertiefung der Beziehung interessiert.

Der Fortgang der Auseinandersetzung führt zu einer beiderseitigen Vertiefung der Gefühle. Der Kollege sieht seinen Fehler ein. Er fühlt sich schuldig und übernimmt die Verantwortung für sein unachtsames Handeln, auch für seine unbewussten Reaktionen. Er versucht sogar, Wiedergutmachung zu leisten. Das zeugt von seelischer Reife. In diesem Sinne gehören sowohl das „Mitgefühl", die „Schuldanerkennung", die „Bereitschaft, die Verantwortung zu übernehmen" und „Wiedergutmachung zu leisten" als auch die Fähigkeit, „über unbewusste Sachverhalte zu kommunizieren" zu den „seelischen Funktionen".

Beide Gesprächspartner versuchen sich gegenseitig der bleibenden Freundschaft zu versichern und äußern den Wunsch, diese Freundschaft zu vertiefen. Dieses Verhalten öffnet eine konstruktive Zukunftsperspektive. Auch der Blick in die Zukunft, die konstruktive Gestaltung der zukünftigen zwischenmenschlichen Beziehung, gehört zu den „seelischen Funktionen".

Zusammenfassend lassen sich die einzelnen „Ich-Funktionen" zu einem „Ich-Struktur-Modell" integrieren. Dieses Modell, das auf das „Ich-Struktur-Modell" von Günter AMMON (1977) und ferner auf die „Ich-Psychologie" von HARTMANN (1939) beziehungsweise HARTMANN, KRIS und LOEWENSTEIN (1946) zurückgeht, stellt die einzelnen „Ich-Funktionen" in einem Balkendiagramm dar (**Abb. 41**, Seite 119), wobei jeder Balken mittels der dargestellten Höhe beispielhaft den Entwicklungsgrad dieser Funktion zum Ausdruck bringt. Hohe Balken sollen anzeigen, dass diese „Ich-Funktionen" beziehungsweise die dahinter sich verbergenden „Ich-Strukturen" gut bis sehr gut entwickelt sind. Im Gegensatz dazu bedeuten niedrige Balken weniger gut entwickelte „Ich-Funktionen".

Anhang B

Der Einfluss der Gene

Laut einer Studie finnischer Wissenschaftler (TIIHONEN, 2014) seien Veränderungen des Erbgutes für das Begehen von schweren Straftaten verantwortlich. Sie meinen, dass das Gen „MAOA“ den Dopaminspiegel, der das Gefühl der Zufriedenheit induziere, und das Gen „CDH13“, das die Impulskontrolle bestimme, das Risiko für aggressiv-brutales Verhalten erhöhe.
Dieser These wird vom englischen Psychologieprofessor Simon BARON-COHEN (2012) entschieden widersprochen:

> *Die Gene seien gerade mal zu fünfzig Prozent für das menschliche Verhalten verantwortlich. Der Rest sei durch die Umwelt bestimmt. Jemand, der in einer kriminellen Umgebung aufwachse, Gewalt, Missbrauch oder Vernachlässigung erfahre, tendiere später zu antisozialem Verhalten.*

Gleicher Meinung ist der Tübinger Psychologieprofessor Niels BIRBAUMER (2015), wenn er schreibt:

> *„Wer glaubt, Gewalt, Mord und Totschlag neurobiologisch besser erklären zu können als die Geisteswissenschaftler [...] irrt.“*

Sind „kriminelles Verhalten“ oder „Depressionen“ tatsächlich genetisch, physiologisch, biochemisch, psychophysiologisch, psychogenetisch oder gar psychodynamisch verursacht? Vermutlich ist alles ein wenig richtig. Seien es nun biochemische Faktoren, seien es Gene oder „ich-strukturelle Defizite“, die zu defizitären Entwicklungen führen. Alle wirken auf die chemischen Prozesse zurück. Und diese wiederum verändern rückwirkend auch die Gene. Was steht nun am Anfang dieser Kette? Die Gene, biochemische Faktoren, das „ich-strukturelle Defizit“ oder das Krankheitsbild der „Depression“?

> *Viele menschliche „Eigenschaften wie ‚Psychopathie‘, aber auch solche wie Impulsivität und instrumentelle Aggression bei schweren Straftätern ..., gelten als lebenslang stabil, sie sind bereits vor der Geburt vorhanden und messbar, weisen einen beträchtlichen genetischen Anteil auf und gehen oft mit Schäden des Frontalhirns und der limbischen Furchtareale einher. (Sie) erfüllen damit die Erwartung der Mehrheit, dass sie unveränderbar seien ...*

Misstrauisch gegenüber Unveränderbarkeit und Stabilität machte uns allerdings die Tatsache, dass die von uns identifizierten verantwortlichen Hirnregionen ... zu den am besten untersuchten ... Hirnregionen gehören, die eng mit Lern- und Gedächtnisprozessen verbunden sind". (BIRBAUMER, 2015)

Wer hat nun Recht? Der Berner Wissenschaftler Philipp Homan, der Psychologe Arno Gruen, der finnische Professor Jari Tiihonen, der Psychiater Thomas Knecht, der Psychologieprofessor Simon Baron-Cohen, der Tübinger Professor Niels Birbaumer oder der renommierte Neurologe Robert M. Sapolsky?

Die zum Teil spektakulären Ergebnisse der Zwillingsforschung legen nahe, dass nicht nur einfache und unspezifische Grundschemata vererbt werden, sondern ebenso sehr differenzierte und komplexe Verhaltensprädispositionen.

Diese Dispositionen werden in jüngster Zeit unter dem Begriff „epigenetische Vererbung" zusammengefasst (BRADBURY, 2003).

Entsprechend dieser Theorie stellt der genetische Code kein feststehendes Aufbauprogramm dar. Er wird durch das eigene Lernen laufend verändert und stellt eher eine flexible Prozesssteuerung dar. Die genetisch codierten Informationen stehen mit bestimmten Lernerfahrungen in steter Wechselwirkung, sodass zum Beispiel ein einzelner Lernschritt nur dann gemacht werden kann, wenn aus den genetischen Informationen ganz bestimmte Signale abgerufen werden können. Umgekehrt werden einzelne genetisch codierte Befehle erst dann entwicklungswirksam, wenn vorher bestimmte Lernerfahrungen gemacht wurden.

Viele Untersuchungen zeigen zudem, dass die genetisch gespeicherten Informationen zum Beispiel durch Hormone, Medikamente, spezielle Chemikalien, Strahlen oder organische Stoffe verändert werden. Diesen komplexen Wechselwirkungsprozess zwischen den Genen, den betreffenden Stoffen und den äußeren Lebensbedingungen nennt man „erbgenetische Programmierung".

Anhang C

Das Borderline-Syndrom

Der Begriff „Borderline“ tauchte in der Literatur erstmals 1884 beim englischen Psychiater C. H. HUGHES auf und wird 1938 von Adolf STERN im Hinblick auf die psychoanalytische Theorie neu formuliert. Heute wird das Borderline-Syndrom wie folgt charakterisiert (HAUTZINGER, 2007):

> *„Borderline ist eine Persönlichkeitsstörung, die durch Impulsivität und Instabilität in zwischenmenschlichen Beziehungen, Stimmungen und Selbstbild gekennzeichnet ist“.*

Das Syndrom ist vom Schweregrad der Krankheit her zwischen Neurose und Psychose einzuordnen. Otto F. KERNBERG (1983) führt das „Borderline-Syndrom“ darauf zurück, dass „bestimmte frühkindliche Entwicklungsprozesse nicht erfolgreich durchlaufen“ werden konnten. Bei diesen Störungen seien „bestimmte Bereiche der Gefühle, des Denkens und des Handelns beeinträchtigt“.

Im Hinblick auf die Diagnosestellung des Borderline-Syndroms müssen anhand des Klassifikationssystems der American Psychiatric Association (DSM-IV) fünf der neun folgenden Kriterien erfüllt sein:

1. *Starkes Bemühen, Verlassenheit zu vermeiden*
2. *Muster instabiler zwischenmenschlicher Beziehungen*
3. *Identitätsstörung*
4. *Impulsvitalität*
5. *Wiederholte suizidale Handlungen, Selbstverletzungsverhalten*
6. *Affektive Instabilität (Reizbarkeit, Angst)*
7. *Chronische Gefühle von (innerer) Leere*
8. *Unangemessene Wut, Schwierigkeiten, die Wut zu kontrollieren, Wutausbrüche*
9. *Vorübergehende paranoide Vorstellungen und dissoziative Symptome*

Die Definition des Borderline-Syndroms nach HAUTZINGER (2007) und die Kriterien von KERNBERG (1983) lassen sich mit dem oben beschriebenen „Ich-Struktur-Modell“ sehr gut in Deckung bringen. Trotzdem wird im Hinblick auf das „Borderline-Syndrom“ immer wieder versucht, dieses als Folge von neurobiologisch nachweisbaren Abweichungen zu erklären. Dabei wird immer wieder darauf verwiesen, dass beim „Borderline-Syndrom“ eine „verminderte Gesamtaktivität des serotonergen Systems“, eine höhere Empfindlichkeit des „cholinergen Systems“ und eine Degeneration der „Amygdala“ (Mandelkern) beziehungsweise des „Hippocampus“ nachgewiesen werden könne (ROHDE-DACHSLER, 2015).

Anhang D

Der Narzissmus

Der Begriff „Narzissmus" leitet sich von der griechischen Sagengestalt „Narkissos" ab, der als schöner Jüngling die Liebe der Jungen und Mädchen verschmähte, sich aber in das eigene Spiegelbild verliebte. „Narkissos" erkannte die Unerfüllbarkeit seiner Liebe. Er verzehrte sich und verschmachtete vor seinem Ebenbild bis zu seinem Tode. Anstelle seines toten Körpers erblühte eine Narzisse.

AMMON (1977) unterscheidet im Hinblick auf das Persönlichkeitsmerkmal „Narzissmus" zwischen einem „konstruktiven", einem „destruktiven" und einem „defizitären Narzissmus". Dabei bedeutet der „konstruktive Narzissmus" eine gesunde Form der „Eigenliebe", während der „destruktive Narzissmus" ein krankhaftes Persönlichkeitsmerkmal widerspiegelt. Der „destruktive Narzissmus" lässt sich etwa mit „Selbsthass", übersteigertem „Egoismus" beziehungsweise „Eitelkeit" umschreiben.

Die „defizitäre" Form des „Narzissmus" weist auf ein krankhaftes Defizit an „Selbstbezogenheit" hin.

Anhang E

Der wissenschaftliche Nachweis von „Ich-Struktur-Defiziten“

Es wurde vielfach wissenschaftlich bewiesen, dass man die einzelnen „ich-strukturellen Defizite“ anhand vieler Persönlichkeitstests nachweisen kann.

Untersuchung von PFAMMATTER (1990)

Im Rahmen seiner Dissertation untersuchte Christian PFAMMATTER die „projektive Abbildbarkeit der Ich-Grenze als möglicher Ansatz zur Differenzierung defizitärer Ich-Bildung“. Die Arbeit stützte sich auf das in einer ersten Vorstufe der Entwicklung vorliegende Testmanual des „Ich-Gestalt-Tests nach Oehler (IGTO)“ (OEHLER, 2001).

PFAMMATTER unterzog die von den insgesamt 161 Versuchspersonen (n) projektiv dargestellten „Ich-Grenzen-Figurationen“, deren „Gestalt“, „Lage“ und „Größe“ auf dem Testblatt als auch die errechneten positiven beziehungsweise negativen „Bildwerte“ der einzelnen Bildsymbole einer umfangreichen statistischen Untersuchung. Die Bildwerte wurden durch eine Einstufung der Bildsymbole durch eine nach Geschlecht, Alter und Beruf standardisierte Stichprobe erhoben. Sie wurden anschließend einer Faktorenanalyse unterzogen, wobei sich fünf relativ unabhängige Faktoren herauskristallisierten. Zwei dieser Faktoren können als „Geborgenheit, Liebe, Kontaktfähigkeit“ und als „Risikobereitschaft“ charakterisiert werden.

Es wurde versucht, die errechneten „positiven Bildwerte“ der Bildsymbole als positiv strukturierte „Ich-Anteile“ aufzufassen, und im Gegensatz dazu, die „fehlenden beziehungsweise negativ bewerteten Bildsymbole“ als Synonyme für „defizitär strukturierte Ich-Anteile“ beziehungsweise als sogenanntes „Loch im Ich“ zu definieren. PFAMMATTER äußert sich zu diesem Vorgehen wie folgt:

> *„Man darf annehmen, dass die Bilder innerhalb der gezeichneten Grenzlinie tatsächlich der jeweiligen Ich-Besetzung entsprechen und wesentlicher Bestandteil der Ich-Struktur des betreffenden Individuums sind.“ (S. 198)*

Dabei konnten unter anderen folgende Hypothesen bestätigt werden:

- *Die „Kontrollgruppe der Erwachsenen“ (n = 50) unterscheidet sich in allen Bildwerten im Innenraum der sogenannten „Ich-Grenzen-Figuration“ signifikant von der Extremgruppe „schizophrene Erwachsene“ (n = 22). In allen erhobenen Bereichen weist sie höhere Werte auf als die Vergleichsgruppe der „schizophrenen Erwachsenen". Das betrifft in erster Linie die Faktorenladungen „Geborgenheit, Liebe, Kontaktfähigkeit".*

- *Wie erwartet unterscheiden sich die Bildwerte im Innenraum der „Ich-Grenze" der „Kontrollgruppe der unauffälligen Kinder" (n = 57) nicht signifikant von den entsprechenden Bildwerten der „Kontrollgruppe der Erwachsenen".*
- *Die „Kontrollgruppe der unauffälligen Kinder" weist aber ebenso wie bei den Erwachsenen signifikant höhere positive Bildwerte im Innenraum der Grenzfigur aus als die entsprechenden Werte bei der Testgruppe der „verwahrlosten Jugendlichen" (n = 34).*
- *Die Bildwerte der Gruppe der „verwahrlosten Jugendlichen" unterscheiden sich in keinem Bereich signifikant von den entsprechenden Bildwerten der Gruppe der „schizophrenen Erwachsenen".*
- *Es finden sich bei beiden Extremgruppen im „Innenraum" der gezeichneten „Ich-Grenze" signifikant tiefere Bildwert-Mittelwerte als bei den beiden Kontrollgruppen.*
- *Das bedeutet, dass sich die Angehörigen der beiden Extremgruppen mit wesentlich weniger positiven Inhalten identifizieren konnten als die Angehörigen der beiden Kontrollgruppen.*
- *In einem zusätzlichen T-Test-Verfahren bestätigte sich in einem hohen Ausmaß, dass die „schizophrenen Patienten", falls sie geschlossene Grenzzeichnungen wählten, weit tiefere Bildwerte im Innenraum aufweisen als die „Kontrollgruppe der Erwachsenen".*
- *Im sogenannten „Restfeld", das die verweigerten Bildsymbole enthält, kehrt sich das vorherige Bild um. Die „schizophrenen Erwachsenen" und „verwahrlosten Jugendlichen" weisen in allen Bereichen signifikant höhere Bildwerte im „Restfeld" auf als die beiden Kontrollgruppen. Das bedeutet, dass sich sowohl die „schizophrenen Erwachsenen" als auch die „verwahrlosten Jugendlichen" mit wesentlich weniger positiv bewerteten Inhalten identifizieren konnten als die Angehörigen der beiden „Kontrollgruppen".*

Eigene Untersuchungen mit dem „Ich-Gestalt-Test nach Oehler" (IGTO)

Im Rahmen von 30 Zulassungsarbeiten zum „Höheren Lehramt an beruflichen Schulen" an der „Technischen Universität München" wurden verschiedene Extremgruppen mit der „Kontrollgruppe" von „normal-gesunden" Personen verglichen.

Als Extremgruppen dienten „Lernbehinderte", „Legastheniker", „Rechenschwache", „Sprachgestörte", „Kriminelle", „Psychosomatiker", „Depressive", „Schizophrene" und „Drogensüchtige". Insgesamt wurden mehr als 660 Personen getestet, wobei unter anderen folgende Extremgruppen berücksichtigt wurden:

Kontrollgruppe I	*101 Kinder*
Kontrollgruppe II	*79 Erwachsene*
Lernbehinderte	*30 Personen*
Legastheniker	*18 Personen*
Rechenschwache	*35 Personen*
Sprachgestörte	*37 Personen*
Kriminelle	*51 Personen*
Psychosomatiker	*12 Personen*
Depressive	*18 Personen*
Schizophrene	*46 Personen*
Drogenabhängige	*32 Personen*

Dabei konnten Folgende Ergebnisse ermittelt werden.

- *Der „positive Bildwert" im sogenannten „Innenraum" der gezeichneten „Ich-Grenze" ist bei der Kontrollgruppe I signifikant (Irrtumswahrscheinlichkeit (IW) kleiner als 1%) höher als bei den „Legasthenikern".*
- *Der Persönlichkeitsfaktor „Geborgenheit, Liebe, Kontaktfähigkeit" im sogenannten „Innenraum" ist bei der Kontrollgruppe I signifikant bis hochsignifikant höher als bei den „Lernbehinderten" (IW kl. 0,1%), „Legasthenikern" (IW kl. 0,1%), „Rechengestörten" (IW kl. 5%) und „Sprachgestörten" (IW kl. 0,1%).*
- *Der Faktor „Geborgenheit, Liebe, Kontaktfähigkeit" ist im sogenannten „Restfeld" bei der Kontrollgruppe II signifikant (IW kl. 5%) kleiner als bei den „Kriminellen".*
- *Ein ähnliches Bild zeigt sich bei den „Psychosomatiker". Bei ihnen ist der Persönlichkeitsfaktor „Geborgenheit, Liebe, Kontaktfähigkeit" im „Restfeld" signifikant (IW kl. 1%) höher als bei der Kontrollgruppe II. Der Persönlichkeitsfaktor „Risikobereitschaft" im „Innenraum" ist hochsignifikant (IW viel kl. 0,1%) kleiner und im „Restfeld" hochsignifikant (IW kl. 0,1%) höher als bei der Kontrollgruppe II.*

- *Bei der Vergleichsgruppe der „Depressiven" sind die Persönlichkeitsfaktoren „Risikobereitschaft" beziehungsweise „Leistungsbereitschaft" im „Innenraum" hochsignifikant (IW viel kl. 0,1%) kleiner als bei der Kontrollgruppe. Im Gegensatz dazu sind die Persönlichkeitsfaktoren „Geborgenheit, Liebe, Kontaktfähigkeit", „Risikobereitschaft" beziehungsweise „Leistungsbereitschaft" im „Restfeld" hochsignifikant (IW kl. 0,1%) höher als bei der Kontrollgruppe II.*
- *Bei den Vergleichsgruppen „Schizophrenie" und „Drogensucht" liegen keine signifikanten Ergebnisse vor. Bei beiden Gruppen zeigen aber im „Innenraum" eine „starke Tendenzen" zu tieferen Werten beim Persönlichkeitsfaktor „Geborgenheit, Liebe, Kontaktfähigkeit" als bei der entsprechenden Kontrollgruppe II.*

Zusammenfassende Interpretation der Untersuchungsergebnisse

Selbstverständlich können die „positiven Bildwerte" und die entsprechenden „Persönlichkeitsfaktoren" den speziellen „Ich-Strukturen" nicht vollkommen gleichgesetzt werden. Sie sind aber ein Bestandteil oder ein direkter Ausdruck der entsprechenden „Ich-Strukturen". So ist der Persönlichkeitsfaktor „Geborgenheit, Liebe, Kontaktfähigkeit" durchaus den „Ich-Funktionen" „Vertrauen", „Selbstwertgefühl", „konstruktiver Narzissmus" und „Gruppenfähigkeit" gleichzusetzen. In gleicher Weise sind die beiden Persönlichkeitsfaktoren „Risikobereitschaft" und „Leistungsbereitschaft" in den „Ich-Funktionen" „Angst", „konstruktive Aggression" und „Abgrenzung nach Innen und Außen" enthalten.

Im Einzelnen bestätigen die Ergebnisse der Testuntersuchungen die Hypothese, dass die entsprechenden Wertdifferenzen durchaus mit „ich-strukturellen Defiziten" beziehungsweise mit einem sogenannten „Loch im Ich" korrelieren. Sie bedeuten letztlich, dass die verschiedenen Vergleichsgruppen signifikant mehr „ich-strukturelle Defizite" aufweisen als die unauffälligen Kontrollgruppen I und II.

Mein Dank

Besonders danken möchte ich Herrn Dr. phil. Jochen Seibel für die fachliche und technische, Herrn Dr. med. dent. Joseph Gut für die strukturelle und moralische Unterstützung sowie meiner Frau Susanne für die konstruktive Kritik und ihre Geduld.